Mobilidade 5.0

DANIEL R.
SCHNAIDER

Mobilidade 5.0

DOS CAVALOS A MARTE:
COMO A TECNOLOGIA DO TRANSPORTE IMPACTA AS NOSSAS VIDAS

ALTA BOOKS
GRUPO EDITORIAL
Rio de Janeiro, 2024

Mobilidade 5.0

ALTA BOOKS é uma empresa do Grupo Editorial Alta Books (Starlin Alta Editora e Consultoria LTDA).

ISBN: 978-85-508-2441-3

Impresso no Brasil — 1ª Edição, 2024 — Edição revisada conforme o Acordo Ortográfico da Língua Portuguesa de 2009.

Dados Internacionais de Catalogação na Publicação (CIP)
(Câmara Brasileira do Livro, SP, Brasil)

Schnaider, Daniel
Mobilidade 5.0 : dos cavalos a Marte: como a inovação e a tecnologia do transporte impactam as nossas vidas / Daniel Schnaider. -- 1. ed. -- Rio de Janeiro : Alta Books, 2024.

ISBN 978-85-508-2441-3

1. Estatística - Brasil 2. Mobilidade urbana 3. Políticas públicas - Brasil I. Título.

24-196674 CDD-388.4

Índices para catálogo sistemático:

1. Mobilidade urbana 388.4

Eliane de Freitas Leite - Bibliotecária - CRB 8/8415

Grupo Editorial Alta Books

Produção Editorial: Grupo Editorial Alta Books
Diretor Editorial: Anderson Vieira
Editor da Obra: J. A. Ruggeri
Vendas Governamentais: Cristiane Mutüs
Gerência Comercial: Claudio Lima

Produtora Editorial: Ana Clara Tambasco
Revisão: Camila Novaes e Carolina Oliveira
Diagramação: Joyce Matos
Capa: Marcelli Ferreira

ALTA BOOKS
GRUPO EDITORIAL

Rua Viúva Cláudio, 291 — Bairro Industrial do Jacaré
CEP: 20.970-031 — Rio de Janeiro (RJ)
Tels.: (21) 3278-8069 / 3278-8419
www.altabooks.com.br — altabooks@altabooks.com.br
Ouvidoria: ouvidoria@altabooks.com.br

Editora **afiliada à:**
abdr
ASSOCIADO CBL Câmara Brasileira do Livro

A todos aqueles que acreditam na liberdade de ir e vir de forma segura, eficaz e sustentável, como algo essencial para o ser humano e para o desenvolvimento social.

E, claro, para os empreendedores que desafiam constantemente o *status quo* em busca de soluções de mobilidade que nos levem mais longe, mais rápido, de uma maneira mais inteligente e segura, e menos entediante.

AGRADECIMENTOS

Escrever é como meditar: me acalma e me relaxa. Ter a oportunidade de estudar o passado me permite entender melhor o presente e sacia a minha imaginação e curiosidade ao vislumbrar possíveis futuros. O livro, na verdade, não é o fim de um processo, mas o começo de uma nova etapa. As opiniões, críticas, conversas, "parlamentos", e-mails e reuniões foram uma jornada maravilhosa que percorri diariamente — ao liderar um fornecedor de tecnologias para gestão de frotas e de ativos móveis e também, como escritor — nos meus domingos e momentos de folga durante 3 anos. Esta jornada também envolveu a discussão de como decidir qual é a melhor forma de abordar um tema, neste caso, da mobilidade para melhorar a vida das pessoas. Repleto de aprendizados e interações, esse caminho foi trilhado com o meu melhor e com o intuito de que aqueles que lerem esta obra possam pegar o bastão para seguir em frente. Sempre em frente!

Apesar de este livro levar meu nome, ele jamais teria se tornado realidade se não fosse por dezenas — talvez algumas centenas — de pessoas queridas que ajudaram, cada um à sua maneira, direta ou indiretamente, para que o projeto fosse concluído. Em primeiro lugar, gostaria de agradecer ao Shachar Zvang por me indicar para a liderança da antiga Pointer do Brasil — agora Powerfleet —, mesmo a 10.500km de distância, depois de 8 anos sem convívio direto. O efeito borboleta que deu origem a esta obra começou com ele.

Depois, passamos para Danny Stern, que me recrutou para ser CEO da Pointer do Brasil. Em 2018, num sábado à noite, sem ter ideia de qual rumo minha vida tomaria, meu telefone tocou com alguém me fazendo inúmeras perguntas. No dia seguinte fui ao seu encontro para dizer que jamais trabalharia com ele, mas assim como no universo da tecnologia, na vida também ocorrem enormes disrupções e ali conheci um intelectual, um lorde e um amigo.

Ao David Mahlab, CEO da Pointer Telocation, meu ex-chefe, pela oportunidade, e ao seu sucessor, Avi Magid. Ambos me deram "carta branca" para fazer o necessário e confiaram em mim como se nos conhecêssemos desde sempre. Pude aprender muito do que está aqui nesta obra com eles, porém muito ainda ficará para lançamentos futuros. Aos meus sócios Jorge & Alvaro Rosenblut, pelo convite para participar da Platform Capital (www.platformcapital.solutions) e pela oportunidade de liderar a iniciativa *Wisefy* (www.wisefy.ai), com objetivo de criar a solução de *software* mais completa para a cadeia de suprimentos, mobilidade e IoT do Brasil.

À minha esposa Sari, que com certeza teria um Prêmio Nobel se a categoria "paciência" existisse. Aos meus filhos Sophia e Matheus, que são, sem dúvidas, minha criação de maior orgulho, que me ensinam todos os dias algo novo sobre amor, superação, amizade, humor, diversão, confiança e tantas outras coisas mais. À Enxame de Comunicação, pela Carol e pela Fernanda, sem as quais esta obra seria apenas mais um item da minha *to do list*. Aproveitem o descanso enquanto escrevo o próximo! ; -)

Obrigado do fundo do meu coração,

Daniel R. Schnaider.

SUMÁRIO

PREFÁCIO

A jornada humana em nosso pequeno planeta foi uma crescente conscientização de limites e possibilidades. Fisiologicamente, o homem contemporâneo ainda é muito próximo daquele ancestral bípede que, com sua coluna ereta e olhos altos, pôde, pela primeira vez, mirar mais longe o horizonte na ânsia de percorrer novos caminhos. Com os pés no chão e as mãos livres, munidas de um singular dedo opositor, o homem aprendeu a ver longe e a caminhar com propósito.

Por excelência, somos seres propensos ao movimento. Nossos primeiros passos foram como nômades, acompanhando os ciclos migratórios dos animais que caçávamos. Esse movimento antecedeu a fase sedentária quando inventamos a agricultura e domesticamos os animais, um passo fundamental. Já fixos na terra, deu novo sentido à mobilidade, agora importante para criar rotas de comércio entre cidades e trocar experiências culturais. A essa altura, a mobilidade se tornou sinônimo de liberdade de ir e vir entre locais seguros, onde o convívio permitiria a evolução da civilização. Aos poucos, dominamos todos os ambientes do planeta. O cavalo, com sua resistência, beleza e força, foi um grande aliado nessa história da mobilidade, merecidamente homenageado na medida de potência *horsepower.* Atualmente, trens, navios, aviões e até o ônibus espacial incorporam e representam o desejo de colocar a serviço do homem uma mobilidade controlável, ganhando velocidade e tração.

Na esteira dessa história e sem nenhum exagero, este livro aborda o mais atual, abrangente e transversal tema. Movemo-nos para trabalhar, sair de férias e exercer a liberdade em amplo sentido, inclusive, o de ficarmos parados. Condição esta que, ainda assim, a era em que vivemos nos permite gerar movimento por atração: com um simples clique, podemos comprar praticamente tudo em qualquer parte do mundo, a partir de uma complexa rede de telecomunicações. Isso, na prática, criou uma aldeia global.

Neste livro, com lúcida inspiração e leveza, o autor Daniel R. Schnaider nos conduz a reflexões de como devemos pensar, do ponto de vista da mobilidade e da melhoria de nossas vidas. Um bom exemplo da leveza do texto é a lembrança, logo de início, da invenção da roda, cujo simbolismo é o emblema do pensamento que move o mundo e do espírito de exploração que anima nossa espécie.

Em um mundo amplamente integrado, processos sofisticados são aplicados para que se possam mover, com eficiência, mercadorias e pessoas no espaço e no tempo. O crescimento populacional e o adensamento urbano obrigam a evolução constante dos meios de transporte, das práticas logísticas e do próprio urbanismo. Diante dessas necessidades, a mobilidade, em sua acepção mais larga, é um campo de estudos indissociável das vontades individuais, devendo, sob influência do pensamento logístico, e não menos, dos princípios éticos — ser compatível com o bem comum.

Essa quebra de paradigmas faz o leitor se questionar sobre comportamentos arraigados. Obter um carro, usar o Uber ou utilizar o transporte público? Estudos mostram que essa resposta varia conforme a geração e muitas outras condições. O carro, para muitos, ainda um símbolo de *status*, que, nas palavras do autor, criou raízes emocionais profundas e vem aos poucos deixando de ser um sonho de consumo, sobretudo, para os mais jovens. E isso tende a se acentuar. Sinal dos tempos. Todavia o carro, sabemos, ainda é bastante necessário e cumpre função essencial, tendo importância econômica significativa como um bem de produção em massa. Portanto, o carro e os outros bens duráveis não devem desaparecer, mas talvez possam ter seu uso alterado pela popularização de novas tecnologias, como a ITaaS (*Information Technology as a Service*). Por que gastar altas somas de dinheiro se é possível usar e pagar um bem sob demanda? É interessante notar que a mobilidade sempre se impõe, mas os meios pelos quais se efetiva e os modos com os quais se conforma estão mudando. A roda do tempo gira.

Preocupações urbanísticas se combinam com uma nova e bem-vinda consciência ambiental. As novas visões de mundo indicam a necessidade de vivermos em sociedades mais sustentáveis. O campo de visão se amplia. As reflexões sobre a mobilidade reforçam ainda mais, de um lado, o *design* e a infraestrutura das cidades, que precisam se adaptar para facilitar o trânsito de pessoas e, de outro, os sistemas de transporte de cargas tanto para abastecimento de víveres quanto o de bens de consumo de toda sorte, ambas as medidas visando propiciar mais bem-estar.

O leitor irá se surpreender positivamente com a amplitude que o autor confere ao tema da mobilidade. A abordagem adotada, além de rica e instrutiva, nos leva a perceber que o tema entra na conta de uma condição imprescindível para o acesso a diversas possibilidades, sejam elas privadas ou públicas. Descuidar da mobilidade tende a bloquear o progresso em muitos sentidos.

Pensar a mobilidade com tamanha lucidez é um alento em tempos obscuros, em que visões apressadas evitam mirar o longo prazo. O aprofundamento nas diversas derivações reflexivas, contidas nestas páginas, equivale a uma tomada de consciência que pode motivar atitudes, e nos lembra a máxima latina: *Verba movent, exempla trahunt* — as palavras movem, os exemplos arrastam. Recomendo a leitura pelo prazer em si e pelo despertar de uma consciência provocativa!

Giuseppe Lumare Júnior

Diretor executivo da Braspress

Autor do livro *Transporte sob encomenda: o preço da pressa* (2022, Alta Books).

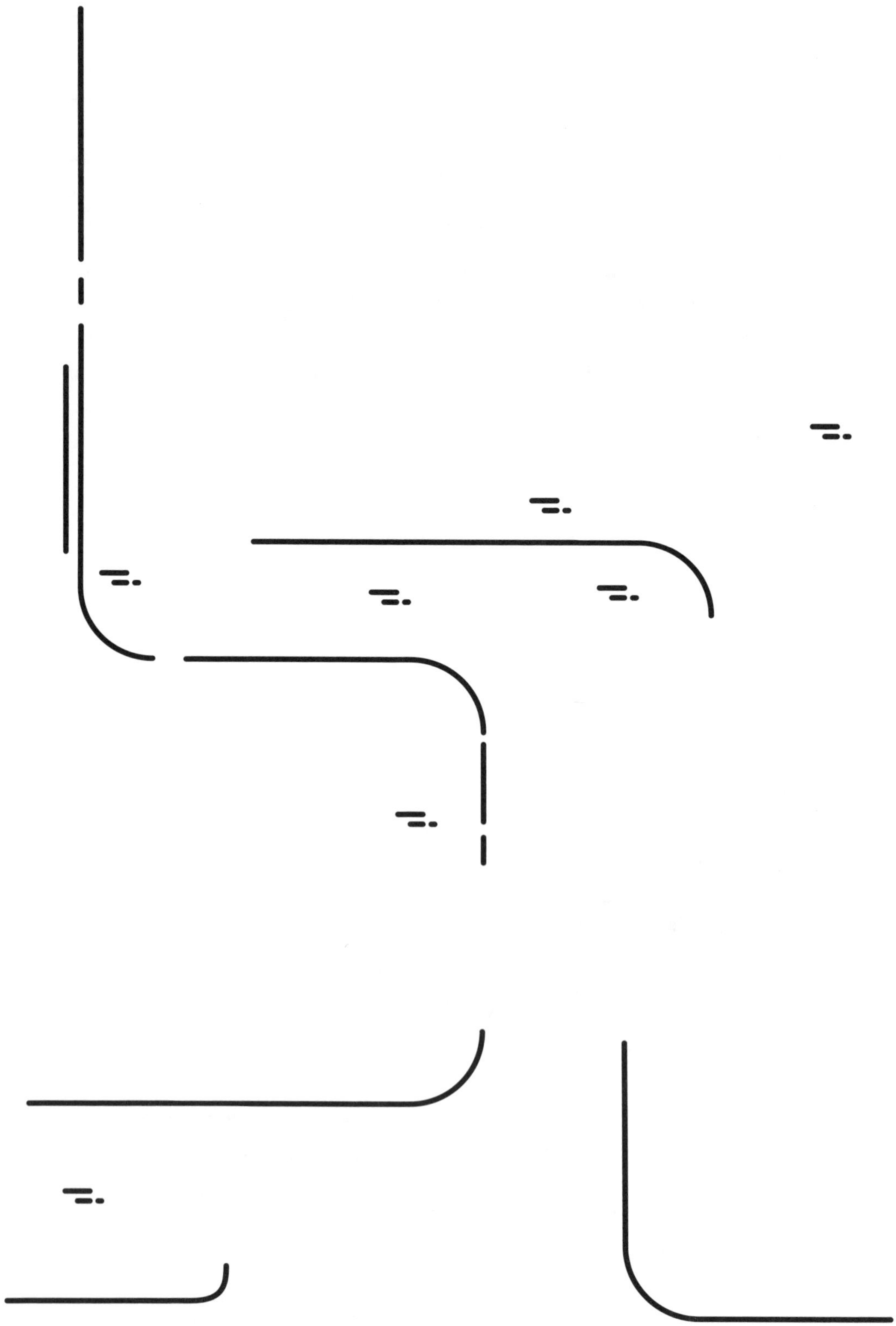

1

MOBILIDADE URBANA

Quando falamos em disrupção, estamos nos referindo à ideia de inovar, porém não necessariamente a criar do zero. A prova disso é a roda. Afinal, existe outra invenção tão incrível para a história da mobilidade como esta? Talvez, mas não em 3.500 a.C., segundo os arqueólogos. A roda é constantemente usada como exemplo para inovação, pois, até então, as invenções humanas eram essencialmente fundamentadas na observação do mundo físico. Como não há muitas evidências do funcionamento prático de um objeto rodando na natureza, especialistas acreditam que ela seja um exemplo emblemático da inventividade do ser humano.

Claro que muito já acontecia sem essa facilidade. As pessoas se moviam por barcos, animais domesticados e trenós de madeira carregados com pedras e, sem querer desapontar os fiéis de conspirações alienígenas, alguns dizem que foi com a ajuda desses trenós que milhares de trabalhadores construíram as pirâmides no Egito. Ainda assim, a roda transformou completamente o universo ao seu redor e trouxe desenvolvimento para toda a humanidade. Com o auxílio dos objetos que possivelmente só foram inventados graças a ela, a humanidade rompeu barreiras, viabilizou comércios e economias e impulsionou o crescimento de sociedades cada vez mais complexas. Sem dúvida, a verdadeira ideia do conceito de mobilidade começou com esse instrumento revolucionário.

Embora a invenção da roda tenha sido um pontapé para uma enorme parcela da evolução, seu impacto não aconteceu de forma única. Primeiro, caminhamos; logo, vieram os animais, canoas, carroças, galés (com as pessoas escravizadas), carruagens (voltamos aos animais), barcos a vela, a vapor e até, acreditem, carrinho de mão (novamente pessoas escravizadas). Depois, alcançamos os céus, com os balões de ar quente. Chegamos aos trilhos com as locomotivas. E ainda tivemos bicicletas, zepelins, trens, motocicletas, carros a gás, caminhões a diesel, aviões, foguetes, propulsores a jato — que pode parecer absurdo estar na lista, mas daqui a alguns anos não será —, até patinetes e, finalmente, os veículos autônomos.

A história da mobilidade caminha com os passos da urbanização que, na maioria das vezes, foi marcada por um crescimento populacional desordenado e acompanhada por questões socioeconômicas, como moradia, emprego, saúde e educação. Poderemos compreender mais profundamente esses aspectos nos capítulos em que falarei sobre mobilidade e comportamento humano, bem como nas análises das políticas públicas. Contudo, nem sempre foi assim. Nos tempos do nomadismo, a mobilidade surgiu para saciar necessidades da colheita, da criação de animais e das questões de sobrevivência. De forma intensa, constantemente, os grupos também começavam novas organizações sociais. Isso fez com que o câmbio de mercadoria e conhecimento começasse a dar sentido à mobilidade, e não se resumisse apenas ao meio de transporte que era usado. Isso ocorria, por exemplo, ao passarmos das longas caminhadas e utilização de animais como montaria para carroças e carruagens. Quanto mais tecnologia era aplicada, mais o homem percebia o encurtamento das distâncias pelo tempo percorrido.

Na gênese do transporte urbano, os carros eram bens restritos àqueles com poder econômico. Os famosos bondinhos sanavam parte das necessidades do restante da população. Foi quase na metade do século

XIX que os trilhos começaram a ser úteis e as ferrovias entraram em cena. O que, em minha opinião, possibilitou que o conceito de mobilidade fosse de fato implementado, uma vez que foi conectado intimamente à noção de acessibilidade. Já motorizada, a mobilidade do século XX se intensificou após a Segunda Guerra Mundial. Nela, existiram avanços necessários para que a mobilidade do soldado o ajudasse a defender o próprio país ou a atacar o adversário.

Desde então, tivemos criações, como o tanque de guerra, o GPS (*Global Positioning System* ou Sistema de Posicionamento Global), as câmeras digitais, o controle de tráfego aéreo, o serviço de ambulâncias, os computadores e a internet. Cada uma dessas invenções, impulsionadas por um dos períodos mais tensos do mundo, resultaram na aceleração do conceito de mobilidade que conhecemos hoje. Foi apenas na segunda metade do século XX que o carro começou a se popularizar como veículo individual e, inclusive, a servir para o deslocamento entre cidades e estados. Essa relação que criamos com o automóvel poderia até ser uma analogia, uma vez que o setor automobilístico foi como uma ponte para o desenvolvimento mundial sob diversos aspectos.

De fato, a lista é longa. E se eu fosse detalhar todos os tipos de transportes que já utilizamos, ou testamos, poderia parecer que a história da mobilidade urbana é composta apenas por veículos, mas não é. Muito além disso, está relacionada ao comportamento, cultura, quebra de paradigmas e impactos profundos na humanidade. Ao trazer o contexto histórico, não podemos deixar de falar sobre como a sociedade tem visto e vivenciado a mobilidade, além de seus resultados para a qualidade de vida dos indivíduos. Resultados estes nem sempre positivos, se pensarmos que conceitos como sustentabilidade, por exemplo, só vieram à tona mais recentemente. Por muito tempo, a preocupação foi com o crescimento econômico, pensado na evolução sempre em prol da máquina e sem medir as perdas.

Vamos voltar aos anos 1970, quando a perspectiva era mecanicista, em que toda solução deveria partir de uma máquina — a indústria automobilística foi ao ápice. Carros melhores, mais confortáveis e com mecânica de última geração. Em contrapartida, o trânsito passou a ser um problema técnico e estrutural. Assim, suprimiram a questão da fluidez e outras variáveis que já deixavam claro o sistema falido que estavam criando. Poderia ser um mau agouro para a relação entre humanos e carros? Veremos.

Já nos anos 1980, o foco dos debates políticos era a visão do coletivo e de sistemas de locomoção cada vez melhores, de acordo com o desenvolvimento de cada país. Metrôs, trens e ônibus eram palco, inclusive, do surgimento de lutas e movimentos sociais. Apesar de estarem no auge, não durou muito. Na prática, o automóvel ainda permaneceu internalizado como um símbolo muito maior do que a coletividade, como se a questão do poder e do status fossem intrínsecas ao ser humano.

Foi nos anos 1990 que a mobilidade começou a tomar uma forma mais contextual e uma visão multidimensional em relação à sociedade. Assim, formatos do conceito de mobilidade começaram a surgir. Apesar de ainda ser um objeto de desejo, o automóvel não era mais visto como o principal e melhor meio de transporte, principalmente, nas grandes cidades. Foi nessa década que começaram a considerar que a urbanização e a mobilidade caminhavam juntas, e que a acessibilidade é, ou deveria ser, o maior foco de todo o quadro social.

CONCEITO DA MOBILIDADE URBANA

A mobilidade nada mais é do que o deslocamento de pessoas e bens de um lugar para o outro e de forma acessível, embora o assunto seja muito mais complexo do que essa definição. Essa movimentação depende de alguns fatores como: 1) o meio de transporte utilizado; 2) a rota por onde se desloca; 3) a infraestrutura dos dois anteriores — por exemplo, se há ruas, estradas, aeroportos, estações de metrô etc. Isso faz lembrar que, ao discutirmos o conceito de mobilidade, também devemos nos atentar à questão do direito do cidadão urbano.

Isso deve ser encarado como uma realidade constitutiva, de forma que o acesso às necessidades básicas, de maneira rápida e fácil, é um dos maiores fatores para a mobilidade. Com certeza, a prioridade deve estar no interesse coletivo, sendo muito mais que um serviço de traslado para as pessoas irem e voltarem do trabalho, porém se transformando em políticas públicas que envolvam saúde, educação e trabalho. São inúmeros os setores que a mobilidade alcança. A vida em sociedade não é só sobre o ir e vir. Ela perpassa desde a internet, a água e a energia elétrica que chegam às casas das pessoas, até o abastecimento das empresas, farmácias, supermercados e assim por diante. Mesmo para ir ao cinema, isso só é possível porque alguém levou o maquinário até lá. Portanto, não é só uma questão de subsistência. Em relação à educação, por exemplo, o acesso à escola com qualidade precisa do deslocamento eficiente dos alunos, professores e funcionários.

Vale ressaltar que, por uma tendência de agrupamento dos serviços nos grandes centros, ao passo que o preço das moradias nos bairros seja menor, o natural é que o deslocamento no dia a dia das pessoas seja do extremo ao centro. No entanto o contrário poderia acontecer também, basta criarmos incentivos sociais e públicos para que áreas antes esquecidas se tornem atrativas para os empresários. Deveria haver um entendimento maior de que a mobilidade como solução é uma via de mão dupla. É bastante complexo, eu sei, mas acredito que suprimentos, diversão, arte, educação e saúde são aspectos que deveriam ser universalizados, disponíveis e ao redor de todos, e não apenas nos grandes centros.

Uma mudança nesse contexto dependeria de uma comunicação mais eficiente entre governos, empresas e comunidades. A mobilidade em si é um modelo de negócio que abastece os dois polos do mercado, ou seja, é ao mesmo tempo uma grande parte do B2B (*business to business*) e do B2C (*business to consumer*). O direito à cidade também está incluso aqui de forma significativa. Afinal, o cidadão que não usufrui de todos os espaços, perde oportunidades de vivê-los como parte integrante de suas estruturas, bem como de suas formações sociais. Ao aproveitar todas as perspectivas que um lugar proporciona, o habitante se torna ativo e passa a ter a capacidade de atuar sobre o local, de influenciar seu meio e desfrutar dele coletiva e individualmente.

Logo, visualizando como as maiores cidades do mundo foram construídas, a forma desorganizada proveniente da rápida expansão, além da utilização compulsiva de automóveis, a escassez de infraestrutura, entre outros desafios que a construção da sociedade impõe, conclui-se que é bastante complexo organizar o deslocamento de toda uma população. Mercadorias, saúde, economia, instituições e política são fatores que tem impacto na vida de uma sociedade. Além de pessoas, o que esses pilares têm em comum é a mobilidade, já que a nível nacional e internacional, dependem de locomoção para viabilizar suas ações.

Por isso, quando abordamos mobilidade urbana, deve ser considerado o planejamento de toda uma cidade e população, bem como sua infraestrutura, para que os fatores mercadorias, saúde, economia, instituições e política funcionem. E, inevitavelmente, o transporte é um dos aspectos mais importantes nessa questão. A circulação é impactada em vários espectros desse processo, como a predominância de veículos públicos ou privados e a existência de espaços físicos para estacionamentos, portos, aeroportos, trânsito nas vias, entre outros.

Em uma pesquisa especialmente feita para o jornal londrino *The Economist*, em julho de 1967, a economista especialista em desenvolvimento sustentável Barbara Ward trouxe à tona questões relevantes sobre a construção de metrópoles modernas sem planejamento. Segundo ela, trazer as indústrias do campo para as cidades sem pesar as consequências teria um custo, e caro, para o crescimento populacional e ambiental (Ward, 1967). Ward chegou a fazer uma previsão de que, em três décadas, mais de 3 bilhões de pessoas teriam que se aglomerar para viver em áreas urbanas ao ponto de se sufocarem. Assentamentos urbanos teriam então que crescer implacáveis à mesma velocidade. Esse era o resultado da revolução urbana esperado pela pesquisadora.

Provavelmente, ela não estava errada. Em um encontro da Assembleia Geral da Organização das Nações Unidas (ONU) de 2019, foram apontados que 55% da população mundial vive em cidades e se estima que, até 2050, a proporção aumente para 70%. O problema é que esse crescimento acontece ao mesmo tempo em que muitos países implementam processos de políticas descentralizadas, tendo como resultado um aumento da responsabilidade dos governos locais. Neste contexto, as cidades teriam que assumir uma posição mais ativa para se tornarem mais sustentáveis.

A partir dessa premissa, para se fazer um planejamento de mobilidade, os governos locais precisam, além de conhecer toda a estrutura de uma cidade e a sociedade que nela habita, compreender suas necessidades e expectativas para a construção de políticas públicas e soluções que comportem o futuro dessas decisões. Partimos para um exemplo: as cidades em que o trânsito de carros é intenso, como Moscou (Rússia), Mumbai (Índia), Bogotá (Colômbia) e Recife (Brasil), que lideram o *ranking*[1] de maior trânsito mundial, precisam de recursos mais avançados e que visam tirar carros das ruas e inserir uma nova realidade, como bicicletas, patinetes e outras alternativas. Trata-se, portanto, de investir em uma geração mais facilitadora e com menos ocupação de espaços. Além disso, para ser sincero, acredito e defendo as políticas públicas que incentivem o bairrismo, pois é necessário reduzir o número de pessoas transitando para os grandes centros.

Em contraponto, percebemos que as novas tecnologias de informação e comunicação remodelaram o estilo de trabalho das pessoas, com as modalidades de trabalho remoto, o famoso *home office*, que foi intensificado com a pandemia da covid-19, especialmente a partir de 2020. Nos dias mais severos de quarentena e restrição da mobilidade, cidades inteiras ficaram vazias, uma descentralização urbana em massa foi deflagrada. Muitas famílias se mudaram para lugares mais calmos temporariamente — algumas de maneira definitiva. Elas foram para o interior, praias ou, até mesmo, lugares muito mais distantes de seus polos de trabalho. E o *home office* virou então o *anywhere office*[2].

Com isso, locais antes superlotados, como os grandes centros, ganharam um respiro, mas obviamente os impactos dessa superlotação se mantêm e ainda precisam de estratégias de gerenciamento da mobilidade. O mesmo acontece com os locais que receberam a leva de novos moradores. Novas dimensões estão começando a ser consideradas, que inclusive serão abordadas com um pouco mais do que o futuro nos reserva em outro capítulo.

---

1 Estudo realizado pela TomTom Global Traffic Index. Fonte: Revista Exame, 19 de jan. 2021.

2 Trabalho de qualquer lugar, em tradução literal.

Mobilidade é acessibilidade, ela faz parte integral do termo de objeto. O que isso quer dizer? Que é necessário pensar no acesso a todos os recursos criados pela sociedade com segurança, desde as pessoas que estão em cima de máquinas tecnológicas, àqueles que estão a pé. A mobilidade deve gerar facilidade de deslocamento em relação ao espaço e tempo. Dessa maneira, não se trata apenas de transporte e como ele se locomove, e sim de como ocupar os espaços da cidade e qual a forma mais estruturada em que se pode fazer essa apropriação.

Portanto, a ideia é pensar em facilitadores e não em impeditivos para nenhum método de locomoção. Por isso, fazem parte da mobilidade o planejamento, os meios de transporte, as leis, a educação e as ruas seguras e limpas. O conforto é parte-chave desse processo, afinal, se todo o amplo conceito de mobilidade é a ligação entre pessoas e materiais, exige-se que esses fatores estejam implícitos e formados.

No entanto, houve uma demora para que a concepção de mobilidade fosse realmente implantada. Em 2013, quando a ONU resolveu entrar na questão da mobilidade em seu relatório sobre o assunto, o *Planning and Design for Sustainable Urban Mobility: Global Report on Human Settlements*, os dados ressaltaram que os meios de transportes motorizados são prioridade no planejamento e que dificilmente bicicletas e pedestres, por exemplo, seriam o foco das ações (ONU, 2013). Claramente, e para nossa sorte, isso mudaria.

Todos os modais devem ser considerados, tanto os comuns quanto os alternativos. Poderíamos dizer que o grande ponto sobre mobilidade é ir do ponto A ao B, entretanto, além de termos que considerar todas as formas de locomoção nesse caminho, é preciso, também, incluir o sujeito como agente transformador. Dentro dessa jornada há muito mais do que apenas a logística e este é um assunto que ainda vamos conversar bastante por aqui. Fato é que todos têm sua parcela de contribuição para a mobilidade, tanto os coletivos quanto os individuais.

Além desse contexto, a mobilidade é um fator importante para o crescimento e expansão territorial. O sociólogo Homer Hoyt (1964)[3]

3 Publicado originalmente em 1964, com o título "Recent Distortions of the Classical Models of Urban Structure", na revista **Land Economics**.

cita que o transporte é um sistema que contribui com o formato urbano, portanto, o crescimento em conjunto proporciona as formas de como estruturar todos os elementos. O que acrescenta no conceito de mobilidade a questão da organização dela, pois, sem uma distribuição adequada e um método eficiente, não existe uma mobilidade por inteiro (Hoyt, 1939).

MOBILIDADE E O COMPORTAMENTO HUMANO

As mudanças que ocorrem para nós, como sociedade, são rápidas e com inúmeras quebras de paradigmas, forçando as pessoas a se adaptarem o mais rápido possível. Isso muda, inclusive, a percepção de realidade de cada indivíduo. Estamos falando de vidas que se transformam de forma cultural, social e econômica, desde as dinâmicas de trabalho até as escolhas diárias de consumo, de comportamento, enfim, de todos os fatores que envolvem fazer parte de um meio social.

Esse contexto é marcado pela mudança da instabilidade de comportamento. Do *status* à necessidade, a mobilidade também teve sua parcela de mudanças nas prioridades dos cidadãos. No passado, ter o cavalo mais bonito era sinal de privilégio. Hoje, trocar o carro zero todo ano é o que confere essa imagem. Em paralelo, a prioridade da maior parcela da população está em conseguir um emprego, ter a mobilidade para se deslocar até ele e prover o sustento das famílias.

A mobilidade impacta de forma significativa as pessoas, na qualidade de vida e na saúde social, dentro de um contexto socioemocional que vai muito além do direito de ir e vir. A mobilidade urbana é bastante relativa, principalmente, quando consideramos países em que grande parte da população possui uma baixa renda. Somada à má qualidade dos serviços de transporte coletivo, essa condição resulta em privação de necessidades básicas, como a presença de hospitais, escolas, áreas de lazer e supermercados em locais acessíveis. Também ficam alheias a essa parcela da população oportunidades de se desenvolver no que concerne às questões profissionais e estudos avançados. Para ter uma ideia, a mobilidade tem tanto efeito na vida e no comportamento das pessoas, que vou colocar aqui duas perspectivas: uma quando não embasada em boas políticas públicas e planejamentos urbanos, e outra quando pensada como solução.

O intenso crescimento populacional e o uso dos veículos motorizados trouxeram mudanças profundas à forma como as pessoas se deslocavam. Governos direcionaram seus esforços e investimentos para que as vias de tráfego de carros e ônibus ganhassem mais atenção e tomaram decisões sobre o uso e a ocupação do solo. Somada à alta dos valores das terras, esse conjunto de variáveis se tornou determinante para que pessoas com menor renda fossem paulatinamente se mudando para os extremos e periferias das cidades grandes. Privadas do acesso às necessidades básicas, por questões financeiras e de urbanismo, elas começaram a se arriscar em vagas de emprego muito distantes de suas casas. Boas escolas e universidades também já não eram opções, já que professores de qualidade buscavam salários melhores nas regiões centrais. Esse contexto tem levado à discriminação e marginalização dessa parcela da sociedade de baixa renda.

Agora, vamos pensar na mobilidade como solução dentro desse mesmo contexto. Como comentei antes, ela sempre será uma via de mão dupla, portanto, façamos uma matemática simples: do ponto de vista do cidadão, a mobilidade é o acesso a emprego, saúde e educação. Do empresário, é o investimento. E da prefeitura, a maximização do bem-estar de seus cidadãos, aumento de renda versus a despesa da cidade ou do bairro, certo? Como poderíamos fazer isso acontecer? Promover desenvolvimento econômico com incentivos públicos e isenção de impostos, envolver a comunidade local, criar parcerias público-privadas para incorporar mais serviços e áreas como elementos-chaves para o planejamento urbano, talvez? O que acham? Ainda temos alguns outros pontos pela frente! Mas acredite, é possível.

Os problemas na aplicação de recursos em transportes públicos, junto à expansão das cidades de forma desordenada, criam um estigma social. A urbanização feita sem o devido planejamento fez com que vários países, inclusive o Brasil, esticassem as cidades para lugares periféricos e, com isso, milhares de pessoas necessitam de horas de deslocamento, todos os dias, para absolutamente tudo. É certo que o transporte coletivo de qualidade é fundamental, mas ele não alcança o crescimento populacional e urbano, fazendo com que a mobilidade fique em segundo plano. Uma vez sem planejamento de urbanização, as pessoas sentem o peso da falta de mobilidade em suas vidas, em todos os âmbitos: na economia, na saúde, na cultura e na educação, pilares importantíssimos para direcionar o futuro de uma sociedade bem-sucedida. Pensando nisso, podemos entender que, em cidades onde a falta de mobilidade impera, a geração de riquezas é dificultada, o que agrava as desigualdades, gera violência, fome e uma comunidade adoecida.

A mobilidade é uma questão de democratização, de gerar no ser humano um sentimento de estar feliz, de utilizar todos os espaços e serviços aos quais ele tem direito. Quando um indivíduo passa 2 horas no trânsito para chegar ao seu trabalho, qual é o impacto que isso pode ter na vida dele? Ele vai ser feliz e sorridente ao voltar para casa e encontrar os filhos? Provavelmente, não. Por mais que a conexão do valor da mobilidade em nossas vidas ainda seja distante, seus efeitos na qualidade de vida do pai que pegou todo o trânsito dentro de um ônibus lotado são fortes. Seres humanos esgotados pela dinâmica urbana certamente são mais propensos a conflitos familiares e negligência na relação com os filhos e cônjuges, contribuindo para atritos conjugais, rebeldia, ansiedade e outros distúrbios psíquicos nas crianças, bem como o adoecimento dos idosos que vivem nessa família. Isto é, na minha opinião, uma das questões mais impactantes no que diz respeito à mobilidade.

O estresse com os desafios do percurso de casa para o trabalho faz com que, inclusive, eles não vivenciem a cidade onde vivem, o que também é um dos requisitos da mobilidade. O indivíduo fica totalmente alheio aos aspectos psíquicos que são fatores motores para um comportamento humano saudável.

Também é importante salientar que a cultura é parte integrante de um ser humano. Todos têm seus modos de se entreter, mas quando há distância, não há cultura. Espero que depois de tantos exemplos, vocês adivinhem o que propicia o acesso amplo à cultura, além dos artistas, é claro. Sim, é a mobilidade. Nesse caso, ressalto, mais uma vez, que não se trata de levar as pessoas de uma ponta ao centro, e sim ligar todos os pontos de uma forma inteligente e otimizada. Parte de um bom planejamento urbano é inserir cultura para todos e não apenas centralizá-la, acreditando que isso significa dar acesso à população.

O historiador Lewis Mumford fala que a cidade é um espaço de *content* e *magnet*, ou seja, não é uma questão de pão e circo, é uma questão de contentamento e atração (Mumford, *A cidade na história*, 2004). Não há nenhum outro jeito de dar acesso à cultura, senão quando um público se mistura, deixando a apatia de lado e trazendo o distante para perto. Embora, em alguns casos, seja preciso um estudo social e comportamental mais apurado. Vejam o exemplo dos grandes parques, como o famoso Ibirapuera, em São Paulo. Ficam lotados, muitas vezes, de pessoas que vêm de muito longe e que levam horas para chegar. Elas precisam se planejar para ficar um dia inteiro. Suas atividades acabam divergindo completamente das pessoas que moram mais próximas e não é promovida de fato uma integração. Portanto, a solução não é apenas garantir um acesso melhor a alguns poucos pontos, é construir mais alternativas de lazer em outros locais também.

Agora, quando pensamos no comportamento das pessoas diante da mobilidade, é fácil notar que historicamente ela já foi criada para suprir a necessidade de água e alimentação, mesmo que não tivesse este nome por muitos anos. Sim, a mobilidade é uma questão de subsistência. No entanto, cada vez mais a evolução de um povo e seu comportamento será baseada em como eles chegam não somente ao que lhes é indispensável, mas também às oportunidades de uma vida melhor, incluindo, é claro, o meio ambiente. As pessoas preferem a experiência que oferece mais qualidade de vida.

Mudanças de paradigmas na estrutura social, a força com que as mulheres batalharam por seu *status* na sociedade, preocupações com o meio ambiente, globalização e o desejo de pertencer a algo mais tiveram impactos profundos no conceito da mobilidade que conhecemos hoje. Menos posses e um mundo mais correto e mais limpo para nós e aqueles que virão. Estes, definitivamente, têm sido os propósitos do que chamamos de "Mobilidade 5.0".

Claro que a pandemia causada pelo novo coronavírus, o isolamento social, a crise econômica e constantes preocupações com a qualidade de vida, certamente, fizeram com que o ponto de inflexão da disrupção da mobilidade fosse atingido com mais rapidez e eficiência. Milhões de empresas ao redor do mundo foram obrigadas a adotar o *home office* e perceberam que a medida é melhor para a saúde mental de seus funcionários. Gigantes como X — antigo Twitter — e Facebook já anunciaram que seus colaboradores poderão continuar trabalhando de onde quiserem mesmo após a pandemia. Isso nos mostra que o futuro acontece a todo instante. A cada minuto as pessoas moldam o comportamento que caminha junto à tecnologia e mobilidade. Acostumamo-nos com cavalos, carros e, por que não, voltaremos a andar a pé se a mobilidade permitir?

MOBILIDADE E CULTURA

A reorganização da mobilidade nos permite encontrar os locais com maior identificação social. Ou seja, vivemos em um mundo onde podemos escolher morar em uma cidade ou em um município com maior número de pessoas com as mesmas perspectivas e afinidades. Para boa parte das situações, podemos enxergar a reconstrução da mobilidade como causadora de uma polarização negativa, que pode ser por desenvolvimento ou crescimento. No entanto, em diferentes contextos atuais, assim como para diversos grupos sociais, podem ser acolhedoras e seguras.

Podemos chamar isso de geografia cultural. Então, assim como os países têm seus próprios costumes, dentro deles, criaram-se subdivisões, o mesmo acontece nos processos migratórios, em que as pessoas vão de um país ao outro, porém procuram cidades ou estados que abrigaram os primeiros conterrâneos asilados. No que concerne à propagação e aproveitamento de seus costumes, trabalho e formas de se agruparem, esse movimento propicia um estado confortável que atinge as pessoas.

Não há como falar sobre agrupamentos sociais sem considerar a cultura — ou ela cresce junto à sociedade ou as pessoas procuram lugares nos quais se sentem acolhidos de acordo com os próprios costumes. Isso envolve a dimensão do ambiente, da paisagem, das técnicas sociais e mentais, das qualidades geográficas (terra, clima, etc.), da comunicação, entre outros fatores que fazem o regional ser mais importante do que o nacional.

Diante disso, podemos até dar exemplos concretos, como a imigração. Em São Paulo, a maior cidade econômica da América Latina, percebe-se esse agrupamento bastante claro. No bairro da Liberdade, as colônias japonesas criaram raízes e se tornaram um polo da cultura e economia da nação brasileira. Lá, eles vivem conforme a sua própria cultura que, inclusive, atrai visitantes do país inteiro e, por vezes, até estrangeiros. Com isso, se tornaram a maior colônia de japoneses fora do Japão. Essa é uma questão de mobilidade, eles conseguem estudar, trabalhar e exercer suas atividades econômicas em um só lugar.

Já no bairro do Bixiga, também em São Paulo, a comunidade formada foi a italiana, assim como Higienópolis e Bom Retiro são pontos de referência para quem quer se inteirar sobre a imigração judaica no Brasil. É assim também na região Nordeste, onde se vê traços dos holandeses e, na região Sul, com alemães e italianos. Neste caso, inclusive, a arquitetura das cidades foi desenvolvida por eles, conforme a tradição dos países de onde vieram. Temos exemplos semelhantes em outros lugares do mundo, como Chinatown, em Manhattan, ou Little Italy, também em Nova York.

Além dos grupos sociais formados por etnias, também podemos ver constantemente outros tipos de segregações como, por exemplo, os idosos. Existem diversos estudos que mostram a relação do Canadá com as pessoas de idade mais avançada. Para proporcionar a mobilidade de fato, o país se concentrou no programa *age-friendly* e, cada vez, mais se preocupa com a saúde e incentivos para promover a participação cívica dessa parcela da sociedade. Podemos falar ainda sobre a migração afrodescendente para o bairro do Brooklyn, em Nova York. Ela foi significativa, uma vez que eles construíram a comunidade em torno da sua cultura. O mesmo aconteceu em Sugar Hill, na Flórida. Outra parcela da sociedade que também encontrou caminhos para se unir é a comunidade LGBTQIAP+. Bairros como Village (Montreal – Canadá), Marais (Paris – França) e Cerqueira César (São Paulo – Brasil) são lugares onde as pessoas da comunidade se sentem seguras. Lojas, restaurantes, hotéis e casas noturnas pensadas para eles fazem do local um lar, é uma mobilidade planejada para esses grupos.

Claro que, mesmo do ponto de vista da segregação e da falta de diversidade em alguns espaços, não podemos deixar de afirmar que o acesso a todos os lugares é um direito de qualquer cidadão do mundo. Seria simplista dizer que há bairros apenas de japoneses, negros ou alemães. Existe um mundo com infinitas oportunidades para qualquer um e em qualquer espaço. A questão que trago aqui é que, com certeza, a mobilidade pode nos proporcionar o bem-estar de escolher as mesmas perspectivas culturais e sociais, bem como a segurança. Este conceito de identificação, aliás, foi imensamente apropriado pela Geração Z, que passou a definir não só o mercado de consumo como o de trabalho, modificando por completo a cultura organizacional de milhares de empresas ao redor do mundo. Da mesma maneira que os grupos sociais, as empresas também precisam compartilhar da mesma visão de mundo e, em alguns casos, se posicionar politicamente também.

DISRUPÇÃO E MOBILIDADE: A VELOCIDADE DA EVOLUÇÃO

Disrupções têm esse nome por um propósito e, apesar da palavra ser relativamente nova, o conceito não é. O autor e economista Tony Seba, em uma de suas apresentações de 2018, exemplificou de forma clara e didática como foi a disrupção dos veículos no mundo, que invariavelmente nos remete ao momento atual; transporte limpo. Seba usou uma fotografia da Parada da Páscoa, em Nova York, em 1900, para demonstrar que os cavalos eram nosso principal meio de transporte até então, uma vez que havia apenas um carro na foto. Para ilustrar a ruptura tecnológica que vivenciamos, usou a imagem da mesma cidade treze anos depois, onde era possível ver apenas um cavalo e muitos veículos. O mundo havia mudado por completo e continuaria assim.

Se a gente for encarar a realidade, foi em 1863 que surgiu o primeiro metrô em Londres. Há apenas 161 anos estreou um dos meios mais importantes para incorporar o conceito de mobilidade. Já em países como o Brasil, foi na década de 1970. A velocidade com que as linhas surgiram pelo mundo inteiro e como a ideia de um transporte sobre trilhos se espalhou é extremamente disruptiva. Em 2021, já existiam mais de 3,6 mil quilômetros de extensão, entre apenas os dez maiores metrôs do mundo, transportando mais de 50 milhões de passageiros. Os números crescem absurdamente. Até 161 anos atrás, ele era a carvão, hoje é elétrico e praticamente autônomo.

Neste contexto, muito além do sistema metropolitano de transporte rápido ou mesmo do aumento de ônibus nas ruas, existem tantas outras inovações que estão despontando e rompendo as barreiras da mobilidade. Carros autônomos ou elétricos, os meios de pagamento digitalizados e plataformas de mobilidade integrada estão cada vez mais à disposição do cidadão. Deixou de ser uma questão de locomoção para se transformar em um serviço. Esse fato certamente abre novos mercados e as empresas terão que se esforçar para proporcionar qualidade na acessibilidade e sustentabilidade.

Agora, o transporte está na nuvem eletrônica: *QR Code*, Cartão de Sistema de Bilhetagem Eletrônica, entre outros conceitos que há dez anos não existiam. Pegar metrô ou ônibus ficou desgastante, as pessoas já não querem mais depender do sistema em que a cidade foi criada e que proporcionou uma mobilidade falha. O acesso está se transformando. Os aplicativos e tantas *startups* pelo mundo estão modificando o modo de pedir, pagar e se locomover, inclusive, deixando a população mais seletiva e exigente.

A Internet das Coisas (IoT, pela sigla em inglês de *Internet of Things*), *big data*, robotização e Inteligência Artificial (IA ou AI, pela sigla em inglês de *Artificial Intelligence*) já não são mais artifícios imaginários do filme *Eu, Robô* (2004), com Will Smith, muito menos aquela tecnologia distante da NASA. Inclusive, falando na agência espacial, lembra-se das máquinas voadoras dos *Jetsons* (1962) e do filme *De volta para o futuro* (1985)? Pois então, quem poderia imaginar que a NASA, que levou o primeiro homem à lua, se reinventaria, para nós, meros mortais, com o que parecia ser seu *core business* (o transporte espacial), para criar um projeto de mobilidade aérea urbana? O UAM (*Urban Air Mobility*) promete levar as viagens aéreas às ruas, ou um pouco acima delas, com um sistema de transporte seguro e eficiente. Táxis voadores! Claro que vamos falar mais sobre isso depois.

Eles vão chegar, calma! E farão muito pela mobilidade. A favor das pessoas, a tecnologia irá trazer cada vez mais a disrupção a esse mercado que, inclusive, está se transformando — se já não se transformou — em um serviço e, mais do que nunca, precisa de melhorias e adaptação ao novo mundo. E não é preciso criar pânico. É claro que no tempo em que vivemos, temos a sensação de que a vida está mais longeva e a mobilidade deve acompanhar essa percepção. O tempo gasto com deslocamentos, que não será mais perdido, entrará como propulsor para novos projetos. Ou seja, quando morre uma mobilidade, nasce outra, mais produtiva, que entra em um círculo qualitativo.

Além disso, como o mundo já faz, ou deveria fazer, utilizar a tecnologia em prol do meio ambiente. Esse panorama é um grande propulsor para uma evolução cada vez mais acelerada. Tony Seba chegou a fazer previsões, em seu estudo intitulado *Rethinking Transportation 2020-2030*, de 2017, onde aponta que os veículos elétricos e modelos autônomos sob demanda iriam dominar o mercado por completo em menos de 10 anos. Ainda segundo o relatório, as mudanças causarão sérios prejuízos aos países que dependem das commodities de indústrias petrolíferas (Seba, 2017). Estamos constantemente vendo a disrupção acontecer diante aos nossos olhos. O mundo não é e nunca mais será o mesmo. A evolução começou, e isso impactará sua vida, seu negócio, seu trabalho, seu lazer e praticamente todos os aspectos do seu cotidiano. Será muito interessante se os que leem este livro comecem a prestar atenção, a partir de agora, nessas transformações e verifiquem se estas previsões aqui encontradas estão corretas ou não.

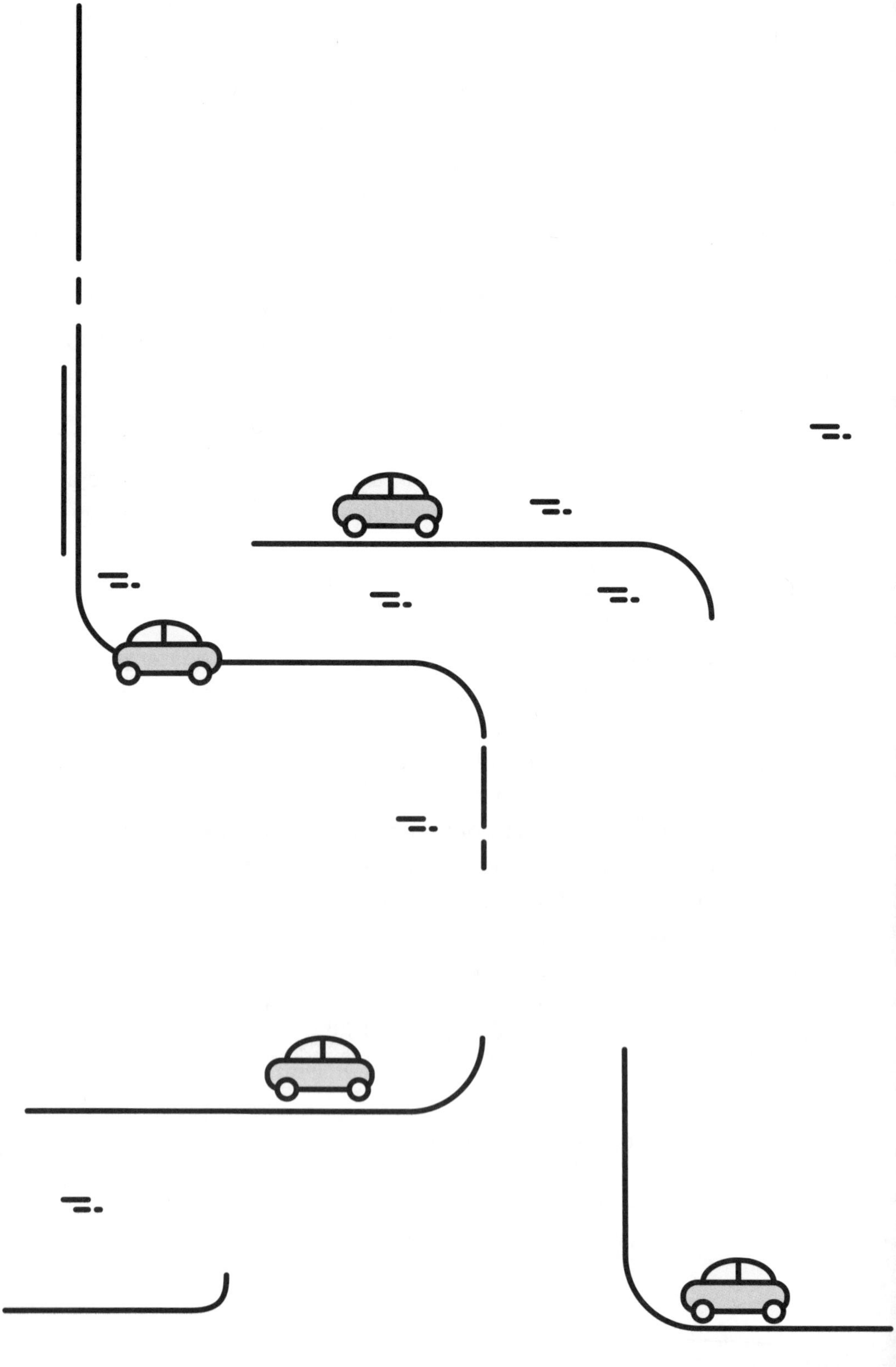

2

VEÍCULOS PRIVADOS

Objeto de consumo mais relevante para os que acham que sabem o que é mobilidade, o carro fez história no mundo inteiro. Desde os tempos renascentistas — sob a imagem do veículo idealizado por Leonardo Da Vinci —, ele passou por transformações mecânicas, artísticas e, até mesmo, na maneira como a sociedade enxerga esse meio de transporte.

Antes de tudo, por incrível que pareça, existem vestígios de veículos até nos tempos das civilizações mesopotâmicas, localizadas entre os rios Tigre e Eufrates, o que representa 6 mil anos atrás. Claro que não eram nem parecidos com o que conhecemos hoje, estavam mais para uma espécie de tábuas que se locomoviam. Arqueólogos também encontraram alguns registros de que veículos com rodas apareceram na Europa, o que os leva a acreditar que os transportes individuais com rodas tenham surgido simultaneamente em muitos lugares do mundo. Entretanto, foi no século XV que Leonardo da Vinci inventou um triciclo a corda, que jamais saiu do papel. Depois de muito tempo, três séculos para ser exato, o engenheiro francês Nicolas-Joseph Cugnot aproveitou o momento histórico em que experimentávamos a máquina a vapor e deu o *input* para tudo que conhecemos hoje em relação aos carros, ainda que a ideia tenha demorado a engrenar no mercado popular, e a sua velocidade fosse de apenas quatro quilômetros por hora.

Ah, e os carros elétricos! Sim! Eles já existem há muito tempo, por incrível que pareça. Possivelmente em meados de 1834, o escocês Robert Anderson inovou ao construir carruagens elétricas, movidas a pilhas recarregáveis, imagina só. E não tem só esse registro, no mesmo ano, um pouco antes de Anderson, o americano Thomas Davenport já havia feito um ensaio em cima dos trilhos. E antes, em 1828, o inventor húngaro, Ányos Jedlik produziu um motor elétrico, mas o colocou em uma miniatura. Porém isso tudo é papo para outro momento deste livro.

Depois de todos esses relatos de muitos e muitos anos atrás, o veículo deu uma enorme reviravolta em direção à evolução. Nicolaus Otto foi um dos grandes precursores do automóvel quando, em 1876, desenvolveu o motor a combustão interna de quatro tempos (que faz quatro rotações do pistão para executar as tarefas de admissão, explosão e exaustão). Para esse feito, o alemão repensou o motor do belga Jean Joseph Étienne Lenoir, que era usado em maquinários pequenos e tinha apenas dois tempos, ou seja, rotacionava duas vezes. Depois de dez anos, em 1886, a resolução começou com Karl Benz, Gottlieb Daimler e Wilhelm Maybach na Alemanha.

Na época, Benz dirigiu um triciclo motorizado e teve aquele famoso "eureca". Os três amigos transformaram a carroça puxada por cavalos em um automóvel, com motor de explosão e movido a gás ou petróleo. Não sabiam, mas aquele era um dos maiores saltos que a indústria automotiva — ainda engatinhando — daria, e 3 anos depois os veículos começaram a ser vendidos. Apesar de abrirem concorrência no mesmo ano, Benz e Daimler uniram-se e começaram a vender, os até hoje cobiçados, Mercedes-Benz. Desde então, eles eram o suprassumo da indústria automotiva e outros apenas os copiavam, até o início do século XX, quando Henry Ford começou a mudar essa história.

Fundada em 16 de julho de 1903, a empresa estadunidense Ford Motor Company popularizou o automóvel. Ela não só inovou o veículo em si, mas todo o setor. A indústria automotiva tinha uma mercancia, mas onze investidores colocaram um novo projeto para funcionar. A produção em massa e o baixo custo, com uma fabricação simplificada, conseguiram produzir cada carro em 98 minutos. Sim, muito rápido para a época. Em 1908, Ford lançou a disrupção: o Ford Modelo T, um motor quatro cilindros de 2,9 litros e com potência de vinte cavalos. Parece brincadeira de criança hoje em dia, mas andar a 65 quilômetros por hora naquela época era o estopim. Esse foi o modelo que inaugurou a produção em massa e chegou a representar todos os carros que circulavam nas ruas. Está bem, não era para tanto, mas ocupavam mais da metade das vias em todo o mundo. Ao todo, foram mais de 15 milhões de exemplares vendidos em 19 anos de existência. Entre os investidores da brilhante montadora Ford estavam os irmãos John e Horace Dodge que, mais tarde, em 1914, abriram a também famosa Dodge, o ápice para quem gosta de caminhonetes.

Oficialmente criada em 1937, a Volkswagen criou o Fusca, o carro que conquistou o mundo — o popular que todo mundo amava. E é muito difícil acreditar que a mente mais temível já encontrada até hoje, Adolf Hitler, incentivou a produção do famoso "besouro". O gênio do mal, na época, comprou a Mercedes-Benz e apostou muitas fichas para garantir a vitória de sua respectiva equipe no Grand Prix, campeonato que precedeu a Fórmula 1. Voltando ao Fusca, o projeto era um motor de dois cilindros, refrigerado a ar e com suspensão dianteira independente. Foi uma revolução, pois, nessa época, a refrigeração era a água e as suspensões eram feixes de molas.

Para falar de todos os carros que já foram feitos, preciso de um livro à parte. Contudo, depois desse longo e próspero começo relatado, as tecnologias foram se aprimorando e, cada vez mais, os veículos automotores, bem como a indústria, formaram um mercado de sucesso. Ele trouxe um novo panorama ao indivíduo, tanto no que concerne à mobilidade quanto ao *status*. Por muitas vezes, o carro também chegou a ser um bem que criou raízes emocionais. Todo mundo conhece pelo menos uma pessoa apaixonada por Fusca, não é mesmo? Porém até quando?

A minha intenção aqui não é impactar os leitores com expectativas, ou mesmo previsões vazias, mas sim trazer uma perspectiva do que já vimos acontecer na história da mobilidade e o que podemos vivenciar logo mais à frente. As perguntas de ouro são: os motoristas terão o mesmo sentimento? O carro continuará sendo sinônimo de liberdade? Mundialmente falando, precisaremos mesmo aplicar conhecimentos tecnológicos para o automóvel individual ou devemos pensar no carro como serviço? Qual o conforto que as próximas gerações querem ter? São claramente perguntas que mudarão todo o sentido dessa indústria que começou como um comércio B2C, mas as perspectivas mudaram. Os serviços em todos os setores estão de cara nova e por que também não começarmos a nos questionar o futuro dos carros?

TRANSPORTE INDIVIDUAL E COLETIVO

Voltemos mais uma vez e falemos de novo sobre o crescimento desordenado da sociedade. Porém, mais do que desigualdade, o transporte individual criou impasses na questão da mobilidade. O transporte coletivo sempre foi de baixa qualidade, principalmente, quando pensamos em países subdesenvolvidos ou em parcelas da sociedade menos afortunadas, o que se tornou um grande problema. As decisões logísticas causam grandes impactos na vida das pessoas e, também por esse motivo, o carro virou um objeto de consumo. Quando há falta de infraestrutura pública em algum setor, a população tende a recorrer ao setor privado para resolver seus problemas de uma forma individual, ainda que tenha que arcar com mais custos. É assim também nos planos de saúde e na educação, por exemplo. Mas o que esse comportamento pode provocar no mundo? Qual é o impacto?

Para responder essa pergunta, precisamos entender a demanda de uma população. Quando alguém escolhe de que forma fará a sua opção em relação à mobilidade, o seu comportamento vai partir daquilo que lhe gera a percepção de conforto, segurança, estética, acessibilidade, custo, tempo e *status* social. Todos esses aspectos, juntos às necessidades pessoais, formam a escolha do indivíduo e geram a tomada de decisão. Levando em consideração todos os fatores, a preferência é clara. Por isso, o automóvel foi, e de certa forma ainda é, a paixão das pessoas, pois apesar do custo, o carro ainda se torna o produto que mais atende às outras problemáticas.

A falta de infraestrutura das cidades e a impossibilidade de atender todas as demandas de transporte da população criaram obstáculos enormes em relação à qualidade de vida do cidadão, tornando-os incessantemente a favor da individualidade e criando uma superlotação de carros nas ruas, movendo o mundo à beira de um colapso ambiental. De acordo com a *Moovit Insights* (2020), que fornece análise de dados e estatísticas sobre o transporte público, em um estudo de avaliação das viagens realizadas globalmente em 2020, considerando o tempo de locomoção na saída de casa até à chegada ao local de destino, ao utilizar a condução pública, em Jacarta (Indonésia) o tempo médio é de 71 minutos, em Istambul (Turquia) de 68 minutos, no Rio de Janeiro (Brasil) de 67 minutos, na Cidade do México (México) de 69 minutos e em Miami (Estados Unidos) é de 56 minutos. Agora, vamos dobrar esse tempo, considerando ida e volta. No Rio de Janeiro, por exemplo, em média, as pessoas passam 2 horas e 14 minutos do seu dia dentro de um metrô ou um ônibus lotado. Absolutamente ninguém fica feliz com isso. Se pensarmos que essa é a média, e que existem pessoas que ficam muito mais tempo em deslocamento, a problemática é ainda maior.

Uma vez li uma matéria na *BBC News Brasil*[1] sobre esse tema. A equipe do jornal acompanhou três trabalhadores, moradores de zonas extremas da cidade de São Paulo (Brasil), por seus trajetos diários de transporte público de ida e volta, da casa ao trabalho. Um deles, o seu Ludovico, passa cerca de 7h do seu dia nessa jornada. E caso haja acidentes ou chuvas, isso se multiplica. Qual seria a solução? Juntar muito dinheiro, comprar um carro, pagar impostos, contribuir com a degradação do meio ambiente, gastar com manutenção e gasolina, além de ter o seu próprio automóvel. A sensação de liberdade, segurança e conforto, com certeza, estarão presentes. Entretanto não é nis-

1 SOUZA, Felipe. *Como é a rotina dos trabalhadores que passam quase um terço do dia dentro do ônibus, metrô ou trem*. BBC Brasil. Publicada em 14 de janeiro de 2019.

so que acredito e, se esta for sua opinião, me conte se ela continuará igual após ler este livro.

Diante desse panorama, para que as pessoas desistam dos veículos individuais, temos duas soluções: ou trazer benefícios para o público e fazer um planejamento adequado de transporte coletivo ou desestimular a compra do automóvel. O último não seria interessante para ninguém, uma vez que se trata de uma indústria importante para o desenvolvimento econômico de qualquer país. Portanto, sim! Existe um impasse e ele realmente não é fácil de resolver. Diferente do século XX, em que a indústria teve um crescimento exorbitante, atualmente, o automóvel começou a gerar incômodo. Provavelmente, a mudança, mais do que necessária, entrou em uma esfera inevitável. E a ideia de que o carro é um bem egoísta começou a crescer. O veículo privado passou a ser alvo de discussões internacionais, que compreenderam a indispensabilidade de alterar todos os padrões de mobilidade.

Engarrafamentos, problemas ambientais e altos custos são algumas das inúmeras as questões que podem desencorajar uma pessoa a comprar um automóvel. No entanto acredito que isso só vá acontecer quando submetermos de fato a mobilidade à tecnologia. A mudança dependerá de planejamento, da urbanização e de políticas públicas funcionais. Além disso, as pessoas já têm em mente uma mudança de comportamento, afinal, hoje em dia elas querem ser ativas no contexto da cidade e do ecossistema urbano. Por isso, para o veículo privado começar a fazer parte de um grande planejamento de mobilidade, os fluxos e incentivos devem ser repensados.

Isso tudo porque o indivíduo não deixará de prover o conforto dele e de sua família sem assistência e incentivo para que aquela situação seja moldada e o comportamento alterado. São necessárias mudanças vertiginosas para que a democratização e todas as qualidades de um veículo particular possam ser embutidas, não só no transporte público, mas na mobilidade integral. Cada cidade deve ser projetada e planejada para que seja um projeto social de integração. O foco — a partir de um mundo tecnológico, que se abre cada vez mais em nossa frente — é a coexistência, a tolerância, a diversidade e a extirpação de barreiras para qualquer um dos meios de mobilidade. Acessibilidade a todos é a ordem de comando para um novo mundo. Por pelo menos um século, o transporte privado comandou as prioridades, porém afirmo por experiência no setor que ele vai sofrer sérias e benéficas mudanças. E agora pergunto: você está preparado?

NOVO MOTORISTA

Sentir o cheiro de gasolina, ligar o som, trocar as marchas conforme o motor ganha força, experimentar a sensação de liberdade e conquista que um passeio de carro proporciona. Ou ao menos proporcionava, antes das câimbras e irritabilidade por causa do trânsito intenso, a dor de cabeça da poluição e o preço do combustível. É, foi bom. A indústria automobilística foi tão eficiente em criar a cultura do automóvel que sua simbologia atemporal permeou o imaginário e sonhos de milhões de pessoas ao redor do mundo. Desde propagandas, músicas e filmes, e até animações para crianças.

Obviamente, como já abordado anteriormente, não nos movimentamos apenas com carros, já tivemos cavalos, carroças, trens e tantos outros meios de transporte. A questão é que nosso relacionamento com os automóveis tem histórico como produto, *status* econômico e social, afetivo e psicológico e, claro, como meio de transporte. A meu ver, não seria justo considerá-lo apenas um produto, uma vez que ele teve, e ainda tem, tamanha participação na evolução da história da mobilidade. Para chegar a esse ponto é preciso passar pelo *status* econômico e social, este que jamais deixou de existir, apenas se transformou.

Até o início do século XX, os veículos eram destinados para nada além de passeios. Considerando sua funcionalidade na época, percebe-se que eram restritos aos grupos mais abastados da sociedade e, certamente, representavam uma extensão de seus próprios donos. Na década de 1920, o desejo de posse das famílias de baixa renda americana impulsionou a indústria dos carros usados nos Estados Unidos, fazendo com que as classes mais altas, no anseio de se diferenciar, optassem e demandassem mais inovações tecnológicas, criando uma bolha cada vez maior. É nesse cenário que nasce o conceito dos lançamentos anuais, com pequenas alterações a cada novo modelo, que davam a falsa ilusão de que, quanto mais modernos e sofisticados fossem os carros, melhor a vida aparentava ser. Essa dinâmica, então, transportou para os veículos questões afetivas e psicológicas, como também o sentimento de pertencimento.

Dessa forma, cresceu também a sensação de emancipação, de realização e do direito de mobilidade, já comentado aqui. Entretanto se por um lado, o carro proporciona a ativa transição espacial dos indivíduos, por outro, ressalta o contexto social de classes que buscam ascender. Fato cada vez mais evidenciado ao ponto que cidades inteiras se tornaram superpopulosas, com áreas de convívio dispersas e desconectadas. Não posso deixar de ressaltar os fatores que contribuíram para que o carro se firmasse como meio de transporte. Alguns deles, obviamente, parecem ser velhos "amigos" de países subdesenvolvidos, como a falta de infraestrutura e aumento dos valores nos transportes públicos. Algo que, infelizmente, se perpetuou com planejamentos urbanos falhos e políticas públicas descompassadas.

No entanto o deslocamento é intrínseco à nossa natureza e, apesar do ser humano ter o costume de não valorizar certas vantagens, a menos que sejam privados dela, a abrangência das percepções e escolhas de um indivíduo são resultados da sua cultura, da sociedade e de sua personalidade. Porém o conceito de valor também recebe a influência de pilares sociais, como economia, sociologia e psicologia. Com o constante crescimento populacional, trânsitos intensos, limitações socioambientais, preocupações com o meio ambiente, entre outras problemáticas, bem como as incríveis disrupções tecnológicas e avanços da medicina que nos proporcionaram longevidade, entre tantos outros benefícios, as novas gerações foram se moldando à nova configuração de sociedade. Que se distingue pelo modo de pensar, agir e impactar a evolução.

Os *Millennials* ou Geração Y (nascidos de 1980 a 1995) quebraram paradigmas ao se tornarem a primeira geração com o nível de educação mais alto. Além de serem indivíduos preocupados com as questões sociais e ambientais, eles acreditam no coletivo e não se conectam unicamente às marcas e ao status. Já a geração seguinte, a Geração Z, nasceu conectada e, portanto, entende a tecnologia como ferramenta de acessibilidade, que dentro do universo de mobilidade significa revolucionar por completo suas escolhas.

É então que o amor antes tão duradouro, entre automóvel e humano, tem sua primeira grande discussão no relacionamento. Os jovens impulsionados por novas condutas sociais não veem mais o carro como *status*, logo o alto valor do investimento tanto para a carteira de habilitação quanto para compra do veículo não são justificáveis. Dados comparativos de 2014 e 2020 do Departamento Nacional de Trânsito (Denatran), órgão máximo executivo do Sistema Nacional de Trânsito[2], estimam que a quarta cidade mais populosa do mundo, São Paulo (Brasil), relata certo desinteresse das pessoas mais jovens pela carteira de habilitação. Ou seja, a vontade de atingir a maioridade para poder dirigir deixou de ser prioridade. O efeito é sentido mundialmente.

Os relatos são antigos. Desde 2001, nos Estados Unidos, o número de pessoas entre os 18 e 34 anos que compram automóveis despencou de 24% para 13%. O número de pessoas que dirigem, entre 20 e 34 anos, caiu 22%, no mesmo período, segundo pesquisas do *US DOT*. Claro que devemos considerar as prioridades dessas pessoas, visto que após a idade da pesquisa, elas provavelmente apresentam outras necessidades com seus filhos e carreiras. Porém uma coisa é fato: a ansiedade de tirar a carta quando jovem e ter o próprio carro caiu e isso causou um espaço de, pelo menos, 14 anos de contribuição com o trânsito e meio ambiente da parte dos jovens.

Esse fenômeno pode ser explicado, em partes, segundo o relatório *State of the American Workplace*, elaborado pelo site Gallup (2020). A questão do trabalho remoto e a flexibilidade demonstrada na pesquisa aponta que 37% dos entrevistados disseram que aceitariam propostas de mudança de empregos para empresas que os deixassem trabalhar de onde quisessem, ao menos parte do tempo. Um número considerável, pois ainda não tínhamos a ameaça de sermos contaminados por um

2 Matéria "Geração sem carro". *Revista IstoÉ*, 2021.

vírus que pode ser letal. Ainda no panorama dos EUA, na primavera de 2020, durante a pandemia da covid-19, o número de trabalhadores em *home office* subiu de 5,3% para 60%. Em relação ao trabalho remoto, que abordaremos ainda mais neste livro, como uma das características do futuro, e você não imagina quantos benefícios essa modalidade pode trazer, não só em relação à qualidade de vida, como também à produtividade. Para corroborar com essa questão do trabalho remoto e provar que ela é capaz de mudar toda uma dinâmica do consumo das pessoas em relação aos meios de mobilidade — e que esse comportamento é uma crescente —, o *The Annual IWG Global Workspace Survey* elaborou uma pesquisa, no começo de 2019, com 15 mil empresários em cem países diferentes. O resultado é que 62% das empresas globais dizem apostar em políticas de trabalho flexíveis.

Outra questão que veremos com mais frequência é o uso de meios alternativos de deslocamento para ir trabalhar. Para ter uma ideia, nos Estados Unidos, existe um dia para comemorar a utilização de bicicletas no deslocamento para o local de trabalho. Apesar de ainda baixo, o censo vê grandes perspectivas, pois 1,5% dos jovens entre 16 e 24 anos já utilizam esse meio de transporte, e a conta entre aqueles com 25 a 44 anos é de 0,7%. Ao todo, são 870 mil pessoas, quase 1 milhão, ou seja, proporcionalmente o mesmo número de veículos a menos nas ruas. Esse também é um assunto que abordarei de forma significativa ao longo do livro.

O relatório feito pela fundação *US Public Interest Research Group*, de 2014, coloca ainda mais em voga as questões que trazemos aqui. Em suma, os jovens entre 18 e 34 anos tendem a usar o transporte público ou outros modelos de viagem, em vez de ter um carro. Buscam e experimentam mudanças em que dirigir é uma opção e não necessidade. E isso se dá por conta de mudanças socioeconômicas, preferência de estilo de vida e uma transformação tecnológica. O relatório também ressalta os serviços de compartilhamento, seja de carro, bicicleta ou patinetes.

E vemos isso não apenas em pesquisas de consumidores e usuários, mas também nas constantes preocupações de empresas. Até mesmo Enrico Galliera, diretor de marketing e comercial da Ferrari — sonho de consumo de qualquer pessoa que gosta de carros ou de dirigir — sentiu que o momento não era para brincadeira. Durante a estreia do carro elétrico da marca, o SF90 Stradale, Galliera mostrou sua preocupação com os jovens. A sua afirmação foi que eles não querem mais dirigir, e esse é um sentimento que aflige todos os fabricantes. Afinal, se o sonho do jovem não é mais ter a máquina italiana extremamente cobiçada, o que será das outras montadoras?

Está claro, na visão dele e na minha, que esse novo comportamento faz parte da cultura de economia compartilhada. Cada vez mais, os jovens, já imersos nesse mundo de uberPool, Coworking, Buser, DogHero, Tem Açúcar, entre outras plataformas — que podemos até não lembrar e associar, mas já existiam há tempos em repúblicas estudantis — vão preferir o que é colaborativo. É bom para eles e para os outros. Voltamos ao escambo! Até vemos nos grupos de Facebook inúmeras trocas de serviços. Estamos em um mundo de interação e coparticipação.

Entendendo o objeto desta pesquisa, posso afirmar que o Carpool é realmente uma tendência. A carona solidária é um movimento que cresce em todo o mundo. O ato de um motorista compartilhar seu caminho com os demais em prol do coletivo é sensacional. No Brasil, por exemplo, existe o BlaBlaCar ou mesmo o Waze, a alusão da boa conversa e a divisão das despesas está fazendo com que as pessoas se sintam à vontade de viajar ao lado de alguém, em vez de gastar mais indo com o próprio automóvel. Claro que a segurança sempre será uma questão, tanto física quanto digital, embora a vigília da viagem que se estabelece aos dados de motoristas e passageiros seja de responsabilidade dos aplicativos, e posso provar que a IoT é avançada o suficiente para prever inconvenientes. Temos também a redução na emissão de carbono, que pode alcançar até 26%, os quais os dados alarmantes serão mostrados em outro capítulo.

Pensando nesse contexto, os benefícios não ficam apenas na economia financeira, como também na economia do tempo, na otimização da segurança e, de quebra, na redução de acidentes e poluição. Se eu, pessoa física, dou carona para três pessoas, estou tirando o equivalente ao mesmo número de carros das ruas. Se eu utilizo aplicativos para isso, além de diminuir os carros, também contribuo com outras frentes sociais. Tem a ver com praticidade, conveniência e futuro.

Em 2020, a empresa americana ConsumerLab fez uma pesquisa que reuniu dezesseis grandes cidades do mundo e 130 milhões de usuários que utilizam smartphones, em relação a uma experiência de mobilidade mais satisfatória. Metade dos entrevistados acredita que até a próxima década o aumento será de 27% no setor de Carpool. Porém revela uma contradição, pois a cada dez pessoas, nove disseram que não estão com intenção de abandonar seus carros. Contudo acredito que seja uma questão de costume, quanto mais o tempo passar e a tecnologia avançar, mais as pessoas vão se condicionar a essa economia compartilhada. O conceito passa do possuir para usufruir.

E ainda que a indústria automobilística tenha, por muitos anos, ostentado riquezas no mercado mundial, há um renascimento do cidadão conectado ao seu ambiente/espaço: não há sentido em obter posses que podem se tornar obsoletas. Se por um lado a tecnologia permitiu o poder de escolha, por outro, democratizou o acesso ao serviço de qualidade.

Como disse o ex-presidente da Volkswagen, Herbert Diess: "você não deseja necessariamente propriedade, mas quer um carro quando você precisa de um" (Schnaider, *Segs,* 2021, online). O consumidor passou a buscar experiências, e as empresas precisaram entregar perfis mais dinâmicos. Para entregar esse dinamismo bem estruturado, fica cada vez mais difícil competir com as inovações de mobilidade. Atualmente, manter um carro na garagem traz um custo muito alto quando comparamos com as outras opções, como transportes por aplicativos, e-bikes e, até mesmo, o metrô fora de horário de pico em cidades funcionais.

No Brasil, por exemplo, as pessoas que utilizam esses outros recursos ganharam até apelidos, como os trabalhadores de uma das avenidas mais movimentadas da maior cidade comercial da América Latina, a avenida Brigadeiro Faria Lima (São Paulo – Brasil). Eles são conhecidos como "Faria Limers", com seus ternos, gravatas, bolsas a tiracolo e capacetes. Andam de suas casas ou do metrô em cima de bicicletas ou patinetes. Ainda que sejam um contraste à boa parte dos trabalhadores brasileiros, são exemplos de pessoas que estão se formando e fazendo parte da sociedade. Provavelmente, se você perguntar a eles se não era mais prático usar o carro, afirmarão que o congestionamento tira a qualidade de vida, entre muitos outros fatores que exemplificam, como saúde e meio ambiente, e aproveitar o espaço da cidade de forma descontraída.

Hoje, não existe mais só carro e ônibus como meio de mobilidade. Os táxis não são mais uma fortuna, graças ao Uber e a competição que se abriu no mercado, o novo comportamento permite uma gama de benefícios que geram responsabilidades e, além de criar uma esfera maior de transporte, trazem o bem-estar emocional para as pessoas que estão contribuindo com o trânsito e o meio ambiente. O mundo hoje discute o fenômeno do motivo da nova geração não se importar em ter carro ou, até mesmo, aprender a dirigir. Serão os porquês que pesquisas e *Big Datas*, provavelmente, tentarão resolver, mas o ponto é: as pessoas não querem mais estar ligadas ao que gera confusão e obstáculos, e muito menos querem contribuir com um futuro colapso ambiental. Essa é a nova cara da sociedade. E eu não diria que estão errados.

CARRO COMO SERVIÇO

A *Technology as a Service* (TaaS), modalidade de negócios em que as empresas compram um serviço por uso ou assinatura, chegou à indústria automotiva, como o *Car as a Service* (CaaS), que transformou o veículo em uma plataforma de serviços móveis. Com isso, grandes avanços no mercado foram e serão conquistados. Porém déficits em relação à cadeia que atinge este setor também fazem parte das previsões de especialistas. A locação de serviços mensais é uma tendência que atenderá pessoas físicas e jurídicas. Mas sem desespero, o nosso intuito é sempre mostrar que, quando morre um tipo de mobilidade, nasce outro.

Voltando um pouco no tempo para exemplificar, durante a Revolução Industrial, quase toda a capacidade de força produtiva estava voltada a montar algo físico, como carros, aviões, submarinos, navios etc. Foi então que a febre da terceirização começou, com a premissa de que, se você pudesse focar seu *core business*, sua empresa seria mais efetiva e produtiva. Ora, era justo! Para isso, todo o resto era terceirizado, desde o trabalho pesado, até a contabilidade, recursos humanos, entre outros. Terceirizar, inclusive, se tornou uma estratégia de globalização com a terceirização de custos de produção para mercados emergentes.

Quando as montadoras resolveram se juntar à tendência, o foco delas era a marca, a tecnologia e a inovação. No entanto já imaginaram quantos fornecedores a Ford tinha? Milhares. Para parafusos, estofados, vidros, peças de plástico, peças de ferro e por aí vai. O cliente final não recebe essa informação nem precisa, esses são os microsserviços. Fornecedores invisíveis aos olhos de quem recebe a mercadoria final, mas que devem ter uma simbiose perfeita entre si e a marca. Quantos passageiros do Uber realmente entendem a quantidade de subcontratos envolvidos na dinâmica da marca? *Softwares, hardwares* e pessoas que fazem parte do processo para proporcionar a experiência ao usuário. A questão que quero levantar é: com o uso do TaaS e do CaaS, será que estamos preparados, caso um desses microsserviços venha a falhar? Qual a segurança para a rede orquestrada para o compartilhamento que se estende muito além do *outsourcing*?

O compartilhamento é visto em diversos segmentos como musical e cinematográfico, em que ninguém mais compra CDs ou DVDs, as pessoas assinam plataformas de *streaming* e têm todo conteúdo disponível de forma variada, para todos que ali estão. Sinto muito, mas isso é evolução, e os artistas devem apostar nesse novo modelo ou disruptir os disruptores, inventando novas formas de competir. Entretanto, na indústria de automóveis, o impacto é bastante significativo e em várias esferas da sociedade. Devemos pensar que é a engrenagem de um motor muito maior, que precisa do mercado, do consumidor e de uma dinâmica regulatória para que aconteça e impulsione a ruptura. Até aí, tudo ótimo!

Dentro de um contexto absoluto, é necessário entender a velocidade que esse processo está acontecendo e como ele impacta a economia, o meio ambiente e o cenário geopolítico e social — atual e futuro. Dizer que a indústria automotiva foi obrigada a acompanhar os passos da mudança comportamental da sociedade é, como dizem, "chover no molhado". O ponto é como eles fizeram isso, com uma economia decadente, um mercado competitivo e um setor sofrendo com a má qualidade na produção de peças?

No passado, um dos maiores empreendedores da indústria, Henry Ford, construiu o que seria a maior fábrica da Ford, o famoso complexo River Rouge. Concluído em 1928, o espaço ostentava 160 quilômetros de ferrovia, suas próprias docas, fornos e 100 mil trabalhadores. Atualmente, a glória do tamanho do seu significado se mantém, mas com 6 mil funcionários e muitos subcontratos. A siderúrgica local, por exemplo, é administrada por uma empresa russa.

É aí que está a dicotomia da terceirização. Ela pode ser usada como solução ou atalho para um desastre. A Boeing, maior fabricante de aviões dos Estados Unidos, por exemplo, quando resolveu que montaria seu novo 787 Dreamliner, achou que a ideia era boa. Então contratou empreiteiros para fazer boa parte do serviço. O resultado não poderia ter sido pior. Havia peças que não encaixavam, fornecedores fora do prazo, entre outras dezenas de problemas que levaram a Boeing a assumir alguns dos subcontratados para evitar um colapso. E é claro que Dreamliner ficou alguns bilhões acima do orçamento. Atualmente, a questão não é descartar a terceirização, e sim repensá-la. Usá-la para busca de parcerias com empresas de tecnologia, *startups* ou companhias capazes de entregar análises e plataformas que possam identificar oportunidades no mercado e construir caminhos para o digital. Retomar a tendência de *outsourcing* e *BPO Business* com outra mentalidade.

Assim, muitas montadoras fizeram alianças importantes, que foram desde o uso de soluções de redução de custos dentro da fábrica, até otimizar processos de gestão e a digitalização do produto final, o carro. Um grande exemplo é a parceria entre a Audi e a IBM, que disponibilizou sua inteligência cognitiva, Watson, para os modelos do Reino Unido. O mesmo pode-se pensar para a sociedade. Veja, com a ideia de terceirização também está o conceito do que as empresas não conseguiam fazer ou do que não era o *core business* dela. Por exemplo, se a Ford precisasse de um espaço como a River Rouge, porém apenas tivesse dinheiro para alugar e não comprar, ela terceirizava. O mesmo para o TaaS e o CaaS.

Sabemos que autônomos e elétricos são tecnologias com altos investimentos de bens capitais (CAPEX – *Capital Expenditure*) e que apresentam gastos menores com manutenção, combustível, entre outros (OPEX – *Operational Expenditure*). No entanto, estamos diante de um cenário conflituoso, uma vez que, para pessoas comuns, não parece muito vantajoso trocar um veículo que gaste mais eventualmente (maior OPEX), mas custe muito mais barato (menor CAPEX), quando o tempo de uso em média é de 10% do seu tempo. Com o alto custo do carro autônomo e elétrico, a pessoa pode não ter dinheiro para comprá-lo, mas pode usá-lo para ir do ponto A ou B quando quiser. A experiência do cliente torna-se mais intensa e produtiva com uma perspectiva economicamente viável, que ajuda a fortalecer uma mudança de paradigmas. E é aí que a lógica da economia do TaaS e do CaaS faz todo sentido e ganha força.

Embora eu acredite que o mercado vá ficar cada vez mais acirrado, mantenho meu primeiro questionamento feito ali em cima e adiciono: nosso judiciário está pronto? Como sociedade, o que trazemos para o debate? E como empresários? Falaremos de todos esses pontos com calma mais para frente. Porém um ponto interessante para abordarmos neste capítulo é o relatório *Rethinking Transportation 2020-2030*, de Tony Seba, produzido em 2017, que traz algumas perspectivas desse novo mercado dentro da indústria de veículos automotores. Nela, as famílias têm um grande peso na conta. Dados do relatório apontam que a economia com custos de transporte poderá resultar em um crescimento significativo na renda familiar dos Estados Unidos da América, podendo chegar até 1 trilhão de dólares em 2030.

Logo, esse panorama com certeza afeta a economia de toda a nação, já que os gastos do consumidor representam cerca de 71% do PIB total de um país, ainda de acordo com Tony (2017). E o que isso gera? Claro que uma economia mais ativa e saudável. Por exemplo, a previsão feita no relatório é que, nos Estados Unidos, os carros saiam das vias, causando uma queda de 247 milhões para 44 milhões, ou seja, mais espaço sendo reaproveitado de outras formas. Serão em média 100 milhões de veículos abandonados pela inviabilidade econômica. E a quem isso impacta? A cadeia inteira dos automóveis, desde fabricantes, vendedores, manutenção, seguro, entre outros. Serão 70% a menos em fabricação se a previsão se concretizar. Bem-vindos à disruptura, meus amigos!

O ponto é: o setor ficará paralisado? Muitos vão falir? Sim, como já disse e realmente acredito que, quando uma mobilidade morre, nasce outra, e quem não estiver com os dois pés no futuro não acompanhará. Um clássico exemplo é o da Kodak e da Fujifilm. Ambas mantinham seu *core business* em filmes fotográficos e pós-processamento. Uma construiu um verdadeiro império e inventou a câmera fotográfica digital, a outra acompanhou. Quando o mercado afundou, uma abriu falência e a outra se reinventou. A história é conhecida, sabemos que foi a Kodak que desabou, mesmo com sua incrível trajetória de sucesso, enquanto a Fujifilm "sentiu o chuvisco" e se preparou para a tempestade. Diversificaram seu portfólio e hoje trabalham com a indústria médica em áreas, como prevenção, diagnósticos, tratamento e até desenvolvimento e fabricação de vacinas.

O que quero dizer é que não sofrerão perdas significativas aquelas empresas que se mantiverem antenadas e estiverem dispostas a abrir o leque. Será necessária uma adaptação e sem demora, pois o tempo vai no ritmo de um bom carro de corrida, acelerado. Não estou falando apenas de tecnologia, todo o corpo executivo, produtivo e operacional da empresa deve estar neste tempo, no mínimo, porque o certo é estar a muitos passos à frente. A cultura da empresa inteira deve ser modificada e deve estar alinhada com a nova empresa que se cria.

Diante desta perspectiva, devemos sempre lembrar que a própria indústria automotiva criou quase 7 milhões de empregos novos entre os anos de 1910 e 1950, isso, apenas nos Estados Unidos. Deslocou muitas pessoas que trabalhavam e fabricavam carroças, arreios, criadores de cavalos, até mesmo metalúrgicos. No entanto a geração de empregos alocou dez vezes mais pessoas. Então, hoje, as empresas que não se adaptarem ao novo momento com certeza sofrerão perdas irreparáveis. Ainda em um contexto geopolítico, países que dependem do petróleo em sua macroeconomia vão sofrer quedas. Porém temos outros benefícios em vista, além de geração de empregos nas áreas de automatização.

Com certeza, o carro como serviço é a nova força motriz para o transporte urbano. Apesar das pessoas continuarem querendo e precisando de carros em muitos lugares do mundo, convenhamos que a economia não tem acompanhado as expectativas. Agora, o carro deixa de ser um bem e passa a ser um serviço. Se considerarmos a fundo, empresas como 99 e Uber são as propulsoras dessa demanda. Assim, quando baratearam o custo do transporte de serviço individual, chamou a atenção dos consumidores, que não querem mais pagar seguro e impostos, além da desvalorização dos veículos. Os usuários querem mudar o próprio comportamento, facilitando qualquer meio de deslocamento, bem como comunicação e diversão. Esse é o novo mundo. É um carro zero, com manutenção, segurança e sem nenhum custo burocrático o tempo todo.

Isso não é de hoje, foi tudo uma adaptação. Acontece desde 2009, na Califórnia, com direito a debates políticos, principalmente em relação aos taxistas, o amadurecimento da marca e da tecnologia. Foi uma questão de experiência, conforme as pessoas foram utilizando o serviço, foi melhorando e criando um universo de benefícios e empregos. Em relação ao CaaS e ao Uber, a exemplo do Brasil, que recebeu a plataforma apenas em 2014, trouxe uma perspectiva ainda pouco conhecida, a avaliação. Os clientes do carro como serviço, bem como os motoristas, podem escolher e dar sua opinião. A avaliação traz um sentimento de conforto, além da segurança.

Os dois lados envolvidos podem ser exaltados, penalizados ou, ao menos, expostos para o conhecimento da próxima interação em relação ao comportamento e condições físicas do veículo. Isso faz com que as pessoas tenham que manter a manutenção e o respeito, evitando até comportamentos preconceituosos, por exemplo. Hoje, tanto o passageiro quanto o motorista têm o poder de escolha e de influenciar na condição do prestador do serviço e do cliente. Ainda, a tecnologia vinda do aplicativo pode oferecer muito mais a ambas as partes, como, por exemplo, prevenção de acidentes, redução de roubos, segurança e tantos outros benefícios, muitos já aplicados. Diante disso, podemos ter também algumas problemáticas que envolvem perspectivas a ser discutidas mais para frente!

Voltando à questão da relação entre o indivíduo e a compra de um carro, por exemplo, a Renault começou um programa de incentivo no Brasil para seus clientes renovarem seus modelos por carros zero quilômetros a cada 3 anos. Era extremamente atrativo, afinal, carro velho traz gastos e diminui a segurança do condutor e de sua família. Trata-se de um método de troca facilitada, mas não é tão fácil assim. Na conta, entra a documentação inicial, a troca de seguro, a escolha do novo produto, a pequena entrada, o financiamento, o seguro obrigatório e outras taxas. Ou seja, é um aluguel do carro, que você perde com a desvalorização do bem e paga a vida inteira. Se pensar com calma, não são tantas vantagens assim. A verdade é que o setor grita por uma revolução tecnológica! Como disse, os consumidores não querem mais perder dinheiro, eles querem facilidade e economia. Eu não só disse como dei inúmeros exemplos. A transformação digital da cadeia automotiva é cada vez mais impulsionada, e chegará um dado momento que o CaaS será mais comum do que a compra de um carro.

Quando algo é direcionado para o serviço, algumas demandas devem ser incluídas para acompanhamento e segurança, como exemplo, a Internet das Coisas (IoT) e a Inteligência Artificial (AI), que valorizam ainda mais o mercado do CaaS. Um autônomo para arcar com esses custos e, principalmente, com os estudos para o avanço da tecnologia, fica de certa forma inviável. Porém quando o objeto se torna um serviço, a facilidade aumenta, ainda mais na questão da necessidade. Com isso, sabemos que o carro como serviço, com certeza, trará benefícios, como segurança e custos mais associados. Uma empresa que tenha essa demanda saberá que ficará mais caro deixar o problema de manutenção se estender, por exemplo. Portanto, o conserto será realizado. Além do mais, o contrato garantirá ao consumidor essa valia. Ou seja, o serviço prestado será sinônimo de garantia de vida.

Vale ressaltar a personalização, coisa que a IoT pode subsidiar. Por isso, vamos falar de Manufatura Automotiva 5.0. Assim como a mobilidade, o panorama permitirá que a cadeia produtiva encabece uma nova jornada em que a tecnologia seja para servir o usuário, e não apenas para a venda massificada. A conexão será maior, pois será necessário um gerenciamento e, para isso, a inteligência embarcada deverá fortalecer o monitoramento, o que envolve segurança, redução de custo e conforto. O mundo será do CaaS, as estratégias exigirão altos níveis de dinamismo e competição. Este será o valor do setor: os sistemas operacionais e plataformas serão indispensáveis nesse momento de transição. Contudo, o carro como serviço não trará impacto apenas nas atividades e na economia nem mesmo trará o desespero para algumas esferas da sociedade. O meio ambiente, por exemplo, tem muito a ganhar com essas mudanças.

Retomando alguns resultados do relatório de Tony Seba, a previsão do *RT 2020-2030* é de uma redução de 80% de energia e 90% em emissões de gases poluentes. Isto é, até 2030, o sistema de transporte rodoviário, por exemplo, estará livre de carbono em sua maioria. E isso é um contexto muito maior do que ambiental, já que a saúde das pessoas também sofrerá mudanças positivas no meio, com menos poluição e, com certeza, isso acarretará uma vida mais longa e contributiva à sociedade. Isso além de minimizar os gastos com os sistemas de saúde em relação às doenças respiratórias e muitas outras quando contabilizamos a poluição sonora.

No âmbito social, podemos ver inúmeros benefícios, entre eles, a tão esperada mobilidade. Os custos do transporte diminuirão de forma significativa, a acessibilidade será muito maior e as pessoas conseguirão chegar às suas escolas, faculdades, empregos e hospitais de forma muito mais efetiva e barata. Com a larga escala que Seba propõe em relação à economia, esses benefícios poderão ser reaproveitados em uma sociedade mais segura, com educação e saúde. A previsão é uma fusão entre os setores públicos e privados e isso caminha para o transporte gratuito e compartilhado. O que mudará por inteiro a gestão dos transportes públicos e, com certeza, garantirá a universalidade e um sistema equalizado, com custos acessíveis ou mesmo nenhuma despesa para o cidadão.

Entretanto não vamos nos enganar. Todas essas decisões serão tomadas a partir de vantagens econômicas, o que eu, particularmente, concordo plenamente, se considerarmos produtividade em relação ao tempo otimizado, por exemplo, ou mesmo preservação de vidas, que também contribuirão significativamente para o resto de seus dias prolíferos com a sociedade. Além dos motivos explicitados, temos um grande impulsionador dessa revolução automotiva: as pessoas desta nova era.

A geração atual, os novos e os mais velhos, que foram se adaptando a toda essa tecnologia, estão massivamente conectados. Algumas nasceram nesta era digital, outras se renderam e não abrem mão das facilidades deste mundo. Afinal, quem não gosta de falar com outra pessoa do outro lado do planeta sem pagar uma fortuna? Assim como essa evolução, todo mundo quer pagar menos e ter um serviço de qualidade. Então, venham e desfrutem da nova temporada, o *Car as a Service* chegou para mudar nossas vidas; esta revolução está apenas começando!

CARRO INTELIGENTE

O que é carro inteligente para você? Existem várias formas de entender qual automóvel lhe trará mais tecnologia e atenderá às suas necessidades. Porém o mercado das *techs* não para e cada vez mais adapta os veículos para um novo modo de se locomover, trazendo mais conforto e acessibilidade as pessoas. E, com certeza, a nova era dos autônomos é uma realidade bastante próxima. Já temos pequenas vantagens da automação nos nossos carros comuns, como sensor de ré, controle de velocidade, farol automático noturno, limpadores de vidros sensíveis à chuva, GPS integrado, computador de bordo para detectar problemas mecânicos etc.

Dessa maneira, com tudo isso, de uma coisa podemos ter certeza: o futuro da indústria automotiva está na modernidade, que é um veículo seguro, econômico, eficiente e que faça a maior parte do trabalho ou ele todo. Afinal, ter um carro que pode não só levar e buscar você, mas sim oferecer um mundo de oportunidades e ainda transformar a sociedade em um local viável e seguro, com a redução de trânsito e acidentes e controle inteligente de tráfego. Realmente, é algo que está nos planos de todos os motoristas ou, ao menos, deveria estar.

Voltando à pergunta inicial, o autônomo é o mais completo dos carros inteligentes. Mas como funciona? Ele se movimenta de forma segura sem precisar do motorista, com trajetos programados e comunicação dinâmica com o ambiente, vias e outros carros. As pessoas que nunca leram sobre o assunto, com certeza, se perguntarão: mas como? Não vai bater? E se cair algo na frente? Como os fatores imprevisíveis serão resolvidos? A resposta é simples: tecnologia, meus caros. Existem seis níveis de carro autônomo, são eles:

- **Nível 0:** Este nível é 100% de dependência do motorista. Ele tem o sensor de ré, que evita bater em outros veículos ou objetos durante uma manobra.
- **Nível 1:** Este nível comporta um Controle de Cruzeiro Adaptativo, mantém a velocidade regular e pré-define uma distância segura do veículo da frente. Quando o carro começa a sair da faixa, ele retorna para o ideal, mas é preciso entender que o sistema não executa duas tarefas e ainda depende totalmente do motorista.
- **Nível 2:** Nesta fase a inteligência artificial consegue executar duas tarefas ao mesmo tempo, como frear e controlar a direção. Porém a dirigibilidade ainda depende do motorista.
- **Nível 3:** Aqui, neste nível, o carro consegue dirigir sozinho, porém em situações ideais. A qualquer sintoma de acidente, como o carro derrapar, por exemplo, o motorista deverá assumir o controle.
- **Nível 4:** Nesta etapa não há necessidade de intervenção humana. Basicamente, o motorista entra no veículo, dá o comando de seu destino e, se preferir, ele pode assumir o controle. Contudo esses carros ainda são restritos aos ambientes controlados.
- **Nível 5:** Neste nível, quando chegarem às vias, os motoristas passarão a ser passageiros. Os veículos serão capazes de dirigir, estacionar, manobrar e reconhecer as diversas condições e agir conforme cada uma delas. Isso elimina a necessidade de ter volantes e os pedais serão controlados por assistente de voz.

Para entender o mecanismo do carro autônomo, vamos pensar em quais necessidades básicas um ser humano precisa para dirigir, que são:

localizar-se, enxergar os elementos que estão ao redor e colocar em movimento. Não é uma das tarefas mais difíceis que um indivíduo faz. Dito isso, os computadores também são capazes, principalmente, se formos considerar os milhares e milhares de dados que processam em poucos instantes. Talvez você não saiba, mas não terá muito segredo conseguir sentar no banco e deixar que eles te levem em segurança ao trabalho ou para casa. E isso será possível por meio de aprendizado de máquina.

Fazendo um paralelo entre a anatomia humana e a engenharia de uma máquina, temos o cérebro que são os computadores; os olhos são facilmente substituídos por câmeras e os ouvidos são dispositivos de áudio que vemos até nos notebooks mais caseiros. Primeiro, vamos falar da Unidade de Controle Eletrônico (cérebro), que já consegue identificar os caminhos e a velocidade das vias com qualquer GPS disponível hoje no mundo todo. Além disso, esse cérebro dentro do veículo armazena dados coletados pela própria montadora e também pelo usuário, conforme ele utiliza o automóvel. E então, temos as câmeras, que ajudam a fazer todo esse trabalho, identificando pontos de interesse, como curvas limites e outras características, que formaram os *patches,* que armazenarão todos os dados.

Na teoria, tudo parece bem simples, mas sabemos que não é. São diversos componentes que atuam para o sucesso de um carro autônomo, pois, claro, temos outros inconvenientes, além de sinais e carros nas ruas, que fazem parte do ecossistema do trânsito, como pedestres, lombadas, animais etc. As câmeras são capazes de fazer uma varredura a 360º, que inclusive capta coisas que o olho humano é incapaz. Todas essas imagens viram dados, coletados e enviados à Unidade de Controle Eletrônico (UCE), como comentei. Esses dados se transformam em ação, quase como o nosso reflexo: quando nossos olhos enxergam uma bola vindo em nossa direção, automaticamente, levantamos a mão em defesa. No caso do carro, a ação é o freio, aceleração ou mesmo desviar. Inclusive, a tecnologia estará disponível em 3D para que a percepção de distância seja eficiente.

Assim como o ESP (*Electronic Stability Program*), o controle de estabilidade, é o *IBooster* que executa um comando extremamente importante: o freio. Porém diferente do primeiro, ele funciona como uma espécie de *backup*, que ao surgir uma pane ou mesmo a necessidade de frenagens de emergência entra em ação, garantindo a segurança. É preciso ter também um controle de estabilidade, que fará todo trabalho mecânico como andar sozinho. Sendo assim, você dá um caminho para ele, que usa todos os dados coletados pela Unidade de Controle Eletrônico e segue em frente ou em curvas.

Já o Sensor Ultrassônico é aquele que vemos em diversos carros, o famoso sensor de ré. A maioria das pessoas não faz ideia de como isso acontece, mas é simples. Ele emite um pulso sonoro que bate no obstáculo e volta, dando a oportunidade de o sensor calcular o tempo e a velocidade. Mas como você não ouve? É que a frequência é tão alta que fica impossível, por isso são chamados de ultrassom.

Além dos sensores, existe o Radar, que atua em uma distância mais longa por ser composto por ondas eletromagnéticas de rádio e, também, o Lidar, que é um *laser* de ondas eletromagnéticas de luz e é responsável por enxergar placas, pedestres e faixas de trânsito, por exemplo. Não podemos nos esquecer do GPS, que está inserido em nossa sociedade há muito tempo. Serão eles que fornecerão os dados de todas as ruas para a Unidade de Controle Eletrônico, os caminhos, condições de vias, velocidade, até mesmo canteiros, que são uma das dificuldades dos engenheiros para detecção e que serão implementados no sistema para que as pessoas tenham uma viagem tranquila.

Sabemos que o carro autônomo só atenderá de forma produtiva e eficaz ao ser humano se ele for a base de IoT. Então, vamos recapitular o que faz a Internet das Coisas. Ela é a conectividade e é por meio dela que conseguimos unir diversos dispositivos em um só banco de dados e transformá-los em ações, relatórios e, por fim, trazer soluções. As situações de risco também são um dos grandes problemas que chamam a atenção quando falamos dos veículos autônomos. Quem nunca viu aquelas situações em que os heróis dos filmes devem escolher ou atropelar um monte de crianças na porta da escola ou morrer em um precipício com o filho da mocinha dentro do carro? Qual será a escolha da máquina?

A intenção é que essa dúvida não exista. Em princípio, devemos considerar que o carro é inteligente, portanto, sempre estará um passo à frente. O planejamento do automóvel deverá ser impecável e considerar a rota, a distância necessária para não causar um acidente, o quanto tem de ar nos pneus e a temperatura do asfalto, por exemplo. A decisão da máquina será sempre melhor que a humana, pois ela trabalhará com antecipação e não com a emergência.

Esqueça a *Skynet*, não precisaremos do Arnold Schwarzenegger para salvar o mundo. A tecnologia requer confiança e a possibilidade de a IoT processar e decodificar os dados trará muitas possibilidades, na questão da dirigibilidade e também em outras, como por exemplo em casos de acidentes. Façamos aqui um cenário. Estamos na época de transição, ainda há carros que dependem dos motoristas e, por qualquer motivo, acontece uma colisão e as ruas estão vazias. No caso de dois automóveis comuns, para que o socorro chegue, é necessário esperar alguém ver o acidente para chamar a ambulância. Já por meio da IoT, assim que a colisão acontecer, o sistema enviará um sinal às autoridades responsáveis que irão socorrer rapidamente as vítimas, o que aumenta a sobrevida das pessoas envolvidas. Falaremos desse assunto mais para frente.

Também devemos pensar na interação entre os carros, fator que é impossível alcançar quando há seres humanos dirigindo. Com todos os dados coletados e os comandos que serão executados, a Unidade de Controle Eletrônico dos automóveis será conectada umas às outras, eliminando o fator surpresa, uma vez que todos os movimentos serão calculados integradamente. Desse modo, os benefícios dessa nova era não param por aí, já que os erros humanos não estarão mais envolvidos nas vias do mundo todo. A tecnologia dos carros autônomos trará segurança ao trânsito e, com certeza, isso reduzirá drasticamente as mortes. Já com o controle inteligente de tráfego, os índices de congestionamentos também cairão. Isso resultará em uma bola de neve positiva, uma vez que os gastos nos países com ambulâncias, perícias e custos médicos poderão ser remanejados para outros pontos.

Além desses fatores extremamente importantes, temos as perseguições policiais, que serão mais eficientes ou podem até deixar de existir.

Com os carros integrados, basta desligar o do fugitivo. Até as vagas de estacionamento não estarão no radar de preocupação do motorista. Imaginem esta situação: seu carro autônomo deixará você na porta do shopping e, enquanto o leitor desfruta de seu passeio, ele achará uma vaga. Aquelas reuniões que surgem imprevisivelmente poderão ser feitas enquanto você se desloca de um lugar para o outro. Ou seja, avançaremos em produtividade e o tempo gasto durante o trajeto será mais bem aproveitado. Com certeza, em vez de dirigir e prestar atenção em inúmeras situações de trânsito, poderemos aproveitar o tempo com a família, trabalhar ou apenas relaxar. Claro que não podemos esquecer que falamos de mobilidade, e colocando esse fator em pauta, a acessibilidade é parte integrante disso. Ou seja, pessoas com deficiência, finalmente, poderão se deslocar de forma confortável, segura e autônoma! Com veículos próprios!

Já no quesito segurança física e emocional de pessoas que constantemente se encontram reféns de situações que podem comprometer a vida inteira, como as mulheres, por exemplo, a possibilidade da automação trará um carro com o serviço mais seguro. Um Uber sem motorista já reduz drasticamente a possibilidade de violência contra o gênero feminino. Em um futuro não tão distante, as interações serão intensificadas, inclusive, em relação ao comportamento das pessoas que estão dentro do carro. Esquecer as chaves será coisa do passado, o reconhecimento facial será facilmente ampliado e utilizado para destravar o carro.

Lembra quando começamos a falar que os robôs alcançariam as emoções humanas? Um projeto da Kia Motors tem por objetivo compreender o sentimento do motorista e liberar cheiros para que ele se sinta acolhido ou mais feliz ainda. Isso é possível por meio da tecnologia *Read Motion*, que usa a inteligência artificial para ler os batimentos cardíacos, a temperatura corporal e a leitura facial para identificar qual o humor do usuário. Já o *Digital Cockpit*, da Samsung, é capaz de sugerir não só o entretenimento, como a trilha sonora customizada ao passageiro, o ajuste de banco e a temperatura do ambiente.

Podemos citar inúmeras possibilidades sobre a interação do carro inteligente e o ser humano. São facilidades necessárias às questões que trarão conforto e prazer aos passageiros. A tecnologia alcançará um mundo novo de perspectivas que proporcionarão às pessoas muito mais daquilo que importa para o cotidiano e possibilitará um universo de probabilidades investidas em bem-estar, segurança, produtividade e entretenimento.

Depois desse contexto de técnica e possibilidades, faremos um relato, até para posteridade, analisando onde estamos e aonde chegaremos nos próximos anos e, assim, poderemos visualizar a velocidade da tecnologia disruptiva na indústria automotiva. Então, afinal, por onde andam os carros autônomos? Além de nos atraírem com todas as facilidades do universo da Apple, a marca não está atrás em pesquisas revolucionárias fora da área de telefonia. Sim, a gigante está testando carros autônomos, o Apple Car. Era para ser um projeto secreto, mas já sabemos que atualmente existem 68 deles rodando pela Califórnia. Foram inúmeras tentativas de parcerias com a Tesla, Nissan, entre outras, mas ninguém sabe se foram fechadas. Ainda é uma incógnita se a Apple está desenvolvendo apenas a tecnologia ou se a montadora é própria. Uma coisa é fato: já existem fotos com o famoso símbolo da maçã na frente do carro. Realidade? O que Steve Jobs diria?

Em 2020, o Waymo One, unidade de veículos autônomos da Alphabet, empresa dona da Google, demonstrou seu protótipo que ainda depende de um humano para controlar alguns comandos, porém, o passageiro vai sozinho dentro do carro. Na China, já roda uma espécie de passeio em carros completamente autônomos. O aplicativo se chama Apollo Go e os usuários chamam o robotaxi, que roda cerca de 8,6km^2 de área do Parque Industrial Shougang, em Pequim. Ainda que seguro, existem pessoas por trás da tecnologia que assumirão o controle em caso de emergência. A Tesla também está bem avançada em sua produção de um carro autônomo. Desde 2020, a marca já disponibilizou o que chamam de versão beta para um número reduzido de colaboradores e clientes. Os modelos ainda estão no nível 3, aqueles que são autônomos mais dependentes do motorista. As expectativas são grandes, porém a projeção de que em 2021 esses veículos estariam nas ruas de forma totalmente autônoma não se concretizou.

Algumas outras marcas também estão investindo no futuro. A Toyota, por exemplo, comprou a divisão de autônomos da Lyft. A unidade será chamada de Level 5 e integrará a Woven Planet, subsidiária da marca que se dedica a esse tipo de produto. Já a Honda almeja ser a pioneira em produção em massa de carros no nível 3 de automação. O Honda Legend, um sedã de luxo que já foi lançado e venceu a Tesla na corrida, é um equipado com direção automatizada. A tecnologia, chamada *Traffic Jam Pilot*, foi aprovada pelo governo do Japão.

Não fora da corrida, a General Motors fechou uma parceria com a Microsoft, unida à *startup* Cruise, e a montadora iniciou em 2020 a testagem do Chevrolet Bolt sem motorista. Esse time pode alavancar as pesquisas e colocar na rua uma automação muito mais disruptiva. E como a companhia de tecnologia não é fraca, também fez uma parceria com a Volkswagen, que resultou na *Automated Driving Platform*, embutida no veículo Azure. O projeto tem em vista o resultado em longo prazo.

São muitas montadoras e empresas de tecnologia na corrida para ver quem consegue colocar na rua, de forma massificada, os carros autônomos. Sem dúvidas, as parcerias serão extremamente benéficas à indústria e, finalmente, trarão a essa disputa um cenário tanto quanto saudável para nós consumidores: a tão aguardada nova era automotiva.

CARRO E CONECTIVIDADE

Quando pesquisamos notícias sobre carros e celulares, elas vêm todas como enchentes: "o carro do futuro será um celular sobre rodas". Imagine só: uma interação completa entre o seu dispositivo móvel e seu carro. Muito além de ligar o seu *bluetooth* e ouvir a *playlist* que separou para enfrentar o cotidiano de uma cidade que te deixa horas no trânsito. Com certeza, a facilidade será muito maior. Antes, o motor era a grande atratividade em um veículo, hoje passamos à conectividade. Já de princípio, prefiro não comentar no momento sobre a necessidade de uma rede 5G, esta que não alcançou todos os países. No entanto falaremos sobre o assunto, extremamente necessário, quando abordarmos as expectativas necessárias para o futuro.

A Samsung, em parceria com a Harman, por exemplo, já mostrou a solução da conectividade integrada. Carro, casa e escritório, todos em uma rede só para que a vida do ser humano ande em uma velocidade muito maior. A tecnologia faz com que o veículo se comunique com oito câmeras e oito sensores, permitindo o reconhecimento de voz e facial. Com isso, de qualquer um dos lugares, é possível ligar o carro, controlar as janelas e a temperatura interna. Já a Chevrolet lançou o primeiro carro com *wi-fi* do mercado. Por meio de tecnologia 4G, podem ser conectados sete celulares ao mesmo tempo, e o sinal tem uma ampliação intensificada em doze vezes e a 15 metros de distância. Com um aplicativo próprio, o automóvel pode ser ligado remotamente e proporcionar informações em tempo real e *online*, como uma simples troca de óleo e a quantidade de combustível. O modelo ainda possui outros atributos, como tela de oito polegadas, carregador via indução, doze sensores espalhados pelo carro, sistema de monitoramento e sistema de estacionamento automático.

A Hyundai também não ficou atrás e lançou o HB20 conectado, a plataforma que faz parte é a Bluelink. As funções são inúmeras, como localizar o carro em tempo real, ligar ou controlar o ar-condicionado, bem como abrir e fechar janelas, ligar o pisca-alerta e disparar o alarme. Em caso de roubo, é possível impedir uma nova partida pelo celular, caso o motor desligue durante a fuga. E se o motorista sofrer um sequestro, o botão SOS manda a localização à central de monitoramento. No caso de acidente, quando os *airbags* forem acionados, a notificação às autoridades é realizada de forma automática. Temos também outras vantagens de um carro 100% conectado, como a assistência em caso de panes, que mandará mensagem diretamente à instituição competente.

Para termos uma noção de como a conectividade está cada vez mais avançada, em 2020, na CES (*Consumer Electronics Show* de La Vegas), maior feira de tecnologia do mundo, a LG já expôs um protótipo que a cabine do automóvel foi transformada em uma sala de TV com duas poltronas confortáveis e uma tela no lugar do para-brisa. O modelo tem até geladeira e armário retrátil para casacos.

Resumindo, estamos na era da conectividade e não podemos deixar de colocar todas as funcionalidades em nosso ambiente dentro do carro. O celular faz parte integrante de tudo, desde um aviso que chegou um e-mail até aquele que mostra que o filho ficou no banco de trás. Para isso, sem dúvidas, precisamos entender que tudo deve estar alinhado. Com certeza, cada vez mais, grandes empresas vão inserir suas tecnologias e os *logins* em meio a esse processo mais do que multimídia. Veremos as pessoas com entretenimento e com suas necessidades cotidianas envolvidas desde o começo do trajeto de casa à escola ou ao trabalho e durante o passeio.

CARRO E SUPERMERCADO

Estou contente. Muito, na verdade. Daqui a alguns anos, esse livro poderá ser usado como base para estudos sobre carros de supermercados, afinal, não há muitos dados históricos sobre o tema. Pelo menos, não com o uso de tecnologia envolvida.

Voltando um pouco, no final da Idade Média, mercadores já usavam carroças para comercializar suas mercadorias. Inclusive, provavelmente, esse foi um dos grandes motivos para o aumento de regulamentações sobre os mercados de rua e como eles poderiam operar, já que boa parte da lotação nas vias afetava o tráfego. O fato é que muito mudou, nem tanto o trânsito, mas o resto sim. O comércio e o transporte se dividiram, cada um ganhou seu lugar na sociedade, mas como tudo na história é cíclico, de uma forma ou de outra, eles voltaram a se fundir, desta vez com tecnologia e por motivos muito mais convenientes do que antes. Desde o básico aos sistemas de identificação automática para pagamento, que já são uma mão na roda tremenda — sem trocadilhos!

No Brasil, durante o verão, as estradas que levam para as praias da região sul da cidade de São Paulo podem receber cerca de 4,3 milhões de veículos, que ficam parados por horas nas filas de pedágios. Ter sua faixa especial por causa de uma *tag* colada ao para-brisa é sensacional!

Porém não é só em rodovias que esse tipo de situação acontece. Quem vive em grandes metrópoles conhece o drama do trânsito e, infelizmente, olhando para o lado, posso identificar muitos Michael Douglas como o seu personagem em *Um Dia de Fúria* (1993), com suas paranoias urbanas, que são na verdade resumo de uma sociedade incerta. Por isso, a mobilidade é tão importante e precisa de soluções cada vez mais pensadas no bem-estar.

Como já comentei, a CES de 2019 trouxe novidades incríveis. Marcas como a Kia Motors e Samsung apresentaram evoluções para a inteligência artificial que estão muito além de sistemas nativos a bordo. A ideia é usar a IA e câmeras como instrutores virtuais e sistemas de entretenimento. Tudo bem, mas até lá, imaginem se pudéssemos ter carros tão personalizados como nossos *smartphones* de forma intuitiva e efetiva? Já pensou se os *cookies* realmente prestassem para alguma coisa no mundo real, como indicar quais lojas, em seu caminho, têm o produto que você pesquisou? Com comparação de preços, como fazem *online*. Onde estão as ofertas de carne ou qual a padaria mais próxima com a fornada de pãezinhos mais frescos? Pensem na qualidade de serviço que o motorista do Uber ou da 99 poderia oferecer ao seu passageiro com uma tela acoplada ao banco de trás, em que ele pudesse assistir a séries ou filmes na sua conta da Netflix ou Disney+, sem se preocupar com os dados compartilhados. É quase como restabelecer o amor entre humanos e algoritmos, contemplar a computação e a percepção, com segurança e foco em serviços.

Empresas como a gigante de *fast-food* Burger King se juntou ao Waze, em 2019, para resolver o problema de quem estava no trânsito na Cidade do México, e claro, otimizar seu *delivery*. Quando um motorista está a 3 quilômetros de uma loja do Burger King, ele recebe um convite do Waze para fazer um pedido por viva-voz de um dos hambúrgueres mais famosos da marca, o Whopper. Ao mesmo tempo, a rede de *fast-food*, de forma genial, ajustou os conteúdos dos *outdoors* para exibir informações atualizadas sobre as entregas em andamento. O aplicativo ativa o serviço após identificar áreas congestionadas e em horários de pico. Assim, os clientes podem fazer o pedido apenas depois que os algoritmos entenderem que ele ficará por ali por mais de 30 minutos.

Claramente, foi um investimento bastante complexo, mas em uma semana, o *delivery* aumentou em 63% e o aplicativo da marca tornou-se o número um em *fast-food* no México. A programação já inclui implantar a estratégia em Los Angeles, São Paulo e Xangai. Parece que deu certo.

Isso é *big data*, coleta de dados e estratégia. Ainda dentro desse conceito, é possível que as empresas alcancem o momento em que vão ter mais conhecimento sobre nossos gostos do que nós mesmos. Algoritmos mudam a natureza da competição e, trazendo isso para a mobilidade, eles conseguem fazer a integração de dados para a compra espontânea física. Fundamentado em buscas de dados, uma empresa pode, com o mesmo conceito do Burger King, começar a mapear as pessoas de certa região e, com base em uma média de preferências, direcionar a propaganda que será veiculada nos telões que estão posicionados ali. Imagine que, se o algoritmo fizer isso, para cada 5 mil pessoas, já é um ganho! Afinal, propagandas em *outdoors* têm quantos segundos? E não importa se eu estiver de *scooter*, carro ou bicicleta. Isso é Mobilidade 5.0.

O poder de analisar em tempo real o comportamento da sociedade proporcionou ao professor do MIT, Alex Pentland, a oportunidade de traduzir estudos científicos em conhecimentos práticos, em seu livro *Social Physics - How social networks can make us smarter*, de 2014. Pentland ressalta que a matemática moderna e o *big data* produzem uma descrição da humanidade conduzida não por ideias fixas, mas pelo fluxo de ideias entre as pessoas (2014). Apesar do que muitos pensam, essas análises vão além de *posts* no Facebook. Nossas "migalhas digitais" deixadas quando usamos nossos celulares, cartões de crédito, entre outros, dizem muito mais sobre nós. Pentland e sua equipe analisaram essas migalhas pelo processo de mineração da realidade e dizem ter conseguido constatar muito mais sobre quem os indivíduos são, como, por exemplo, descobrir qual tipo de pessoa estaria mais propensa a ter diabetes e quem devolveria um empréstimo.

Entretanto entramos na era de ouro, em que os dados são o novo petróleo, como o jornal *The Economist*, bem colocou (*The world's most valuable resource is no longer oil, but data*, 2017). Mostrar segurança à sociedade faz disso um desafio gigantesco para as empresas. Primeiro, porque o propósito da coleta de dados não é bem-vinda, mas é preciso entender que por causa deles já é possível, por exemplo, acessar imagens de acidentes de carros para descobrir a causa e, com isso, calcular melhorias nos veículos (isso em não autônomos). Ou ainda, prevenir tragédias, semanas ou até meses antes que elas aconteçam. Estou falando de tecnologias totalmente acessíveis e disponíveis, utilizadas em gestão de frotas há anos, que poderiam ser parte de iniciativas públicas para melhorias no trânsito, exemplificando. Obviamente estamos falando em proporções muito menos significantes, agora. Quando calculadas em massa, poderão ser a resposta para soluções inovadoras. Gerenciar a evolução vale a pena.

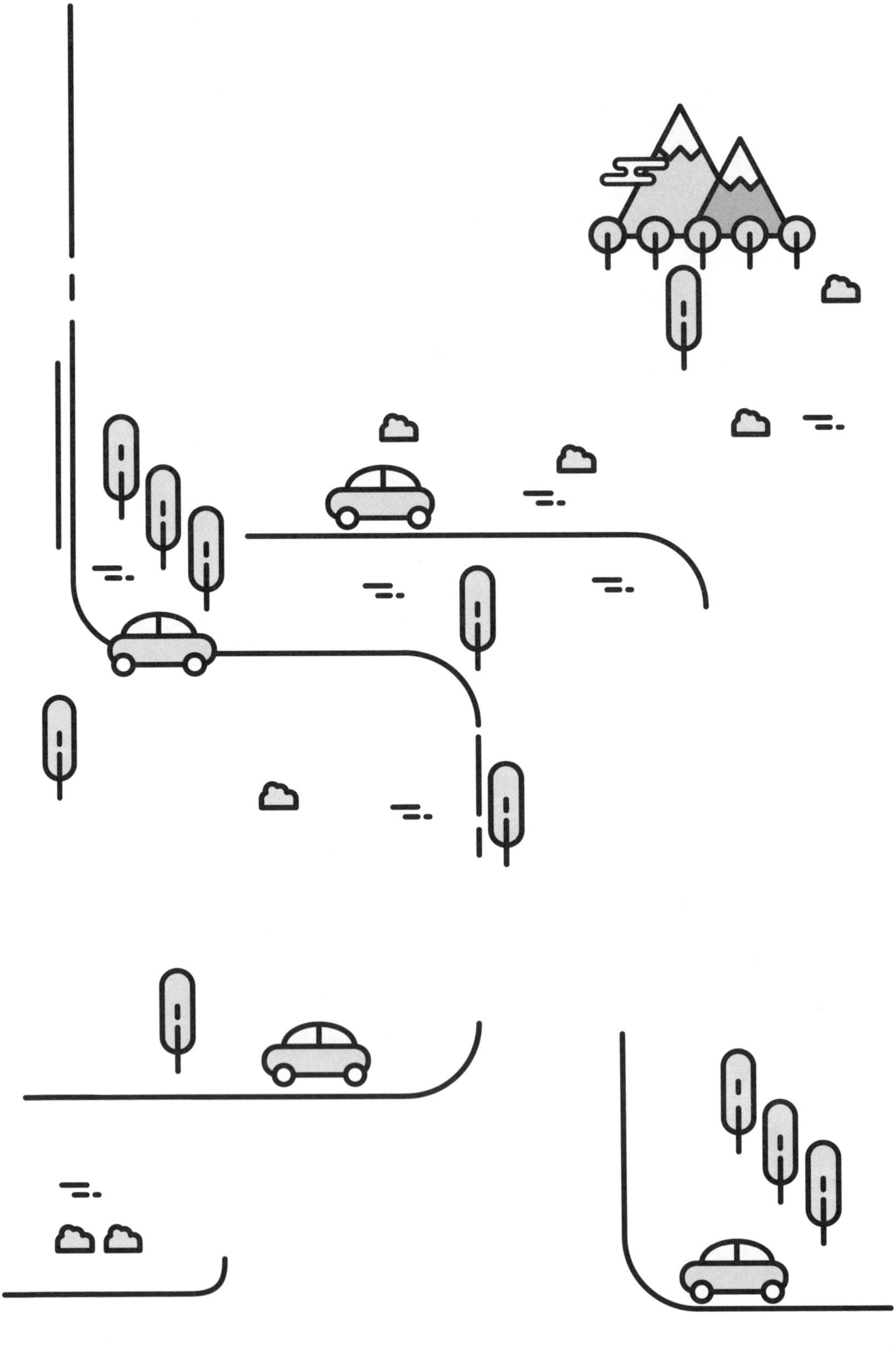

3

MEIO AMBIENTE

Não percebemos, não reagimos! Este foi o ponto de inércia que a sociedade viveu e, em determinadas circunstâncias, ainda vive diante do meio ambiente. E talvez ainda não tenhamos compreendido, mas isso tem um impacto profundo na mobilidade, na saúde e, em um futuro não tão distante, na nossa sobrevivência. Demorou um tempo, mas a natureza reagiu e começou a reivindicar seus direitos que, na verdade, sempre foram nossos deveres. A grande questão é: não podemos ignorar a súplica de quem é a mãe de todo o planeta.

Antes tarde do que nunca, mas foi apenas em 1962 que o movimento ambientalista ganhou seu primeiro impulso com o alerta que a cientista e escritora Rachel Carson fez em sua obra *Primavera Silenciosa* (Editora Gaia, 2010), em que apresentou um pouco da necessidade de respeitarmos o meio ambiente em que vivemos. Em 1969, a primeira foto vista do espaço deu uma dimensão às pessoas de como nosso planeta Terra é maravilhoso e frágil diante de um espaço imenso. Mais uma vez, a tecnologia nos trouxe panoramas que nos fizeram vivenciar diversos sentimentos. A partir disso, começou a preocupação que deu origem à primeira Conferência das Nações Unidas sobre o Meio

Ambiente (Estocolmo, Suécia – 1972). Depois desse fato, os ativistas e movimentos começaram a ganhar espaço e, hoje, contam com a visibilidade de grandes personagens da humanidade e diversas instituições, voltadas e preocupadas com essa questão.

Mesmo com todos os avanços nas discussões das temáticas em prol do meio ambiente, essa nunca foi, e ainda não é, uma tarefa fácil. Eu mesmo tive um exemplo que me formou um cidadão bem melhor, mas me assusto sobre o quão difícil é fazer o certo acontecer. Meu pai, Matheus Schnaider, em 1979, ao assumir a Secretaria Municipal de Planejamento e Coordenação Geral do Rio de Janeiro (Brasil), fez questão de firmar compromisso com seus valores. Um deles era a sustentabilidade, mas não foi tão simples.

Já crescido, depois de ler nos arquivos as mais de vinte e cinco matérias publicadas no jornal *O Globo* — para a época, não era um feito simples — sobre o homem que ele foi durante o cargo, fiquei com ainda mais orgulho de ser filho dele. E mais, virei seu fã, pois apesar de sentir hoje algumas das dificuldades pelas quais ele passava, não tinha muita noção de tudo no auge dos meus quatro anos. Porém, nunca sairão da minha memória alguns *flashes* de quando começamos a ser escoltados por seguranças armados e as contínuas trocas dos telefones fixos para evitar ameaças, recebidas constantemente pela minha mãe, por conta das mudanças que meu pai fazia em nome do que entendemos hoje por sustentabilidade.

Meu pai levantou questões necessárias para implementar ações que efetivassem a preservação do meio ambiente. A maior preocupação dele era a deterioração da qualidade de vida do cidadão do Rio de Janeiro, e sabemos que isso envolve significativamente o contato com a natureza. Inclusive, ele criou uma Coordenadoria do Meio Ambiente para centralizar todas as questões e iniciativas. Chamou para si, e para o governo do município, a responsabilidade desse tema, tirando a ideia de que se tratava de um problema do âmbito federal. Com ele, não tinha essa questão de um jogar nas costas do outro. No mesmo ano que assumiu o cargo, criou o Programa de Proteção ao Meio Ambiente (PROMAM), e falou ao *O Globo* sobre a probabilidade de os carros movidos a álcool serem um problema para a qualidade de vida, tanto ou mais, que o monóxido de carbono emitido pelos que se movem a gasolina. Não só isso, também elencou a problemática das ações predatórias, como desmatamento, poluição sonora, entre outros.

O movimento era fabuloso e revolucionário, mas, na prática, também era perigoso. Em uma época em que ninguém realmente tomava ações efetivas e as grandes empresas controlavam tudo, a liberdade e a segurança de meu pai e de nossa família começaram a ser ameaçadas. Uma inversão de valores sem tamanho, em um cenário tenebroso dos anos 1970, de atitudes corretas contra o avanço sem planejamento de indústrias. E esse é apenas um dos muitos exemplos de defensores do meio ambiente que arriscaram — e ainda arriscam — suas vidas por defender a causa ambiental em nosso país.

Agora, vamos pensar na relação entre a humanidade e o meio ambiente. Quando foi que essa interação realmente começou a ser tóxica? Para a natureza, é claro! Voltamos para a Revolução Industrial, que foi a grande propulsora da predação dos recursos naturais. E que fique bem claro, a culpa não é da evolução que ela nos trouxe, mas sim da falta de planejamento para que todo esse contexto coexistisse. As indústrias foram se formando sem que ao menos tivessem noção das consequências à época e, como resultado, cenários preocupantes de poluição sonora, da água, do solo e do ar se desenvolveram.

Este estopim começou no século XVIII, consolidando o capitalismo industrial e gerando a produção em massa. Além de poluentes lançados na atmosfera — *bunkers* de dejetos que contaminam o solo e fontes hídricas, barulhos ensurdecedores e a utilização de recursos naturais para a produção —, a industrialização também trouxe expansão da área urbana, que acarretou outros fatores que contribuíram com essa problemática. Tudo isso sem o planejamento necessário que poderia contribuir com o meio ambiente.

Com a explosão da indústria e, como consequência, o aumento da mobilidade de passageiros e cargas, o transporte se tornou um dos grandes vilões do meio ambiente e seus impactos podem ser distribuídos em três categorias:

- **Impactos diretos:** aquele que traz as consequências imediatas, que todos veem explicitamente o que está acontecendo, como ruídos e liberação de gases na atmosfera.
- **Impactos indiretos:** que são os efeitos secundários, até mesmo terciários, que as causas não ficam explícitas, como, por exemplo, problemas respiratórios por conta das partículas emitidas por combustão de motores.
- **Impactos cumulativos:** os efeitos imprevisíveis, com consequências aditivas, multiplicativas ou sinérgicas, por exemplo, a mudança climática e efeito estufa.

As indústrias, os meios de locomoção e tantos outros fatores que atingem o meio ambiente constituem um dualismo enorme, pois todos esses sistemas fazem parte da evolução do homem e contribuem para o avanço de diversos setores da sociedade, mas na contramão do ecossistema. No entanto, mais para frente, iremos entender que tudo é uma questão de planejamento.

O ECOSSISTEMA CORRE PERIGO

Apesar das indústrias serem um grande problema para o meio ambiente, este livro fala de mobilidade. Portanto, vamos conversar sobre o nem tão silencioso — e de certa forma, até velado — e impactante fator de poluição: o automóvel. Atualmente, segundo a ONU, existem sete culpados pela poluição da atmosfera, são eles: fumaça, partículas totais em suspensão (PTS), partículas inaláveis (MP10), partículas inaláveis finas (MP2, 5), dióxido de enxofre (SO2), dióxido de nitrogênio (NO2), monóxido de carbono (CO) e ozônio (O3). Todas elas estão concentradas nos grandes centros urbanos. Agora, imagine quem é o grande vilão? Sim, os veículos, tão importantes no contexto de mobilidade.

Os carros liberam todos os componentes que citei anteriormente. Em São Paulo, segundo o Inventário de Emissões Atmosféricas do Transporte Rodoviário de Passageiros no Município de São Paulo, de 2021, os carros são responsáveis por 72,6% da emissão dos gases do efeito estufa, sendo que só transportam 30% da população. Em estudo similar, no Inventário de Emissões e Sumos de Gases de Efeito Estufa dos Estados Unidos, entre 1990 a 2019, o transporte foi o principal responsável, com 29% do total de emissões de gases prejudiciais ao efeito estufa. Dentro dessa porcentagem, os veículos leves e de passageiros representavam 58% das emissões. A Europa também não fica atrás. Estudos de 2019 mostraram que as emissões aumentaram pelo terceiro ano consecutivo e atingiram 1122,3 gramas de dióxido de carbono por quilômetro, de acordo com a Agência Europeia do Meio Ambiente (*European Economic Area* – EEA). Esses são alguns exemplos da quantidade de emissões de gases poluentes no mundo. Se formos abranger todos os países, a pesquisa ficaria imensa e nosso sentimento de impotência latente.

Segundo a *Emissions Analytics* (EA), sediada no Reino Unido em 2020, os carros modernos, que passaram por novos controles, ainda que emitam muito menos poluentes, não amenizam a poluição o suficiente, já que, para o desgaste dos pneus, não existe regulamentação. Segundo o EA, existem partículas nocivas que saem da fricção dos pneus contra o solo, e os freios também são um problema ambiental. Já carros de modelos *hatch* novos e com pneus no calibre correto, em longas distâncias, emitem cerca de 5,8 gramas de partículas por quilômetro, enquanto os escapamentos liberam 4,5 miligramas por quilômetro.

Agora, vamos falar sobre os veículos pesados: caminhões e ônibus são prejudiciais de forma ativa. E por que eles são um dos grandes vilões? Porque são automóveis movidos a *diesel* e esse tipo de combustível produz sete vezes mais poluentes nocivos. Na Califórnia, nos Estados Unidos, fizeram estudos na Universidade de Berkeley e constataram que o *diesel* é responsável por 60% da produção dos aerossóis orgânicos secundários (*Secondary Organic Aerosol*, SOA). É importante dizer que esses aerossóis são extremamente prejudiciais à saúde. No Brasil, um estudo da Faculdade de Medicina da Universidade de São Paulo (USP), em 2012, revelou que 4 mil mortes precoces foram decorrentes da exposição aos aerossóis.

Segundo o site *Transport and Environment*, em 2021, dezessete grupos ambientalistas enviaram uma carta pedindo à Comissão Europeia que a União Europeia (EU) promovesse a utilização de combustíveis verdes sintéticos, ou e-combustíveis, para navios e aviões, em vez de biocombustíveis e gás natural, pois estes não oferecem alternativa sustentável. Inclusive, na maioria dos casos, resultam em emissões muito mais altas de gases para o aquecimento global. Já de acordo com as pesquisas da *Reality Check Insights*, empresa de análise de dados, a indústria de navegação, no âmbito internacional, produz CO2 equivalente a toda a Alemanha (2021). Os dados apontados em matérias e fundamentados pela Organização Marítima Internacional (IMO) mostram que, em 2019, os maiores navios da frota global emitiram 600 milhões de toneladas de CO2.

E se eu te dissesse que até a velocidade de um navio impacta o meio ambiente? Para ter uma ideia, manter a mão mais leve no manete, cortaria em 20% os gases do efeito estufa. Ainda, o ruído subaquático cairia 66% e a probabilidade de colisão em uma baleia reduziria para 78%. Com a desaceleração do navio, por exemplo, também se queima menos combustível, o que gera a diminuição de carbono negro, enxofre e óxidos de nitrogênio em cerca de 24%, mas isso é só uma curiosidade. O sistema viário também já está no radar dos ambientalistas. Um estudo da Organização de Aviação Internacional (OACI) traz dados importantes (2019). Quando um avião de classe econômica viaja de Londres a Nova York emite em torno de 0,67 toneladas de CO2 por passageiro, é o mesmo que 11% da média de emissões anuais de uma pessoa do Reino Unido.

Na aviação, os efeitos são muito mais intensos se comparados a outros modais. Isso porque os gases são liberados em altitudes mais altas e permanecem por mais tempo na atmosfera, além de ter um aquecimento mais alto. Já na questão dos transportes ferroviários, atualmente, depois da passagem da fase do carvão, ele é o menos impactante em relação às longas distâncias. De Londres a Madrid, por exemplo, o trem elétrico emitiria 43 kg de CO2 por passageiro, enquanto em um avião a conta fecha em cerca de 118 kg. Isso sem considerar os 265G das emissões não-CO2 que as aeronaves liberam. Já quando entramos na questão hídrica, a ordem se inverte. Segundo o Serviço Oceânico Nacional dos Estados Unidos, 80% da poluição marinha vêm da terra, que é chamada de poluição de fonte difusa, ocorrida por escoamento. Entre as fontes, estão os carros e os caminhões, meios de locomoção indispensáveis para a mobilidade.

A questão é: como chegam lá? Diariamente, milhões de motores jogam pequenas quantidades de óleo nas vias e estacionamentos, e boa parte deste dejeto chega ao mar ou aos rios. Enfatizando que mais de um terço das águas americanas onde são cultivados moluscos são afetadas pela poluição costeira. Os gases e as partículas liberadas pelos veículos terrestres caem nas ruas e no solo. Além do óleo, há gás, fluído de freio, lonas de freio gastas, detergentes de para-brisas, líquido de arrefecimento do motor, partículas de metais gastas, zinco dos pneus, entre outras substâncias. Tudo isso vai para a água, pelo esgoto ou pela chuva, ou mesmo absorvido pelo solo — levando os dejetos para a corrente dos lençóis freáticos. Literalmente, uma enxurrada de restos vai diretamente para o sistema hídrico do planeta.

Não podemos esquecer que, para que o transporte participe da mobilidade, é necessário a expansão de uma rodovia ou uma ferrovia, por exemplo. Estas precisam de franjas urbanas, ou seja, de toda uma região em prol daquela via. A construção desse complexo desloca a vida selvagem e reduz a qualidade da água da bacia hidrográfica que abastece a região. Ainda, quando se constrói uma ponte sobre um rio, há o escoamento nos dias de chuva, assolando o recurso hídrico e acabando com a mata ciliar, tão importante para o ecossistema do curso da água. O impacto é ainda maior quando os canais e a costa são invadidos diretamente pelos transportes. As balsas, por exemplo, são extremamente nocivas para a qualidade da água, pois a drenagem necessária para que ela se movimente faz com que mexam os sedimentos poluídos, além de constantemente derramarem óleo *diesel* na água, um dos dois componentes mais nocivos para o ecossistema aquático.

Já as navegações marítimas e fluviais causam muitos danos, principalmente, em casos de abandono, em que os compostos, com o tempo, são amplamente despejados na água. Os agentes de limpeza se acumulam nos sedimentos e, quando isso acontece, podem diminuir o oxigênio da água. O ácido da bateria e a soda cáustica, quando misturados à água, aumentam a acidez ou mesmo a alcalinidade natural do ambiente, desequilibrando o pH dos animais que fazem parte daquele ecossistema. Ainda há o derramamento de combustível e o desgaste dos materiais que compõem o barco (zinco, cobre, entre outros), que trazem mudanças consideráveis e acabam com a vida aquática ao redor.

Em relação ao solo, no caso de automóveis, além da liberação de gases e partículas quando estão em movimentação pelas ruas, também há a problemática das oficinas de carros, que se estendem aos desmanches e pátios lotados. Quando o carro está no conserto, ou mesmo sendo desmanchado, existe uma grande deposição direta de sobras de metais e resíduos líquidos no solo. De certo, isso irá cair nos lençóis freáticos e não contaminará apenas o local em que está a oficina. Por exemplo, os fluídos dos automóveis contêm hidrocarbonetos aromáticos policíclicos (HPAs), que são altamente tóxicos à saúde de nosso ecossistema, bem como para a nossa. Por isso, esses locais têm sido alvo de pesquisas, por serem fontes potenciais de enriquecimento de metais pesados e HPAs em solos.

Ainda temos a questão da lavagem dos carros: as substâncias químicas e toda a sujeira retirada do veículo é um grande fator para contaminação, principalmente, quando é feita em casa, pois caem para as ruas e calçadas. Fato que também contribui com a questão da contaminação hídrica. No caso da construção de rodovias e ferrovias, elas também têm influência em outras questões, pois, quando áreas de mata são ocupadas para que essas vias sejam construídas, os animais são deslocados. Há sim exemplos interessantes quando retiramos animais de seus *habitats* naturais, vide o exemplo da cascata trófica causada pelos lobos no *Yellowstone National Park*, na Califórnia.

Muitos anos depois de serem extintos do parque, uma alcateia de lobos foi inserida no local, o que simplesmente ajudou a reconstruir o ecossistema, incluindo a vegetação. Isso aconteceu porque quando os cães selvagens foram inseridos no lugar, os outros animais tiveram que adotar comportamentos mais seguros, refugiando-se nas terras altas. Esse movimento fez com que as árvores crescessem para acompanhar a nova forma desses animais viverem. As árvores mais altas, por sua vez, atraíram espécies de aves e mais castores, que passaram a construir barreiras e a criar represas, chamando a atenção de lontras e peixes, criando uma cascata de atração. Esses são só alguns exemplos do efeito dos lobos em Yellowstone. E, *voilà*! Temos um ecossistema recuperado. No entanto essa história é uma exceção. Sabemos que o deslocamento dos animais pela ação humana pode provocar grandes desequilíbrios ecológicos.

Não são apenas os resíduos líquidos e gasosos os grandes vilões do solo. O lixo, ou mesmo o sucateamento proveniente da indústria do transporte, também entra nessa questão. A Associação de Reciclagem de Automóveis dos Estados Unidos mostra que no país, todos os anos, 14 milhões de carros chegam ao fim de sua vida útil. Para termos uma ideia, de acordo com a organização não governamental *Auto Alliance*, 86% de todo o veículo pode ser reciclado, ou mesmo utilizado para a recuperação de energia. Se isso ocorresse, geraria uma grande economia em mineração para combustíveis fósseis, reutilizando a sucata.

Nos Estados Unidos e no Canadá, a reciclagem de aço produz 13 milhões de novos veículos, o que economiza 85 milhões de barris de petróleo para a fabricação. A partir disso, fica fácil entender a importância da reciclagem de veículos, não?

Lembram-se que falei dos pneus? Eles realmente são uma problemática e o mundo está alerta a isso. Todos os anos, 100 mil toneladas métricas de microplásticos (5mm) são liberadas dos aros de borracha, que são transportadas pelo ar e levadas aos oceanos, e também geram contaminação do solo. Outras 40 mil toneladas vêm dos freios, que também causam o mesmo efeito. Dados divulgados pelo Serviço Social do Transporte (SEST), em 2017, relatam que, no Brasil, o descarte de pneus se aproxima de 450 mil toneladas, ou seja, 90 milhões de unidades por ano. Esse é um problema sério para o ecossistema do país, porque faltam muitas políticas públicas para esse refugo, que acaba em soluções locais, na reciclagem que os cidadãos fazem e também poucas ONGs que atuam nesse papel.

De acordo com o relatório da *Goldstein Market Intelligence* (2021), por ano, 1,6 bilhão de novos pneus são gerados no mundo, com reciclagem de apenas 100 milhões deles, sobrando um total de cerca de 1 bilhão de resíduos sem reaproveitamento todos os anos. Só que, para a natureza, eles são considerados indestrutíveis. Isso quer dizer que, se o mundo acabar, será que sobrarão apenas pneus e baratas? Quase isso. Percebeu agora a importância do debate?

Quando falamos em bateria dos automóveis, também precisamos dar a devida atenção. De acordo com a Clarios, especialistas em tecnologias para as baterias, em seu projeto Reciclando Minha Bateria — lançado em 2020 —, a estimativa é que a cada ano 1,8 milhão de baterias usadas não são recicladas. Agora, tentem imaginar para onde elas vão. As baterias são de chumbo-ácido e, quando não são recicladas adequadamente, o chumbo, o ácido e o mercúrio podem ser depositados e causar danos ao solo e ao sistema hídrico. Com a evolução da mobilidade, inclusive em prol do meio ambiente, umas das alternativas são os carros elétricos. Porém o relatório da Conferência das Nações Unidas sobre Comércio e Desenvolvimento (UNCTAD) relata uma preocupação com a matéria-prima utilizada nas baterias nessa modalidade de transporte (2020), mas abordaremos o assunto mais para frente.

As pessoas também não percebem, mas a poluição ambiental não se restringe à água, ao solo e ao ar. Ela também está presente no que escutamos e no que não deveríamos escutar. Os efeitos são as vibroacústicas, que são ruídos que podem vir do próprio carro ou avião, ou mesmo do tráfego. A Agência Europeia do Meio Ambiente (AEA) afirma que 113 milhões de europeus são afetados pela exposição prolongada de níveis de ruído do tráfego diurno-noturno. A estimativa é que 12 mil mortes prematuras e 48 mil novos casos de doenças cardíacas por ano surjam devido ao contato direto com a poluição sonora (2023). Já a Organização Mundial de Saúde (OMS) estima que 10% da população perde a audição em diversos graus, e em 30% dessas pessoas, a causa está relacionada aos ruídos da cidade (2020).

E não afeta só a nós, seres humanos. Resultados de uma pesquisa publicada na revista *Proceedings B* (2021), relatam que todo esse barulho causado pelo tráfego tem um impacto na vida selvagem. Como, por exemplo, no desempenho dos pássaros, que acabam tendo problemas para buscar alimentos. Consequentemente, sabemos bem que isso acaba afetando a disseminação do plantio de árvores e matas, pois eles são os grandes responsáveis por levar sementes de um lado a outro, caracterizando-se como um grande agente do meio ambiente.

São inúmeros os fatores que afetam o nosso ecossistema e as estimativas são assustadoras. Grande parte disso é culpa dos meios que levam à mobilidade. E os estudos estão cada vez mais avançados para que o direito de ir e vir se torne sustentável para todo o planeta. Vamos abordar todas as inovações que podem fazer com que a evolução consiga caminhar junto à saúde de todos nós e do meio ambiente.

O PLANETA EM NOSSAS MÃOS

Diante de tudo que vimos sobre degradação, talvez o maior objetivo do ser humano moderno, além da paz mundial, seja alcançar o desenvolvimento sustentável. Tão ambicioso quanto necessário, é preciso encontrar um equilíbrio entre a qualidade de vida e a saúde do planeta, além de manter a biodiversidade e a evolução dos que nele habitam.

Contudo, verdade seja dita, ultrapassamos nossa cota há muito tempo e nossa dívida tornou-se letal a ponto de termos altas taxas de mortalidade relacionadas às nossas atitudes perante o ecossistema. Realmente, atingimos o "lado escuro da lua" pelo planeta, mesmo em lugares tão distintos do globo. Se de um lado temos Hotan, na China — que integrou, em 2020, a lista das cidades mais poluídas na pesquisa do *IQ AirVisual*[1]—, do outro lado, temos a Islândia, que praticamente zerou os índices de doenças decorrentes da poluição do ar.

No entanto, afinal, onde está o segredo para nos tornarmos um mundo saudável? A região dos países nórdicos, por exemplo, tem planos para se tornar a mais sustentável e integrada do mundo até 2030. Ou seja, será possível habitá-la totalmente com fontes de alimentação estáveis, cultura acessível e mobilidade por meio de cooperação da sociedade. Atualmente, a Noruega já é, de fato, a nação mais sustentável

1 Grupo baseado na Suíça, que coleta dados sobre a qualidade do ar ao redor do mundo.

do mundo, de acordo com o *Ranking* de Sustentabilidade Robeco, de 2019, empresa de ativos internacionais que tem a pesquisa como atividade pioneira. Obviamente, a ideia não surgiu sem planejamento e muito menos se desenvolveu sem organização. Pelo contrário, investimentos ambientais, sociais e de governança nos países nórdicos refletem seus resultados para toda a sociedade, como é possível ver nos índices de educação, bem-estar social e, até mesmo, de felicidade, em que essas nações ficam no topo das classificações.

O grande ponto levantado pelo relatório como sucesso para um caminho sustentável são as decisões políticas de uma nação. Avaliados em pontuações, estão os fatores ambientais, sociais e de governança (*Environmental, Social and Governance* —ESG), que afetam diretamente as comunidades. Disputas internas e guerras têm influência direta na evolução, em que sua população pode ou não ter diante de qualquer mudança. A Venezuela é um exemplo claro de como conflitos podem, inclusive, causar um retrocesso no desempenho do ESG de um país. Em 5 anos, os venezuelanos caíram trinta posições no *ranking* da Robeco. Porém falaremos mais para frente sobre questões de políticas públicas e como elas impactam na evolução de um país que, principalmente, se baseia na tecnologia em prol do meio ambiente.

Enfim, colocar as pessoas como prioridade das políticas de uma cidade não é uma tarefa fácil para o governo. No entanto, deveria ser, já que está nos discursos dos políticos. Mas a questão é: como isso funciona na prática? Na prática, em 2015, para o então presidente dos Estados Unidos Barack Obama — que é o segundo maior país produtor mundial de gás de efeito estufa —, foi aderir ao acordo climático de Paris, em que a nação norte-americana se comprometia em cortar as emissões em uma faixa de 26% a 28% até 2025. O acordo, assinado por 192 países durante a cúpula da ONU sobre mudanças climáticas, COP 21 (Conferência das Nações Unidas sobre as Mudanças Climáticas de 2015), tinha como objetivo que as nações trabalhassem para que o aquecimento global ficasse muito abaixo de 2ºC, buscando limitá-lo a 1,5ºC em relação aos níveis pré-industriais.

Verdade seja dita, o acordo promoveu enormes mudanças. As fontes renováveis tornaram-se mais competitivas do que as de origem fóssil. Bilhões de dólares foram investidos na transformação verde, mas alguns países, como o próprio EUA, alegaram que os rígidos compromissos para os países desenvolvidos seguirem causavam impactos negativos na economia industrial. Esse argumento levou Donald Trump, sucessor de Obama, a abandonar o Acordo de Paris em 2017, em uma clara demonstração de retrocesso. Felizmente, Joe Biden, eleito em 2021, voltou atrás com uma oferta irrecusável: a meta de atingir 50% a 52% de corte em emissões dos gases de efeito estufa. Além disso, Biden levou seu plano de sustentabilidade para políticas públicas, para construir uma América de energia limpa, equitativa, com milhões de novos empregos bem remunerados e com opções de filiação a sindicatos. Para alcançar isso, o caminho é uma economia com emissões líquidas zero até, no máximo, 2050.

O plano de Biden, chamado *Build Back Better*, é sustentado por nove pilares, com empregos na indústria automotiva e infraestrutura para reconstruir desde espaços verdes a banda larga universal. O projeto pretende ainda fornecer às cidades americanas 100 mil ou mais opções de transporte público de alta qualidade e zero emissões por meio de investimentos federais flexíveis; gerar eletricidade livre de poluição de carbono até 2035; reformar edifícios; estimular cadeia de suprimentos; incentivar investimentos em eletrodomésticos e janelas para redução de luz; construir residências e unidades habitacionais sustentáveis; inovar e promover reduções de custos em tecnologias de energia limpa; gerar empregos na agricultura inteligente e fazer valer a justiça ambiental. Todos esses aspectos corroboram que o esforço nacional de se construir uma infraestrutura moderna e sustentável é a garantia de vitória em momentos de crises econômicas, climáticas e de saúde pública, como as vivenciadas agora.

Foi dentro desse conceito que o Parlamento sueco alcançou o objetivo da lei *Vision Zero*, de 1995, que determinava eliminar por completo fatalidades nas estradas, ou seja, ter uma mobilidade segura para seus habitantes. Outros países e cidades, como Nova York, seguiram o projeto, que também é chamado de segurança sustentável. Em 2017, em um livro comemorativo, chamado *Vision Zero, How Dreams Come True,* eles afirmaram que o objetivo de que ninguém deve morrer ou ficar seriamente ferido em um acidente de trânsito se mantém firme e será alcançado. Deste modo, Oslo, capital da Noruega, é uma das comunidades que mais concentra seus esforços nessa demanda. Primeiro, eles são preocupados com a qualidade do ar para os seus habitantes e as emissões de NO2 pelos carros a *diesel,* a Agência do Meio Ambiente Urbano fez uma avaliação do impacto do uso dos veículos quando a temperatura se torna mais suscetível à poluição, para proibir o transporte quando for o caso.

Segundo, e muito além disso, há também a ideia de transformar o centro da cidade em um local habitável para os cidadãos, tema que já abordei aqui. O plano é que os carros fiquem restritos a um raio de cerca de 800 metros do centro, as ruas sejam fechadas, os estacionamentos e vagas destinados aos veículos sejam revitalizados em áreas públicas, como bancos, parques e ciclovias, para que as pessoas possam se conhecer e interagir. Isso já acontece, na verdade. Falando, parece muito simples, mas Oslo registrou, em 2021, pouco mais de 697 mil habitantes, nada comparado aos mais dos 19 milhões de habitantes em Nova York, nos Estados Unidos.

Em grandes metrópoles, pensar em tirar os carros da equação e transformar os milhares de quilômetros de estacionamento em espaços sociais requer planejamentos complexos e, talvez, levem anos para serem aceitos e adaptados. Quanto maior o crescimento populacional, mais extensos são os subúrbios e os desafios da mobilidade em todos os aspectos. No entanto, penso que vivenciamos o momento certo para planejar, mesmo que seja complicado refazer todo um plano diretor. Afinal, que outro desejo as pessoas teriam no pós-pandemia, além de sair e poder aproveitar com segurança os espaços ao ar livre de suas cidades? Projetos de áreas urbanas pensadas na segurança e lazer, onde as crianças pudessem brincar sem restrições de liberdade, unidos à nova tendência de compartilhamento de carros otimizaria os planos para a Mobilidade 5.0.

Vejo muito potencial em outro tipo de mobilidade que não comentamos tanto, porém precisa ser destacada, pois muitas cidades podem implementá-las para passageiros: os transportes aquáticos. Quando falamos nesse tipo de mobilidade, logo pensamos em logísticas essenciais para o comércio, como o Canal de Suez, vital para a economia global, e o Canal do Panamá, caminho mais curto entre os dois maiores oceanos do mundo: o Atlântico e o Pacífico. Ambos foram construídos pelo homem, e o mesmo poderia ser feito em menor escala dentro de cidades.

Dessa maneira, vamos pensar no rio Tietê, localizado no estado de São Paulo, o maior centro financeiro da América Latina e o 55º do mundo — quando falamos de sua capital. O rio tem 1.100 quilômetros de extensão, e a maior parte dessa área está, principalmente, dentro da cidade de São Paulo. Ele poderia ser uma aposta econômica à mobilidade, além de significar a restauração de um patrimônio público e ambiental. As pessoas que vivem na grande metrópole nem imaginam que seus avós nadaram nele. Existem meios de salvá-lo, mas são caros e eles já devem ser repensados, pois como todo planejamento em longo prazo, o custo-benefício seria visível com o decorrer do tempo.

A mobilidade, quando pensada como solução, é capaz de reconstruir diferentes pilares da sociedade e recuperar conceitos históricos, ao mesmo tempo em que agrega valores sustentáveis, de bem-estar físico e mental. Os ingleses, por exemplo, além de resgatarem seus canais e rios, não só resolveram a problemática da exploração imobiliária como também das restrições às viagens ao exterior, impostas pela pandemia. A Inglaterra e o País de Gales ostentam mais barcos em seus canais e rios do que no século XVIII — não que isso seja lá muito difícil, até porque estamos em épocas totalmente distintas. Entretanto, atualmente, as comunidades náuticas têm crescido tanto que eles abrigam cerca de 34 mil barcos, em 2 mil milhas de águas, que funcionam como transporte, casas fixas ou de veraneio e comércios, de acordo com a Organização *Canal & River Trust* (2020). Claro que isso também deve ser repensado nas questões da balança da poluição e das inovações de combustíveis e materiais, mas, de fato, considerar tirar os carros das ruas, já é um debate válido para a evolução do ecossistema.

Estamos na era em que repensar todas as questões de mobilidade é um dever das organizações públicas, privadas e dos cidadãos. Da bicicleta ao carro a hidrogênio, todas as tendências devem ser pensadas. No mundo, existem muitos exemplos a seguir, como Singapura, que chegou ao auge dos problemas de mobilidade e hoje está entre os primeiros lugares de mobilidade urbana sustentável. Em 1975, eles criaram o pedágio urbano, que hoje é um sistema completamente digital, que determina áreas da cidade, dias e horário para o acesso do motorista, e só em seu primeiro ano de funcionamento reduziu 45% do trânsito e 65% dos cidadãos começaram a utilizar transporte público. Ou seja, estimulou outros meios de locomoção.

Quanto na Alemanha, faz um tempo que as e-bikes ganharam força e são constantemente utilizadas para o acesso aos modais de transporte. Com certeza, isso tirou muitos carros das ruas. Mesmo que ainda seja inadequada a forma de locomover-se com bicicletas, em 2017, Hong Kong já estava no topo da lista quando falamos em emissão zero, uma vez que 38% dos moradores da cidade usam meios de transportes que garantem esse feito. Resumindo, se eu fosse falar de cada cidade que os governos podem tomar como exemplo, vamos ter que fazer outro livro. Porém, o que quero trazer, e vou abordar muito mais à frente, é que existem meios de fazer uma mobilidade sustentável, criar oportunidades e não agredir tanto o meio ambiente, além de, claro, considerar que a evolução não pode parar.

Do ponto de vista de uma nação, seria interessante criar de cinco a dez modelos de sustentabilidade, ver na prática como isso acontece e depois analisar a questão de adaptação e disposição para que sejam aplicados. A partir disso, criar planos de governo, unidos aos âmbitos estaduais e federais, para criar incentivos para que as cidades os adotem. Obviamente, deve ser um plano de Estado, pois é preciso pensar em blocos, em cidades sustentáveis, nomenclatura não muito nova, e que, inclusive, existem muitas ideias geniais espalhadas pelo mundo sobre o assunto. Pode ser até um sistema de pontuação, auditado e validado, para liberar mais verbas a cada vez que aquele governo local atingir um estágio, como forma de encorajar cada vez mais, em todos os aspectos, para que as cidades se tornem verdadeiramente sustentáveis. O ponto é industrializar a sustentabilidade, no bom sentido, para melhorar cada vez mais a partir da repetição. Como disse, tudo é uma questão de planejamento e, também, de disposição das políticas públicas e empresariais.

Quando voltamos lá na Revolução Industrial, com certeza, o mundo só estava interessado em aproveitar tudo que a evolução trouxe e, mesmo que tivesse alguma ideia sobre o que aconteceria com o meio ambiente, sabiam que seria a longo prazo. Porém, esse longo prazo chegou e, hoje, é nossa responsabilidade repensar o futuro mudando o presente. Ainda que não estejamos mais aqui, ou caso ainda estivermos, temos que entender que logo os nossos filhos e netos pagarão um preço insuportável por nossa negligência.

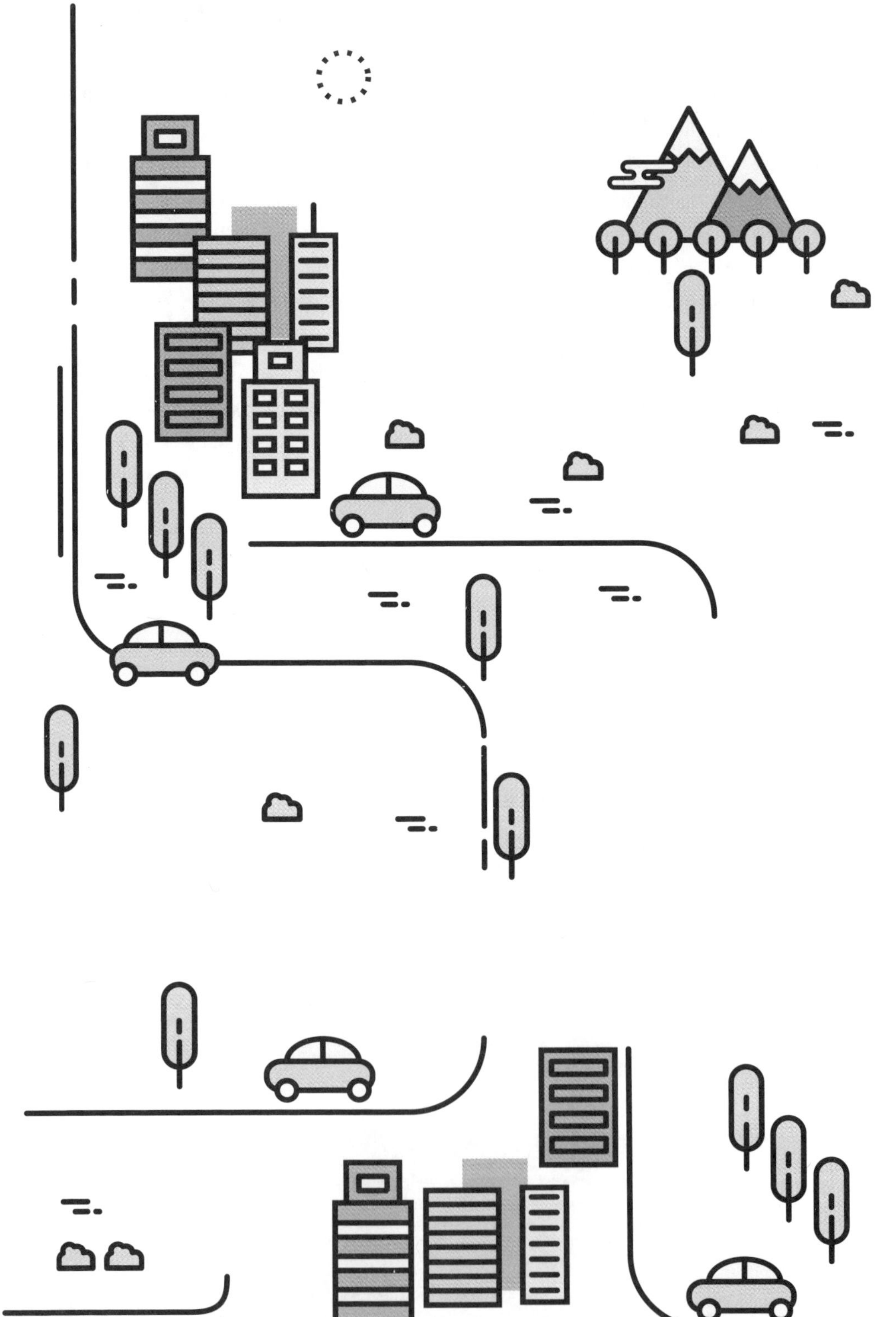

4

MOBILIDADE, CUSTO E VIDA

É um domingo de sol e um grupo de ciclistas se prepara para pedalar. Entre eles, está Rafael, um bancário de 45 anos que, assim como os amigos, está animado para o passeio, que sairá de Osasco (Grande São Paulo) com destino a uma confraternização em um parque às margens da represa Billings, na região do ABC. Só que Rafael não vai chegar ao destino dele, tampouco voltará para casa. Acontece que ele foi atropelado por um motorista imprudente alcoolizado e não resistiu aos ferimentos.

Assim como Rafael, outras 2.292 pessoas saíram para pedalar e foram vítimas de acidentes de trânsito, apenas em 2020. Todos os dias, milhares de ciclistas pedalam pelos 681 quilômetros de malha cicloviária disponíveis na cidade de São Paulo. Trata-se da maior extensão disponível no país, mas esta não é uma regra. Se contabilizarmos que o Brasil possui uma frota estimada em mais de 33 milhões de bicicletas, segundo o recente estudo publicado no *Journal of Sustainable Urban Mobility*, de março de 2021, boa parte delas não utiliza as ciclofaixas por falta de acesso ou infraestrutura. Portanto, essa conta pode ser muito maior.

Desse modo, olhando para esses dados, de repente, parece que não só é aquele domingo fatídico em que perdemos o Rafael que deixou de ser bom. Imagino quantos dias mais se tornaram nebulosos para tantas outras famílias. Para os cofres públicos, acidentes em geral com pedestres, motociclistas, automóveis, ciclistas e até transportes aéreos, aquaviários e ferroviários chegam a custar exorbitantes R$1,5 trilhão. Este foi o valor que os brasileiros desembolsaram entre 2007 e 2018, segundo o estudo de *Impactos Socioeconômicos dos Acidentes de Transporte no Brasil*, divulgado pelo Instituto de Pesquisa Econômica Aplicada (Ipea). A análise, feita em parceria com a Comissão Econômica para a América Latina e Caribe (CEPAL) e utilizou dados de mortalidade do DATASUS (Departamento de Informática do Sistema Único de Saúde), do Ministério da Saúde. Dentre os cálculos, estão os custos com internação, reembolso de gastos e o Valor Estatístico da Vida (VEV), estimado em R$2,26 milhões a valores de dezembro de 2018.

Logo, ainda entram nessa conta as indenizações, os valores pagos com seguros e os tributos sobre os automóveis. Veja, em 2009, quando as motocicletas tiveram isenções tributárias, seus valores tiveram reduções, e os baixos gastos com combustível e manutenção se tornaram uma opção de transporte atrativa para famílias de baixa renda. A princípio, parece muito bom. Porém os acidentes fatais envolvendo motociclistas (que segundo os dados do Anuário do DETRAN, representavam 20,92% do total de veículos circulando, enquanto os carros representam 58,18%) ultrapassaram os óbitos dos motoristas de automóveis.

Sob essa ótica, é possível perceber que a mobilidade também está intrinsecamente relacionada a comportamentos, a dinâmicas sociais e a políticas públicas e econômicas. Há estudos, como o relatório *Projeto de Bem Público Regional*, liderado pelo Banco Interamericano de Desenvolvimento (BID), que visam nos ajudar a compreender melhor essas dinâmicas e nos apontam alguns caminhos. As pesquisas buscam, por exemplo, analisar os potenciais efeitos do uso de tecnologias de segurança veicular sobre a saúde pública e o impacto econômico em regiões, como Argentina, Brasil, México, Colômbia, Equador e Uruguai.

A análise leva em conta os requisitos técnicos propostos pelo W29, que é o fórum das Nações Unidas dedicado à harmonização das regulações no trânsito.

Sendo assim, pesquisas como essa demonstram resultados de grande valia. Por exemplo, se os seis países citados fizessem uma adoção de 100% das tecnologias analisadas, como *airbags* e cinto de segurança, estima-se uma redução de 28% nas mortes anuais decorrentes de acidentes no trânsito. Separados por tecnologia, para o efeito de controle de estabilidade, incluindo o Sistema de Frenagem Antibloqueio (*Anti-Lock Braking System* — ABS), a redução seria de 10 a 37 mil mortes por ano, uma estimativa geral de 19% por região. O uso de *airbags* frontais, que complementam os cintos de segurança em impactos, seria de 3,5% menos de fatalidades na região da América Latina e Caribe, enquanto os dispositivos laterais, que incluem proteção para a cabeça, são atualmente a tecnologia mais importante na mitigação de mortes e lesões em impactos desse porte, com uma contenção de 3%.

Ainda, relacionando a prevenção de acidentes ao crescimento econômico, a estimativa seria de cerca de 0,79% no PIB, com efeitos diferentes para cada país. Por exemplo:

- No Brasil, com um cenário de linha de base, o crescimento poderia ser de 1,02%, já em um melhor, de 1,9%; em um pior, de 0,7%.
- Já os números para o México são de 0,5% em um cenário conservador, para um cenário bom, seria de 1,2%; para um pior, de 0,4%.

E esses dados são apenas um dos indícios de que legislações, incentivos e políticas públicas podem transformar toda uma sociedade. Como exemplo, temos Paris, que tem um plano para se tornar a capital do ciclismo. A cidade já possui ciclovias disponíveis, como entre a ponte Charles de Gaulle e a ponte Bercy, as duas vias entre a Place Léon Blum e a République, ou a via de mão dupla, que vai do metrô de Saint-Paul ao Boulevard Sébastopol. Com leis de incentivo, regras e metas, os parisienses pretendem estabelecer que mais de 15% de suas viagens sejam feitas com bicicleta.

Fato é que, seja lá qual for o veículo, ele acaba sendo um reflexo de quem o dirige. Com as tecnologias baseadas em geolocalização e na Internet das Coisas (IoT) começando se popularizar, como no uso da telemetria, por exemplo, isso fica bastante evidente. Ao contrário do que as pessoas costumam pensar, o "bom motorista" não é só aquele que não está envolvido em acidentes. Na verdade, esse tipo de condutor é o seguro. A pessoa que merece mesmo a carteirinha de bom motorista é aquela que cuida do seu veículo, o utiliza de forma correta e preza por suas atitudes perante as regras para que esteja sempre de acordo com a sua segurança e a dos outros.

A mobilidade é um conjunto de atitudes, que inclui manutenção e hábitos. No entanto, não são cuidados restritos aos motoristas e incluem o Estado também. Em resumo, o que eu e os resultados do relatório do *Projeto de Bem Público Regional* temos a dizer é que alterar as opções dos motoristas por carros mais seguros afeta tanto o bem-estar da sociedade, como também ajuda o processo de mudança como um todo. Isso pode começar por diferentes variáveis, e vamos falar de algumas agora.

MANUTENÇÃO PREVENTIVA

Costumamos dizer que o carro é como um filho. Inclusive, já falamos que não é tão benéfico tê-lo, principalmente, quando consideramos o mau uso dele. Neste capítulo, quero dar um panorama de tudo que envolve contribuir, ou não, dentro da mobilidade, ao colocar um veículo na rua. Neste momento, todas as questões que abordarei envolvem o mau uso do veículo e como ele pode ser prejudicial à sociedade e ao próprio motorista. Isso quando não são avaliadas todas as questões para que ele se torne uma ferramenta e não um problema.

Quando tiramos nossos carros da garagem, fazemos parte do ecossistema de forma ativa, o que pode, inclusive, significar que estamos com uma arma nas mãos. De certa forma, temos que estar totalmente aptos para utilizá-la sem que haja um imprevisto ou que torne um dia que poderia ser produtivo no verdadeiro desespero de alguém. Já falei aqui sobre as consequências ao meio ambiente e à mobilidade por completo. Porém as ações do homem versus a máquina também podem dar margem a muitas consequências, como acidentes e mortes. Para que isso não ocorra, existem gastos a ser considerados, o que particularmente acredito que todos deveriam colocar na balança e pensar se realmente deveriam ter um automóvel na garagem. Pensar se aquilo é viável, ou mesmo se é possível estar dentro de tudo que vai muito além do veículo.

Parecem regras básicas a seguir, dar seta, usar o cinto de segurança, não dirigir alcoolizado, respeitar a velocidade e os sinaleiros etc. Mas não para por aí, envolve muito mais que isso. A manutenção do veículo, o cuidado com as más condições das vias em que estão dirigindo, o cumprimento de todas as leis de trânsito, o respeito ao pedestre, a capacidade de pensar nos imprevistos, entre outros aspectos, tudo isso faz parte de uma verdadeira gestão de riscos sobre a utilização de um veículo. Então, realmente, ter um carro não é só pagar as prestações. É uma responsabilidade muito maior que, por diversas vezes, as pessoas não conseguem prever. Além de todos os pontos que citei, há também o equilíbrio emocional, importante fator que hoje faz com que muitas vidas se percam no trânsito.

Na maioria das constituições ocidentais — se não de todos os países —, está escrito que você não pode alegar que desconhece as leis, sabia? Mas como saber tudo o que podemos ou não fazer? Sim, em suma, somos "obrigados" a ler todos aqueles livros incompreensíveis de direito — principalmente, no caso das leis brasileiras — com o dicionário ao lado e um bom guia de jargões e verbetes judiciários. Parece loucura, não é? Mas é a mais pura verdade. Obviamente, não podemos esperar que todos tenham habilidades mecânicas, elétricas ou sejam especialistas em automóveis. Uma das coisas mais incríveis de dirigir é não termos que entender todas as complexidades do veículo, da rua ou da estrada. No entanto, atualmente, de fato é uma negligência não usarmos a tecnologia a nosso favor. Aplicativos no celular podem nos avisar das condições do veículo, especialmente quando há, ou melhor, quando vai haver um problema — e junto com isso já enviar uma solução. Imaginem que, ao entrar no carro, você ouve a seguinte mensagem: "Olá, eu sou a inteligência artificial, Athena". A pressão do seu pneu baixou e você tem três opções de locais para corrigir esse problema, duas das quais não vão exigir qualquer mudança de rota quando estiver a caminho do seu trabalho amanhã. Deseja que coloque um lembrete?"

Infelizmente, veículos inseguros fazem parte de uma estatística relevante no número de acidentes de trânsito. De uma somatória de mais de 33 mil ocorrências realizadas em 2019 pela Polícia Federal do Brasil, mais de 19 mil acidentes foram causados pela falta de manutenção[1]. A OMS diz que não manter os veículos em boas condições para uso representam 5% dos acidentes no mundo. Podemos ver que não é só nos veículos terrestres que encontramos tal problema. Os aviões, segundo a Organização da Aviação Civil Internacional (ICAO), também sofrem com esse fator e representam quase a mesma porcentagem, de 4,8% de acidentes por falta de manutenção. Porém o que torna o problema mais endêmico, quando falamos de veículos terrestres, é a quantidade. Enquanto as ocorrências beiram 20 mil por conta desse fator, os aéreos ocasionaram 148 acidentes, em 2019.

Certa vez, fui entrevistado pela *Record News*, uma das maiores emissoras de televisão brasileira, sobre um acidente de ônibus que matou mais de quarenta pessoas. Sem entrar nos pormenores da falta de políticas públicas ou fiscalização e infraestrutura, fui para dar minha opinião como especialista em tecnologias disruptivas para prevenção de acidentes e falar sobre como a IoT poderia ter evitado aquela tristeza sem fim. Como sou uma pessoa totalmente voltada à segurança da minha família e de qualquer pessoa que esteja andando nas ruas, fiquei imaginando o que poderia realmente ter causado aquela tragédia. Dias depois, saiu o resultado da perícia, que constatou a falta de freio.

Agora, em que mundo um veículo que transporta dezenas de vidas, que poderia e deixou quarenta famílias chorando, não está em dia com

1 ONSV - Observatório Nacional de Segurança Viária, 2015.

a manutenção? É inaceitável, e digo com toda certeza, que não foi um acidente. As pessoas que comandam aquela empresa sabiam que era um fato anunciado. Falta de manutenção não pode existir, fatalidades não podem ser desculpa para negligências.

Segundo as normas brasileiras, mais especificamente a NBR-5462/94, a manutenção preventiva serve para estabelecer as condições originais do veículo e, assim, evitar que os defeitos ocorram. Para isso, é necessário escalonar três principais pilares: intervalos predeterminados, critérios específicos e redução de probabilidade de falhas. Isso pode ser aplicado em qualquer máquina, sendo essencial prestar atenção aos próximos passos. Os intervalos predeterminados falam sobre o tempo necessário para que a manutenção ocorra. Essa etapa poderia ser facilmente substituída pela IoT, que entrega com precisão os sintomas do veículo em tempo real. Já a questão dos critérios específicos, precisamos entender que cada máquina demanda uma capacidade e uma necessidade, então identificá-las é essencial.

Agora, vou falar das falhas. É possível classificá-las como potencial, que ainda está em seu estágio inicial. Isso significa que o equipamento está desenvolvendo bem a função, porém aponta desgastes e defeitos mínimos. Nesses casos, afirmo com convicção que esta é a melhor hora de aplicar a manutenção. É bom para evitar acidentes e também para o bolso, pois uma peça quebrada pode sobrecarregar a outra, e assim, o gasto é maior. Já a falha funcional é aquela em que a peça, por exemplo, já não executa sua função, transformando a manutenção em uma ação inevitável.

Em minhas pesquisas, encontrei um advogado americano, Morgan Pfeifer, especialista em casos de processos por acidentes de trânsito, que citou os pneus gastos, ou mesmo com defeito, como a primeira causa de acidentes por falhas na manutenção. Eles podem estourar e o motorista perder o controle do veículo, ou mesmo não ajudar na hora da frenagem, causando uma colisão com algo que está na frente. A IoT reconheceria todos esses erros, como também as pastilhas e discos de freios gastos, que ganham o segundo lugar em acidentes, com dias ou meses de antecedência. O comportamento do carro na subida ou descida poderia apontar que o pneu está deslizando e precisa ser trocado. A própria tecnologia ainda tem a capacidade de encontrar a loja mais próxima para realizar a compra e troca do pneu, além de, quem sabe, até indicar em qual estabelecimento você terá o melhor desconto.

Atualmente, a IoT consegue gerar uma gama de dados sobre as condições dos veículos. E ela não se limita apenas àquele escâner que encontra problemas na parte elétrica, vai desde pneus até o parafuso solto ou o para-brisas. E talvez você não enxergue isso agora, mas pense: é como um Raio-x total passando a cada minuto no veículo, para ver se há algo de errado. Ou seja, qualquer peça que apresente defeito chegará às mãos do responsável na mesma hora. Assim, imagine quantas vidas essa tecnologia embutida em todos os automóveis pode ajudar a salvar? Em alguns dos meus artigos à imprensa, incluo algo que acredito veementemente: a IoT veicular deveria ser lei.

Voltando à história das quarenta vidas perdidas, imaginem se houvesse IoT naquele ônibus? Agora e se ele fosse conectado com empresas que proporcionassem a captação de dados necessária, a fim de que não houvesse irregularidades que colocassem a vida das pessoas em perigo? Esse é o tipo de debate que empresas e governo deveriam fazer. Quais são os recursos inovadores que podem ser inseridos para a garantia de maior segurança nos meios de transporte? Quando aliada às ações governamentais, a tecnologia poderia trazer resultados mais que benéficos para a sociedade. Entraremos na questão de políticas públicas mais para frente.

Além disso, existem regulamentos sobre segurança, como o disponibilizado pela ONU, o *World Forum for Harmonization of Vehicle Regulations* (WP.29), que visa oferecer uma estrutura única de regulamentações que vão da implantação de controle de estabilidade até o básico, como *airbags* e cintos de segurança. Quando aplicados aos padrões de fabricação e produção das indústrias automotivas mundiais, têm o potencial para salvar inúmeras vidas. Por exemplo, juntos, o *airbag* e o cinto de segurança reduzem o risco de ferimento em 60%, segundo a estimativa da *National Highway Traffic Safety Administration* (NHTSA), em 2016.

Foi em 1959, que Nils Bohlin, um engenheiro da Volvo, nos presenteou com o cinto de três pontos que conhecemos hoje. Nos Estados Unidos, o equipamento só passou a ser usado em 1968. Com a estimativa nacional americana de uso do cinto no banco dianteiro adulto de 90,7%, o equipamento possibilitou uma queda de 38,5% nas mortes. Dado este observado pelo relatório *National Occupant Protection Use Survey* (NOPUS), realizado pelo *National Highway Traffic Safety Administration* (NHTSA), em 2019.

A lição é ter um interesse social para criar mecanismos e testar, de forma rápida, tecnologias para obter *feedbacks* assertivos de seu benefício social. E é necessário melhorar o mecanismo de defesa da propriedade intelectual, para que os investimentos em novas tecnologias se tornem válidos. O sistema de república de vários estados e cidades é maravilhoso para isso. É essencial incentivar o uso de capital privado para testes e a disponibilidade de colocar experimentos pilotos e provas de conceitos, em que os KPIs (*Key Performance Indicator*) são expostos e publicados, possibilitando que outros estados e prefeituras coloquem em comparação às demais tecnologias em termos de custos e benefícios. Logo, esses mecanismos precisam ser ações de estado, e não de governos, para não sofrerem influência de eleições ou legados políticos.

Todavia o que torna nossa sociedade tão ineficiente quando o assunto é salvar vidas: é qual é o preço que faz da medida de segurança impraticável? Veja, se a mobilidade se torna cara, isso também significa que pessoas mais humildes terão mais dificuldade de chegar a um hospital de qualidade e, consequentemente, terão menos acesso à educação, oportunidades de emprego e muito menos tecnologias. A forma que construímos esta arquitetura que implanta inovações de segurança em nossas vidas é desafiadora. Porém se não enfrentarmos o desafio, estaremos sendo negligentes com as vidas de todos, inclusive, de nossos familiares, amigos e a sociedade como um todo. Portanto, a expansão da IoT, que já utilizamos na gestão de frotas, para o dia a dia dos cidadãos, é mais uma questão política e social do que econômica. São tecnologias acessíveis e de custo-benefício incrível quando pensadas para a prevenção de acidentes e com os gastos que eles podem provocar.

Por fim, mais uma pergunta que deve surgir na sua cabeça: o que isso tem a ver com mobilidade? Tem a ver com segurança. Quando utilizamos um meio de transporte para voltar do trabalho, precisamos voltar para as nossas casas, para nossas famílias, vivos e inteiros. Então é necessário que falemos desses aspectos e vamos discuti-los cada vez mais. Principalmente, no que concerne às empresas fornecedoras de meios de transporte, que colocam motoristas todos os dias nas ruas e devem garantir a vida de cada um.

AS CONDIÇÕES DAS VIAS

Considerando que a segurança faz parte da mobilidade, as condições das vias também são extremamente importantes para os motoristas e todo o ecossistema em volta deles. Vemos diversas estradas perigosas e famosas pelo mundo. E nem vou contar com aquelas estradas completamente descabidas em cima de morros, montes e picos, como a estrada em Zoji La, na Índia. Considero aquelas que estão no plano, por exemplo, a James W. Dalton Highway, nos Estados Unidos, que tem mais de 600 quilômetros e é classificada como a terceira rodovia mais perigosa do mundo. Inicialmente, ela era utilizada apenas por caminhões, mas que foi aberta para turistas. A medida tomada para diminuir a mortalidade foi a de usar helicópteros de patrulha. Inacreditável, não? Já a Commonwealth Avenue, nas Filipinas, não chega nem a ser uma via de autoestrada, já que é urbana, com apenas 12 quilômetros e é composta por dezoito pistas. Anualmente, ela causa milhares de mortes por conta do grande volume de tráfego e de um sistema de drenagem deficiente. Além disso, os pedestres caminham pela via livremente, o que aumenta as chances de fatalidades.

Realmente, os acidentes acontecem por causas diversas nas vias de todo o mundo, desde buracos a fissuras, de ondulações à falta de *grade de proteção*, de muretas. Até lombadas, que servem para diminuir a velocidade e evitar os acidentes, quando colocadas em rodovias e associadas à imprudência, podem se tornar o propulsor. As condições de infraestrutura e sinalização, além da gestão das rodovias, têm relação direta com a segurança daqueles que a utilizam. No Brasil, segundo o estudo do Anuário CNT do Transporte, em 2019, a extensão total da malha rodoviária brasileira representava apenas 12,4% de sua área pavimentada. Ou seja, são 1.720.700,0 quilômetros, sendo apenas 9,1% planejados: 157.309,0 km.

Sendo assim, se contabilizarmos que:

- 61,9% das rodovias brasileiras avaliadas pelo Anuário da CNT, em 2020, apresentaram algum tipo de problema no estado geral;
- 52,2% dos trechos avaliados têm problemas no pavimento;
- 58,9% dos trechos avaliados apresentam deficiência na sinalização; e
- 62,1% dos trechos analisados possuem falhas na geometria.

Desse modo, a Agência Central de Inteligência (*Central Intelligence Agency* – CIA), em 2021, trouxe uma lista com o estado das redes rodoviárias pelo mundo, e vou dar alguns exemplos aqui: o Afeganistão, de seus 34.930 quilômetros, apresenta apenas 17.903 pavimentados. Na Argentina, dos 281.290, apenas 117.616 estão como deveriam estar. Na Suécia, 140.100, dos 573.134 quilômetros, estão pavimentados. Em 2020, no Brasil, aconteceram 3.668 acidentes relacionados a problemas/defeitos nas pistas das rodovias federais. Deste número, apenas 60 não tiveram vítimas. Ainda, segundo o Painel de Consultas Dinâmicas de Acidentes Rodoviários, da Confederação Nacional do Transporte, os acidentes relacionados a fatores humanos associados à fiscalização e/ou infraestrutura da via totalizaram o número de 16.205, sendo 14.086 com vítimas fatais.

Segundo dados da ONU de 2021, em todo mundo, os acidentes resultam em aproximadamente cerca de 1,35 milhão de mortes por ano, sendo que mais da metade envolvem vítimas vulneráveis, como pedestres, ciclistas, motociclistas e seus passageiros. Os projetos que incluem caminhos para pedestres, ciclovias, pontos de passagens seguros e outras medidas de segurança no tráfego têm um impacto considerável na redução de acidentes nas vias. Ainda de acordo com o mesmo estudo, 112 países têm padrões nacionais de *design* para a gestão da velocidade, 92 têm padrões para separar pedestres e ciclistas do trânsito motorizado, enquanto 32 países têm projetos para o fornecimento de travessias seguras para pedestres e ciclistas. Já 147 países relataram realizar a segurança no trânsito por meio de auditorias ou avaliações para novas estradas, enquanto 114 relataram estarem avaliando a segurança em estradas existentes. Além de toda a problemática dos acidentes, nos Estados Unidos, fizeram um levantamento sobre como as vias impróprias podem danificar um veículo, e o resultado é um custo de 3 bilhões de dólares ao ano para os motoristas.

O ponto é que as tecnologias podem ser usadas para monitorar a qualidade da via em tempo real, o que pode ser muito relevante, por exemplo, depois de chuvas, acidentes e eventos naturais. Além disso, como cidadão, pensando em aplicativos de trajetos, quero ter o direito não só de escolher a forma mais rápida de chegar a algum lugar, mas também a via mais segura. Essa informação pode criar incentivos para que as ruas e estradas fiquem mais seguras. Digo tanto do ponto de vista de riscos de acidentes, como de roubos e assaltos. Confesso que a teoria parece muito mais fácil do que a prática, e ela realmente é. Tudo isso é fácil de dizer, mas difícil de implantar. Muitos dados da polícia não são publicados pela influência que isso gera nos preços imobiliários, como, por exemplo, a taxa de roubos por bairro. Porém, para o debate democrático, é importante ressaltar que a falta de publicidade de dados interfere na capacidade da sociedade de realizar melhorias.

Portanto, precisamos considerar todos esses fatores em um planejamento sobre mobilidade, pois vidas são perdidas, além dos custos com manutenção e recursos hospitalares a cada acidente serem exorbitantes. Precisamos pensar que, tanto para o governo quanto para o cidadão, essa economia será direcionada para outros setores que podem impulsionar a comunidade, mesmo se for investido no quesito da mobilidade, facilitando acessos e estimulando a economia local, como hospitais próximos ou mesmo o gasto *per capita* no próprio bairro e cidade.

PREVENÇÃO DE ACIDENTES

Vou contar uma história fictícia, mas que há eventos que realmente aconteceram. Era um dia de sol e era meu aniversário, e tudo ia bem. Até que minha assistente entrou em contato para me avisar que houve um acidente com vítimas fatais envolvendo um dos caminhões do meu melhor cliente. A notícia já estava em todos os jornais, e lá estava minha marca exposta centenas de milhares de vezes em redes sociais e na TV, mas nenhum deles realmente se deu ao trabalho de apurar, de correlacionar fatos com dados. Se o tivessem feito, teriam cogitado a possibilidade de problemas de estrutura da via ou imprudência de outros motoristas.

Minha mente vagueou, na verdade, em uma memória de alguns anos atrás. Estamos em uma festa de um cliente, cuja implantação de toda a tecnologia na frota acompanhei de perto. Nessa ocasião, conheci a família inteira do João, o motorista que estava dirigindo o caminhão e veio a falecer. Conheci, inclusive, seu filho recém-nascido, o menor de três filhos.

Ali conversei sobre tecnologia com Renata, sua esposa, porque João estava empolgado com sua alta pontuação nos cursos de reciclagem que havíamos o colocado. E ele realmente deveria estar. Dentre alguns funcionários que a tecnologia e as câmeras apontaram terem algumas falhas no volante, nós o escolhemos para ter uma segunda chance, e ele provou merecê-la. Tornou-se um motorista exemplar graças à ajuda da tecnologia, mas que naquele dia foi vitimado pela imprudência de outra pessoa. E isso quem me contou foram as imagens das câmeras, que gravaram momentos antes do acidente, quando o outro veículo o atingiu durante uma ultrapassagem ilegal. Você já parou para pensar em todos os problemas que um acidente desses pode causar? Apesar de ser avassalador para a família, que é a que mais sofre por perder um pai e um marido, a ocorrência não acaba na tragédia humana. Existem altos custos envolvidos para o governo, além dos inúmeros problemas que a empresa de logística terá que resolver, é claro. Sobre este assunto, vou falar em um capítulo mais pertinente.

Contudo o fato é que, anualmente, no Brasil, em torno de 3% do PIB do país vai para acidentes de trânsito, por exemplo. Isso quer dizer que R$220 bilhões são direcionados para pagar os custos decorrentes dessas fatalidades, segundo a Organização das Nações Unidas (ONU). Com esse valor, o governo poderia investir na construção de 730 hospitais com mais de 225 leitos, ou mesmo direcionar para a educação e aumentar 50% do investimento que já é realizado. E aposto que nesse segundo caso, contribuiria e muito para evitar mortes. E as estatísticas não param. No Brasil, o tráfego matou, em 2018, uma pessoa a cada 15 minutos, ou seja, 23,4 mortes por 100 mil habitantes. Entretanto, claramente, o problema não fica restrito a uma nação. Em 2019, os EUA registraram 6,756 milhões de acidentes, sendo 33.244 com vítimas fatais. Mundialmente e, como já citei aqui, por ano, os acidentes de carro são a causa milhões de mortes e deixam entre 20 a 50 milhões de pessoas com sérias lesões.

Geralmente, 73% do total dos acidentes são causados por jovens do sexo masculino, com menos de 45 anos. Além de representarem a principal causa de óbito de crianças e jovens entre 5 e 29 anos, mais da metade das vítimas de acidentes de trânsito são vulneráveis, ou seja, aqueles que não estão diretamente ao volante, como ciclistas, pedestres, passageiros e motociclistas. Por exemplo, estima-se que um pedestre morre em um acidente de carro a cada 88 minutos.

O ponto é que, sim, são muitas as variáveis para que um acidente ocorra, desde o comportamento do motorista e infraestrutura até as leis, regulamentações e tecnologia. Vou colocar aqui outras informações de dois locais bastante diferentes em questão de desenvolvimento. Apesar de não saber quais são os motivos exatos para tal discrepância de dados, compartilho meu questionamento com vocês. Primeiro, de acordo com a página da OMS (Organização Mundial da Saúde), *Death on the road,* que contabiliza os dados do relatório do mundo todo de 2018, em Cuba, país com a frota mais antiga — onde os carros não têm tecnologias como controle de estabilidade e não seguem os padrões de impactos, entre outras regulamentações —, a estimativa foi de 8,5 mortes para 100 mil habitantes. Enquanto a Suécia, que segue as regras e possui a Volvo, tida como um dos modelos mais seguros do mundo, o percentual foi de 2,8. Será que poderíamos dizer que, em parte, essa desigualdade é pela diferença entre avanços tecnológicos?

Em 1899, nos Estados Unidos, aconteceram vinte e seis fatalidades no trânsito. Até então, não tínhamos como saber quantas milhas haviam sido percorridas por esses carros. Porém, já em 1921, sim. Foram 13.253 fatalidades, 55.027 milhões de milhas rodadas e, portanto, nosso índice de fatalidade por 100 milhões de milhas viajadas foi de 24,08. Os anos seguintes foram parecidos, no ano de 1922 apresentou um índice de 21,95 com 67.697 milhas e, em 1923, apresentou um índice de 21,02 com 84.995. Já em 2014, o número de milhas rodadas foi de 3.020.377 com 32.744 fatalidades e o índice de 1,08. Muito mudou, com leis mais rígidas e infraestrutura melhor, carros mais seguros e motoristas mais educados. Mais uma vez, muitas variáveis.

Em conclusão, tanto no caso de Cuba ou dos Estados Unidos, ou mesmo da Suécia, não conseguimos saber o que está diretamente ligado aos acidentes, apesar de falhas humanas serem o maior causador, o que, a meu ver, está diretamente ligado com educação e questões sociais. Fica, então, o questionamento para estudos mais complexos.

No entanto podemos citar aqui Hans Rosling, conhecido como guru dos números, que enxergava como o desenvolvimento econômico ficava pequeno em relação à capacidade humana de buscar cada vez mais viver bem. Não podemos deixar a educação, cultura e saúde de lado. A meu ver, e de acordo com esse especialista, uma vez movendo esses pilares, uma população que tem tudo à mão, uma busca fácil por aquilo que mais importa, dificilmente sairá das regras, que se tornam minimalistas diante de um conceito mais amplo. Por isso, os questionamentos são: será que o valor destinado deveria ser investido em setores que alavanquem a mobilidade para se ter um número menor de carros circulando? Ou mesmo se fosse investido em instrução, ou na fiscalização de condutores imprudentes? Não sabemos no momento, onde realmente se tem que gastar para que isso funcione, para que menos vidas e menos gastos sejam perdidos. E, provavelmente, a resposta não será a mesma para todas as localidades.

Porém vou falar do que tenho certeza e confio sobre a IoT e a inteligência artificial. Atualmente, existem soluções incríveis disponíveis nas empresas e podemos, por meio delas, garantir a segurança de uma viagem, tanto ao condutor quanto aos demais cidadãos. Basta observar o avanço da utilização dessas tecnologias nos EUA. Em 2004, 8.171.364 caminhões de cargas pesadas foram registrados, sendo que 4.902 se envolveram em acidentes com vítimas fatais. O índice de 100 milhões de milhas rodadas ficou em 2,22. Já em 2013, foram 10.597.356 registros, com 3.906 acidentes fatais, ou seja, o índice caiu para 1,42. Sempre menor. Assim, os motoristas de caminhões de grande porte nos Estados Unidos, em 2018, apresentaram 3% a menos de concentração de álcool em seu sangue do que outros motoristas, como os de motocicletas, que somaram 25%, 21% para os de automóveis de passageiros e 19% para os de caminhões leves. Também tinham 21,2% menos restrições anteriores em suas carteiras de habilitação.

Portanto, esses são resultados que eu também presencio com gestores de frotas e empresas com quem trabalho. O uso de IoT e AI proporcionam soluções integradas a pequenos computadores, conectados com sensores acoplados aos veículos e outros acessórios específicos que conseguem prevenir, monitorar e reduzir a severidade e danos causados por acidentes diariamente ao redor do mundo todo. No caso do álcool, por exemplo, com a tecnologia, podemos evitar que pessoas alcoolizadas dirijam. Um sistema de bafômetro no carro ou, até mesmo, conectado ao celular impediria o veículo de ter ignição. E o sistema de câmera teria certeza de que a pessoa monitorada é quem irá dirigir de fato. Incrível, não? Dessa maneira, pensando como o meio ambiente e situações imprevisíveis interferem na mobilidade, sensores do veículo com GPS podem ser algo fenomenal para alertar a sociedade de ventos, temperaturas, chuvas, quedas de árvores, entre outras ocorrências fora do comum e, assim, evitar que o automóvel faça parte de um cenário de catástrofes.

Ainda, existe uma invenção incrível: o gestor de fadiga em tempo real. Por exemplo, segundo a Associação Brasileira de Medicina de Tráfego (ABRAMET), juntos, cansaço e sono representam alarmantes 60% dos acidentes de trânsito no país (2019). Isso seria facilmente resolvido com câmeras e IoT, que podem detectar e informar ao próprio motorista, aos gestores de frota, ou mesmo a algum órgão responsável que o condutor está inapto para o volante. Desse modo as câmeras conseguem realizar uma leitura corporal do motorista, detectando movimentos característicos do padrão de pessoas com fadiga.

Quem nunca assistiu ao vídeo do caminhão freando a tempo de não atropelar as crianças atravessando na rua? Pura tecnologia associada ao ser humano. E, dependendo do que for utilizado, é possível monitorarmos o comportamento daquele condutor, justamente para saber se ele estará apto a tomar aquela atitude. Com o uso de inteligência artificial, conseguimos reconhecer certos tipos de acidentes semanas ou meses antes que aconteçam, incluindo até mesmo sua gravidade. Logo, escanearemos veículos constantemente com todas as suas funcionalidades. A tecnologia vai detectar e emitir sinais sonoros e visuais para alertar o condutor caso qualquer problema apareça, seja nos pneus, motor, direção ou freios. Antes que seja tarde demais. É importante, também, que os leitores entendam que estamos falando de pais e filhos que poderão reencontrar suas famílias no final de uma jornada de trabalho. Luxo aos quais milhares de pessoas, que infelizmente se tornaram estatísticas, não tiveram a chance.

Se pensarmos que um dos maiores motivos de acidentes é a falha humana, nós somos a chave! Segundo a OMS, cerca de 90% das ocorrências estão relacionadas à ação do homem, que vai da imprudência, fadiga, uso de drogas e álcool. Fatores que podem ser detectados por câmeras ou gestores de frotas com autonomia para trocar o motorista, caso seja necessário, e ainda o incluir em cursos de reciclagem. Com controles de rotas é possível prever falhas de infraestrutura, emitir alertas de más condições climáticas — que exigirão maior cautela —, calcular melhores caminhos etc. E, caso ocorrer um acidente, é possível imediatamente chamar por socorro direcionado, enviando informações cruciais, como localidade exata e gravidade da colisão, além de alertar hospitais próximos. Pequenas ações como essas dão aos socorristas tempo de agirem com mais proatividade e efetividade, que essenciais no momento de emergência.

Sabe quanto dinheiro poderia ser economizado com horas de trabalho e equipamento para perícia de acidentes com vítimas fatais nas estradas? Que tecnologia resolveria em minutos? Pois é. Neste caso, podemos até aplicar a teoria da economia comportamental, muito estudada por Tony Blair, ex-primeiro ministro britânico, e o vencedor do Nobel de Economia, Richard Thaler. Diante dos estudos, eles citam que pessoas tendem a fazer o que todo mundo está fazendo, ou mesmo quando para o coletivo for sair mais em conta, vamos dizer assim.

No primeiro panorama, temos a questão do incentivo. Quando uma pessoa acredita que muitas estão tendo determinado comportamento, como pagar impostos ou mesmo ser responsável diante do veículo, a projeção delas é seguir o comportamento do rebanho. Já na outra perspectiva, se houvesse uma espécie de desconto em impostos com a diminuição das taxas de acidentes em um país, com certeza, deixaria a população mais alerta. Ou mesmo, imagine que cada motorista tenha a nota *Safety* de como está dirigindo, comparado a pessoas da mesma idade, do mesmo bairro, de amigos etc. Como isso afetaria o psicológico desses motoristas na hora de realizar uma curva ou ultrapassagem perigosa?

Ainda, segundo o direcionamento de Thaler, podemos facilmente criar uma *decision architecture* que, com base na economia comportamental, é possível inclinar as pessoas a tomarem boas decisões. Por exemplo, criar um mecanismo por meio de aplicativos que incentivem as regras de mobilidade segura por meio da gamificação: se levar o carro para manutenção, ganhou cem pontos; fez revisão levou mais quinhentos pontos; ou ainda, se trocou o limpador de para-brisa, adiciona vinte e cinco pontos. E na somatória desse contexto todo, pode-se trocar as pontuações, como um sistema de milhas, para viajar, ou comer em um bom restaurante, ou ter descontos em lojas automotivas e por aí vai. Isso porque, de fato, o ser humano é movido por interesses. Qualquer pessoa quer ser recompensada por bom comportamento, assim como o colaborador quer aumento de salário e promoção quando desempenha um bom trabalho, ou mesmo a dona de casa quer o carinho dos filhos. Todos queremos ser reconhecidos, e isso, com toda certeza, incentiva boas práticas.

Por conseguinte, a inovação está justamente na capacidade de aplicar boas práticas e invenções em prol do valor da sociedade. Se todas essas invenções funcionarão ou não, acredito que devemos trabalhar com exemplos. Tem sido efetivo nas empresas, então, por que não incentivarmos mais ainda os CNPJs? Com a popularização, eventualmente, isso chegaria a todos os veículos em circulação, criando verdadeiras malhas viárias e rodoviárias inteligentes. Esse é o momento e, embora a metáfora de inovação ou morte se aplique a todos os aspectos sociais do mundo (empreendedorismo, educação e infraestrutura), quando falamos de trânsito, estamos nos referindo ao sentido literal: se não inovarmos, as pessoas vão, de fato, continuar morrendo!

LEIS DE TRÂNSITO E MULTAS

As leis de trânsito são bastante complexas e estão na sociedade para que tudo não vire uma bagunça, certo? Quem não se sujeitar a elas, com certeza, deve ser punido. Mas antes de falarmos sobre os assuntos que importam à mobilidade, quero trazer a vocês umas curiosidades. Em Singapura, os carros que chegam a menos de 50 metros do pedestre que está atravessado a rua levam aquela bela notificação. E não é só isso, quem viajou para muitos lugares, como a Europa, por exemplo, já deve ter testado pisar na faixa quando tem um carro vindo para ver se ele para. E param mesmo. Já na Dinamarca, existe uma regra "moral" de checar os freios, buzina, direção e faróis antes de andar com o carro. Ah, e precisa ver se tem alguém escondido no veículo também. Que coisa, não? E na Espanha é proibido dirigir sem óculos escuros em dias ensolarados, afinal, segurança e estilo andam juntos.

Tente estacionar em local proibido, na Grécia, e sua placa simplesmente é levada pelos policiais. E olha que na internet já vi aquelas pegadinhas de encher o carro da pessoa de *post-it*, ou mesmo desenhar nele para que o inconveniente se toque. Você lava o carro semanalmente? Se não, com certeza você não mora nem na Romênia nem na Rússia, porque tomaria multa. Falando em sujeira, às vezes, eu penso que a habilitação vem com permissão para tirar melecas do nariz, e no Alabama é proibido até lançá-las para fora do carro. Acho justo!

Na Carolina do Sul, nos Estados Unidos, em um cruzamento de quatro vias ou uma interseção cega, é necessário disparar tiros para alertar as pessoas que usam veículos de tração animal. Será que ainda existe essa lei? E já que entramos na esfera de animais, em Indiana, é proibido ultrapassar um cavalo nas vias. Já em Massachusetts, também nos Estados Unidos, é proibido gorilas no banco traseiro. Então tá, né?

Pronto, já descontraímos antes de entrar no papo cabeça. As leis de trânsito variam em cada país, por vezes até em cada estado. Elas, geralmente, são adaptadas às necessidades de cada local. Claro que não vamos falar aqui de todas as leis possíveis pelo mundo inteiro, muito menos todas as estranhas, porque ficaríamos neste ponto do livro por horas a fio. Minha intenção é falar do que falta e como podemos melhorá-las para compactuar com a mobilidade de forma significativa e saudável. Já falei muito aqui sobre como as causas externas, violência e acidentes são muito representativos nos índices de mortalidade, seja infantil ou não. São milhares de mortes prematuras, ocorridas todos os anos, com forte impacto nos âmbitos social, econômico e de saúde, e também para as famílias.

Segundo dados publicados pelo Instituto de Pesquisas Econômicas Aplicadas (Ipea), o Brasil ocupa a quinta posição no *ranking* mundial de vítimas de trânsito, atrás apenas da Índia, China, Estados Unidos e Rússia. A estimativa de custos com acidentes desde a criação do Código Brasileiro de Trânsito (CTB), segundo o Observatório Nacional de Segurança Viária, é de R$666 bilhões, ou seja, em 25 anos foram gastos mais de 26 bilhões anualmente, contando pessoas, veículos e danos patrimoniais.

Em conversa com meu amigo João Batista, CEO do Grupo GTO, o questionei se vivenciamos a indústria da multa, mas ele me mostrou outra perspectiva. Após os dados que ele me trouxe, e excluindo minhas opiniões e qualquer outros fatores que talvez fizesse com que essa conta não fechasse, o valor gasto nos 25 anos seria capaz de cobrir 5 anos do rombo causado na previdência pública, construir 22 mil novos hospitais com 250 leitos de UTI, triplicar o número de escolas em atividade no país, entre tantas outras possibilidades.

Primeiro que, pensar nos equipamentos de fiscalização apenas para o registro de infrações relacionadas à velocidade — ou pior, como uma forma de arrecadação de dinheiro — é um grande equívoco, já que com o avanço da tecnologia e o desenvolvimento de inteligência artificial é possível transformar os equipamentos de trânsito em uma poderosa ferramenta que auxilia tanto o tráfego quanto também a segurança pública. Com um sistema que utiliza toda a base de dados capturadas pelos equipamentos interligados com a Polícia Militar, que monitora e, automaticamente, calcula e emite alertas para a central de monitoramento, essas tecnologias são a favor da vida.

De acordo com o Observatório Nacional de Segurança Viária (ONSV), as três principais motivações dos acidentes de trânsito estão relacionadas e podem ser agrupadas em: fator humano, fator veículo e fator via. Ainda, segundo a entidade, 90% dos acidentes ocorrem por falhas humanas — que podem envolver desde a desatenção dos condutores até o desrespeito à legislação. Entre os exemplos, João ressalta os mais claros: "excesso de velocidade, uso do celular, falta de equipamentos de segurança, como o cinto de segurança ou capacete, a ingestão de bebidas antes de dirigir ou até mesmo dirigir cansado".

Embora o Brasil seja o líder no *ranking* em equipamentos de fiscalização, devido à sua grande extensão territorial e sua densidade, o país acaba ficando abaixo de diversas outras nações do globo. João cita alguns dados da OMS. "Para efeito de comparação, o Iraque não possui nenhuma fiscalização de trânsito, e a média de mortes por 100 mil habitantes por lá é de 38,1, enquanto nós estamos em 18,3". E ele ainda completa:

Adequar a velocidade dos veículos ao tipo de uso em determinada rua é um componente essencial de um sistema seguro. As pessoas que caminham e pedalam de bicicleta não devem ser expostas a veículos em velocidades potencialmente fatais. O controle da velocidade tem um impacto significativo na probabilidade e na gravidade de uma colisão. Estudos mostram que, para cada aumento de 1% na velocidade, há um aumento de 4% nos acidentes fatais (Batista, 2021).

Portanto, é comprovado que, quanto mais rigor nas leis, mais resultados expressivos serão evidenciados. Por meio da Resolução nº 64/255, publicada em 02 de março de 2010, a Assembleia Geral das Nações Unidas proclamou o período 2011-2020 como a Década de Ação para a Segurança Viária. Apesar do Brasil não ter atingido a meta estabelecida pela ONU de redução de mortes no trânsito em 50% no acumulado de 12 meses, alcançamos um percentual de 30%. Para isso, foram precisos investimentos em cada vez mais tecnologias e melhorias do sistema de trânsito, principalmente, com respostas mais rápidas aos incidentes. Segundo João, foi esse investimento que fez o Distrito Federal ser a primeira unidade da Federação a atingir a meta da década de segurança viária da Organização das Nações Unidas (ONU). Uma projeção feita em decorrência da meta da ONU estimou que com o aumento da população e número de veículos, os acidentes no Distrito Federal causariam quinhentas mortes em um ano. Entre maio de 2018 e abril de 2019, 255 vidas foram salvas, superando a meta.

Depois dessa conversa com João, em que ele mudou minha opinião sobre os radares — que não são fábricas de multas, e sim uma tecnologia necessária —, entendi também que, como qualquer outra coisa que traz benefícios para a vida das pessoas, eles também podem trazer malefícios, de acordo com seu uso. Quando o Alfred Nobel criou o explosivo TNT, a dinamite, ele o imaginou como uma ferramenta de evolução para a humanidade por meio da construção. No entanto, o TNT teve finalidades sórdidas durante a Primeira Guerra Mundial. O carro, por exemplo, te leva do ponto A ao B, e, caso você opte por usá-lo da maneira errada, pode se envolver em um acidente fatal. Com essa conclusão também me atentei quão obsoletas ferramentas extremamente úteis, como os radares, poderão se tornar em algum tempo. Uma vez que os veículos autônomos tomarem conta das rodovias, todos os parâmetros da lei serão cumpridos por si só.

Portanto, meus caros, se você ainda não acredita no uso da tecnologia para o bem, sugiro pensar melhor. Isso é o futuro! Segurança e mobilidade. Diante desse *case* que apresentei a vocês, com toda certeza, os radares reduzem e inibem infrações. É uma forma de trazer o panorama do quanto a população respeita as leis de trânsito, ou mesmo, punir aqueles que não o fazem, com o intuito que comecem a fazer. Realmente, a eficácia é comprovada, mas precisamos aliá-los a outros métodos, que podem se tornar mais um braço para que as leis interfiram positivamente na mobilidade.

Pensamos na questão socioambiental: a partir do momento que o governo traz o incentivo, com certeza, as empresas começam a ajudar com mais força, já que o que deveria ser uma obrigação, acaba por fazer bem a todos. Dentro das pequenas coisas da vida vemos isso. Em uma empresa, quando o colaborador é incentivado, ele vai desempenhar até mais que o seu papel. Em casa, quando incentivamos os filhos a fazer seus deveres por meio de recompensas tangíveis, seu convívio passa a ser muito mais prazeroso. Por isso, quando pensamos em leis de trânsito, radares, multas e oficiais que ajudam essa regulamentação acontecer, é claro que fica evidente a necessidade de todo esse contexto. Só que a vida não é só feita de obrigações. Precisamos pensar em incentivos também.

Pense comigo, imagine um sistema que você receba desconto no seguro do carro ou no imposto sobre os veículos? Tenho certeza absoluta que muita gente iria andar na linha. Seria um mundo ideal, onde os bons são recompensados e as pessoas que não se importam com a sociedade punidas, com todos os aparatos que temos atualmente. E não é só isso, existem muitos outros meios que podem ajudar nessas situações, como, por exemplo, trechos compactos e conectados. Quando pensamos que em seu bairro tem a empresa que você pode trabalhar, o hospital de qualidade para te atender, supermercados com preços acessíveis a todos, ou mesmo espaços culturais e estudantis, evitamos deslocamento, cansaço e nervosismo por conta do trânsito e, com certeza, isso tudo diminuirá as infrações. Mobilidade pura, não?

Campanhas de conscientização e segurança também são passos importantes. Não desmerecendo o Maio Amarelo, pelo contrário, sou um grande incentivador de campanhas desse tipo, mas a educação e o alerta para essas condições deveriam ser sequentes e enfáticos. Isso sim deveria estar na legislação. A educação salva vidas em todos os aspectos. Por conseguinte, voltemos ao exemplo da Suécia. Campeã em mobilidade e, como disse antes, com apenas 2,8 mortes em acidentes de carro a cada 100 mil pessoas. Lá, as crianças aprendem sobre educação no trânsito desde os 4 anos de idade.

A ação foi implantada graças a um projeto chamado Visão Zero, e o governo decidiu que não iria mais aceitar mortes prematuras por conta do trânsito. Os pilares para que isso acontecesse foram infraestrutura, educação e policiamento nem um nem outro mais importante, todos eles caminham juntos. Além disso, esses conceitos são empenhados na questão do comportamento humano, que buscou enxergar as causas fundamentais dos problemas com acidentes e o planejamento foi realizado. O resultado? O sucesso.

Além disso, temos a IoT. A tecnologia realmente revoluciona cada vez mais o setor. Quando as pessoas são monitoradas, como venho abordando a questão comportamental, tendem a entrar na linha das leis e da moralidade. Além do controle total do velocímetro, o *drive-feedback,* que orienta o motorista quando está infringindo uma lei, e as câmeras conectadas por fora do veículo são um tamanho "dedo-duro" quando detecta que o veículo da frente está emitindo mais poluentes do que o permitido, por exemplo.

Esses são os pontos que a IoT já traz em carros de locadoras, em frotas e veículos comerciais. Funciona como uma espécie de oráculo, não há como nem para onde escapar. Os olhos e ouvidos dos gestores estão pela tecnologia. Agora, imagine um mundo onde todo mundo seguisse um *compliance* de conduta? Isso é extremamente possível. De repente, com a tecnologia "linkada" ao governo ou aos órgãos competentes de trânsito e polícia, isso diminuiria as infrações cometidas e seria fácil punir ou, na melhor maneira, educar e reciclar um motorista. Falaremos em breve dessa aliança da tecnologia com as políticas públicas. Também temos as leis de governança, que existem e são impostas por empresas de frotas, por exemplo. Sobre isso, falaremos mais para frente. Em resumo, a questão é: o mundo está cada vez mais tecnológico, e as descobertas estão mudando o comportamento das pessoas em todos os aspectos, sendo vital que novas alternativas surjam para que não vire um universo de punições, mas sim de educação e incentivos.

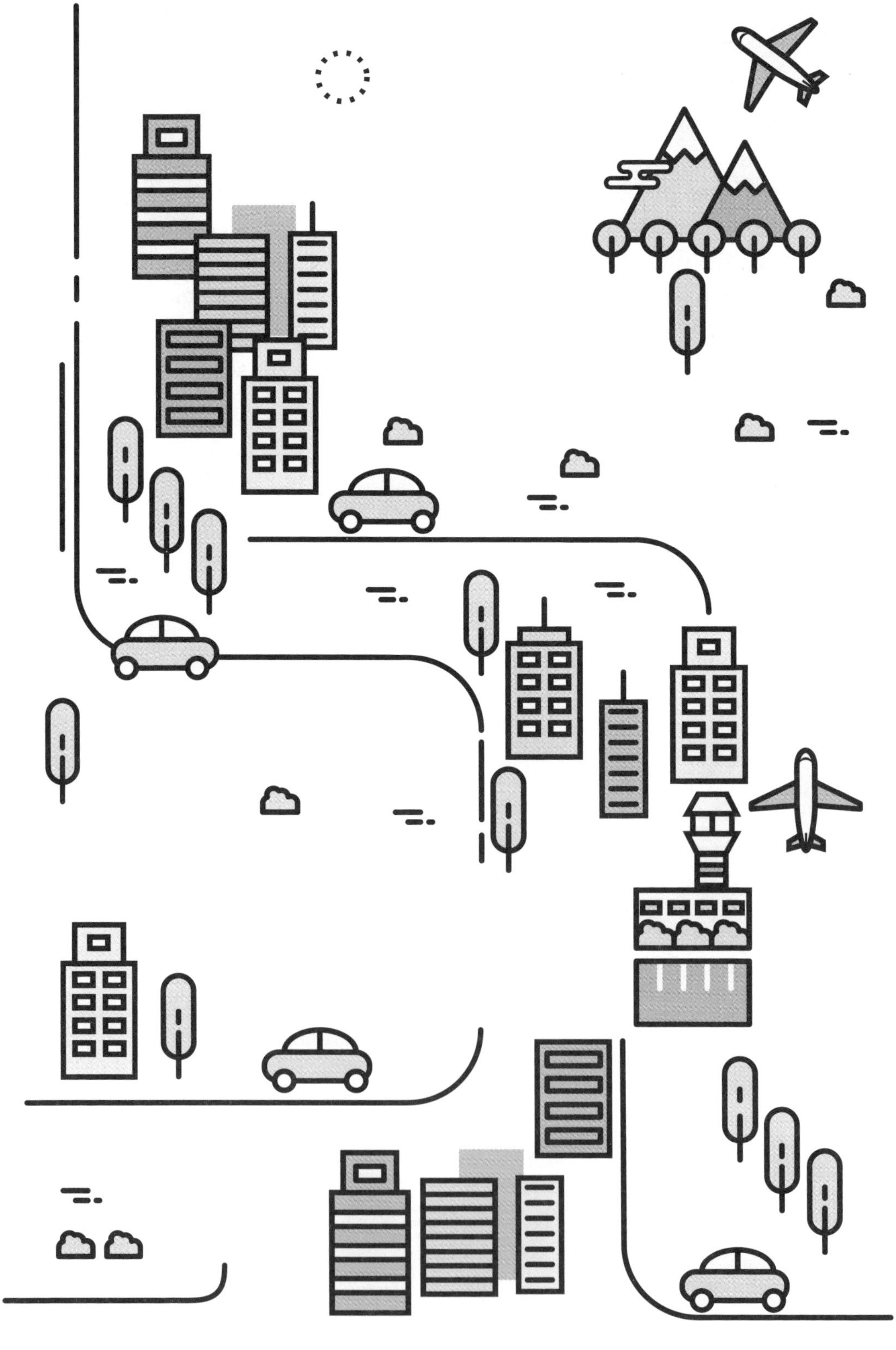

5

EMPRESAS E LOGÍSTICA

Parte da mobilidade está conectada de maneira clara à logística, principalmente, quando falamos em seu contexto empresarial. E, para falar sobre as empresas e seus ativos, quero voltar um pouco à história da logística, que pela etimologia da palavra grega *logistikus* nos remete ao raciocínio lógico. No dicionário de Oxford, encontramos como definição a organização prática necessária para realizar planos complicados quando muitos materiais e pessoas estão envolvidas para a atividade de movimentação de equipamentos e suprimentos para operações militares. Na verdade, veremos que o conceito militar tem uma enorme importância no desenvolvimento da logística, mas *first things first*.

Como comentei em outros capítulos, a humanidade aprendeu logo o significado de escassez, ou seja, que não há recursos suficientes para atender a necessidade de todos. Junto com essa observação, a decisão dos povos de defenderem suas fronteiras e criarem raízes para desenvolverem suas civilizações impulsionou o raciocínio lógico de que o comércio de trocas poderia equilibrar questões de ofertas e demandas, além da noção de que sua produção agrícola precisava ser armazenada e transportada com cuidado. No entanto, assim como a mobilidade, a logística depende de uma estratégia conectada a uma ação. Não importa quanta evolução tiver ao seu alcance, se você não estiver preparado para utilizá-la. O que são dados nas mãos de quem não tem interesse em aproveitá-los? Vou exemplificar meu ponto de vista com a própria história. Em logística, obviamente, a tecnologia é um fator importante, mas ela não funciona sozinha e, em algum momento, não foi decisiva. Pelo menos, não para o exército do Império Mongol.

Em uma notória desigualdade, os nômades da Mongólia enfrentaram os cavaleiros europeus na Idade Média praticamente sem armaduras, quase sem tecnologia, em desvantagem numérica e em cavalos lentos e menores. Ainda assim, os animais de raça nativa do país eram mais resistentes e se diferenciavam dos europeus por não se alimentarem de grãos e precisarem de menos suprimentos e recursos. Com mais capacidade de sobrevivência em meio à neve e longa resistência em grandes distâncias, os cavalos foram considerados grandes heróis nas campanhas militares de Genghis Khan, fundador do Império Mongol. Cada soldado levava de dois a quatro cavalos e, dessa forma, eles não se cansavam e proporcionavam às tropas a oportunidade de se movimentar mais de 160 km por dia. Assim, os mongóis surpreendiam seus inimigos com dias ou semanas de antecedência. Outro ponto é que o exército também se alimentava do leite das éguas, que eram maioria, o que otimizava sua alimentação.

Ademais, os mongóis também elaboraram uma forma estratégica de comunicação, que permitia que cavalos e cavaleiros pudessem trocar de lugar, aprimorando mais a velocidade de suas operações. Como inteligência, eles utilizavam espiões, além de estudos das regiões e relações políticas dos locais que conquistavam. Fora as técnicas psicológicas de estudo dos inimigos, para recuarem de batalhas corporais e fazerem com que os europeus os perseguissem e se afastassem cada vez mais das alas principais. No momento certo, já com os cavalos inimigos cansados, os mongóis praticamente os executavam. Sendo assim, embora as chances fossem pífias, a avançada metodologia de combate, o raciocínio para logística e mobilidade, a observação do inimigo e a comunicação foram cruciais para a resistência mongol. Como disse, o conceito está intimamente relacionado às atividades bélicas, no entanto, por se tratarem de grupos voltados à organização nem sempre a logística ganhou o devido reconhecimento nas vitórias.

Há indícios de que o termo logística para fins civis apareceu, primeiramente, na Alemanha, em 1866, quando nasceu o *Reichspost*, o serviço de correio. No entanto, sabemos que o conceito se desenvolveu aceleradamente nos Estados Unidos, com os preparativos para a Segunda Guerra Mundial, já que a preocupação com a distribuição dos armamentos e munições também ganhava força. Era o início de uma era de produções padronizadas. Os Estados Unidos também conseguiram, com a logística militar no pós-Segunda Guerra Mundial, expandir algo muito maior, que ficou conhecido como *projection of power*, a capacidade de avançar para outros continentes com quantidades gigantescas de força bélica.

Já na década de 1950, a importância da logística em outros campos tornou-se definitiva com a demanda cada vez maior por diferentes suprimentos. No entanto, os processos continuavam separados dentro das empresas por setores que não conversavam entre si e causavam sérios problemas de administração, colocando em xeque a qualidade dos produtos e entregas. É então que a mudança da satisfação do cliente, a globalização, a quebra de barreiras comerciais e o mercado competitivo começaram a fazer com que as empresas repensassem o modelo de logística.

Destaca-se, na década de 1960, a concepção de valor ao produto por meio de prestação de serviços ao cliente, integrando, assim, atividades de manufatura e marketing. O avanço de tecnologias e informações impulsionaram o desenvolvimento por processos mais integrados, que tinham foco na qualidade de produção e entrega de produtos e serviços. Em determinado momento, a sociedade passou a desejar opções mais variadas de produtos, o que levou a indústria a alcançar novos patamares de otimização de seus processos internos, tais como: maiores estoques e controles de produção. A crise do petróleo, em 1970, também trouxe grandes mudanças e fez com que as empresas investissem em sistemas de transportes multimodais.

Logo, comunicações mais flexíveis, dados eletrônicos e o nascimento do código de barras superaram as referências antes estritamente manuais e rígidas. Foi nessa mesma época que outro grande conceito revolucionário foi finalmente colocado em prática no Japão, por Taiichi Ohno, funcionário da Toyota, o *just in time* (JIT), que resumidamente significa produzir sem estocar. Ou seja, um corte total de desperdícios.

Além disso, ao eliminar cada estágio do processo de produção que exigia manter os estoques em segurança, o JIT também permitiu que uma maior variedade de modelos fosse produzida na mesma linha de montagem. O jornal *The Economist* chegou a falar sobre o tema em uma de suas matérias em 2009. A publicação contava que empresas americanas que adotaram o sistema nos 5 anos seguintes à Toyota, apresentando uma redução de 70% no estoque, 50% nos custos de mão de obra e de 80% nos requisitos de espaço.

Apesar das discordâncias de quando o conceito realmente surgiu, alguns acreditam que foi com Ohno, na fábrica automotiva, enquanto outros dizem que foi na década de 1950, com os construtores navais japoneses que souberam otimizar o excesso de capacidade da indústria siderúrgica para determinar a entrega de aço. A verdade é que o JIT é fenomenal e mudou o curso da história. Finalmente, a logística entrava em sua era de processos mais rápidos e com foco no gerenciamento de informações. Já em 1980, surge o *Supply Chain Management* (SCM) ou Gestão das Cadeias de Suprimentos. Em 1990, os cálculos finalmente entraram para a matemática da logística, e o conhecimento científico para o estudo da evolução do complexo contexto logístico, que foi e continua a ser desafiador, bem como influenciado em toda sua extensão. Contudo há dois grandes *cases* que precisam ser comentados, que são o da Dell e o da Fedex.

Definitivamente, a Dell elevou o sistema matemático do JIT à perfeição ao desenvolver um *e-commerce* com potencial de personalização e venda direta aos seus clientes, capaz de prever melhor os padrões de compras dos clientes com uso de algoritmos. Pioneiros nessa estratégia de análise de dados para estimar grandes quantidades de pedidos para produtos específicos, a Dell conseguiu deixar seus fornecedores e colaboradores preparados, garantindo eficiência e agilidade nas entregas também. Com vendas diretas, as empresas mantêm seus estoques sempre em movimento e com entregas mais rápidas que seus concorrentes. Dessa forma, não precisam "queimar mercadorias" com descontos. Foi uma jogada vitoriosa.

Já a Fedex fez jus ao seu slogan *the world on time* com a preocupação em gerenciar dados relativos à origem, *status* atual, destino (com data de chegada), preços e custos de transportes para otimizar ao máximo suas entregas que contemplavam tudo, desde documentos até órgãos para serem transplantados. Fundada em 1971 por Frederick Smith, a empresa surgiu com o objetivo de preencher as lacunas deixadas pelos serviços logísticos da época e cumprir os prazos de entrega com agilidade nos transportes. Literalmente, Smith uniu o útil ao agradável ao combinar sua paixão por aviões com a ideia de realizar entregas aéreas durante a noite, quando não havia movimento nos aeroportos. Além disso, a Fedex foi pioneira na adoção dos códigos de barras para controle de seus estoques em escalas industriais e centros de serviço ao cliente automatizados. Isso possibilitou a organização da localização, da previsão e da entrega de todas as mercadorias com transparência de informações, além de catalogar os pontos de reabastecimento dentro de aeroportos ao redor do mundo, o que facilitou a movimentação de cargas.

Vou acelerar um pouco o assunto para falar sobre logística moderna. Então precisamos mencionar a Indústria 4.0 ou a Quarta Revolução Industrial. Com foco na eficiência da produtividade dos processos, o conceito engloba as diferentes tecnologias, como robótica, Inteligência Artificial, Internet das Coisas, *cloud Computing, big data,* entre outras, que representam a automação industrial. Todos esses sistemas, como o próprio nome sugere, são capazes de se autoconfigurar, automatizar, autodiagnosticar em prol de modelos de negócios que entreguem inovações cada vez mais adequadas às necessidades dos seus clientes.

Claro, como a Mobilidade 5.0 precisa de todos esses recursos, vamos abordá-los mais para frente.

Alguns já sabem, mas outros podem estar se perguntando onde, exatamente, a logística empresarial se encaixa em um livro de mobilidade? Cidades populosas exigem constantes adaptações organizacionais que motivam as empresas e governos a investirem em tecnologias. O GPS (Sistema de Posicionamento Global), desenvolvido em 1970 para o uso das Forças Armadas dos Estados Unidos, e os identificadores de rádio frequência (*Radio Frequency Identification* – RFID), que rastreiam e fornecem localização, são ótimos exemplos. Ambos foram considerados agentes transformadores da cadeia de suprimentos da Logística 4.0. O RFID, além da localização, proporcionou à indústria pagamentos via celular, cobrança automática de pedágios, controle de estoques e muitas outras otimizações nas entregas. Como veremos, em 2020 e 2021, foi a solução para grandes empresas durante a pandemia da covid-19.

Todos os outros investimentos em tecnologias ao longo dos últimos anos trouxeram inúmeros benefícios às organizações e à sociedade. Entre eles, podemos listar: redução de custos; prevenção de acidentes; redução e combate a roubos e fraudes; precisão de análise de dados e informações mais eficientes; fidelização de clientes e novas oportunidades de processos em cadeias de fornecedores; ganhos em economia, além de um mercado cada vez mais competitivo e de excelência. Para complementar, falar de mobilidade é discorrer sobre o acesso a todos os tipos de produtos e serviços, além de analisar como as entregas percorrem o mundo inteiro de ponta a ponta. É entender o processo logístico e mudar a forma como ele chega às pessoas, considerando os aspectos sociais, ambientais e, principalmente, econômicos. Logo, vamos falar do que faz tudo isso acontecer: as frotas.

FROTAS

Abordarei as frotas para que todos entendam quantos fatores estão ligados ao eletrodoméstico que chega à sua casa ou mesmo a bicicleta que está na loja da esquina. Além disso, também quero reforçar que isso é parte integrante da mobilidade, pois sem estes processos logísticos das frotas não teríamos nem mesmo o arroz à mesa.

Quando pensamos em frotas, logo vem a mente a imagem daqueles pátios lotados de caminhões, mas existem muitos tipos. A frota pode ser formada por carros (aqueles que vão instalar a sua internet), motos (os entregadores de livros da Amazon), bicicletas (que entrega seu iFood), navios (que trazem o carrão importado), aviões (que fizeram a tão esperada logística das vacinas durante a pandemia), os trens (que trazem materiais de construção) e, claro, os caminhões. No Brasil, os caminhões representam 75% de toda carga movimentada no território do país, segundo o relatório Custos Logísticos no Brasil, da Fundação Dom Cabral (2021).

Farei uma ressalva que julgo importante. Com a pandemia da covid-19, as frotas que foram ganhando destaque são as de entregas *delivery*, motos e bicicletas em sua maioria. Apenas no Brasil, em 2020, o *e-commerce* alcançou a marca histórica de 87 bilhões de reais em vendas, segundo o estudo da plataforma que mensura o desempenho do mercado brasileiro, Nielsen. Esse fato motivou a iFood a ampliar sua frota em 10 mil motos elétricas até abril de 2022. A empresa líder do mercado em *delivery* de comidas *online* na América Latina quer chegar a 2025 com 50% das suas entregas com modais não poluentes. E as vendas e pedidos pela internet vêm ganhando espaço no mundo inteiro.

Ao falarmos de frotas, é importante dizer que elas podem ser próprias ou locadas e/ou terceirizadas. As que são da própria empresa de entrega podem trazer alguns problemas que devem estar no radar, como a desvalorização do automóvel — fator que antes poderia chegar até 20% do valor, dependendo do modelo, mas que, por causa da pandemia, teve uma revertida histórica de valores —, excesso de burocracia operacional, custos imprevisíveis e ociosidades. Em contrapartida, a principal vantagem de uma empresa possuir frota própria é a centralização, isto é, os processos estão na mão da marca, garantindo a qualidade da entrega mediante o próprio veículo.

Já com frotas locadas e/ou terceirizadas, é imprevisível o que pode acontecer com o motorista, ou mesmo com a carga que está rodando por aí. Além de descentralizar os processos, ao optar por não ter uma frota própria, a empresa abre mão de um fator que pode contribuir para aumentar a valorização do negócio. Por outro lado, a economia com manutenção, a diminuição de burocracias e o suporte 24 horas são vantagens bastante pertinentes que devem ser consideradas. Contudo a grande questão que eu quero estabelecer neste capítulo é: com o que um gestor de frota precisa se preocupar? Quais são os principais fatores que fazem dele um sucesso dentro de uma empresa que tem diversos carros nas ruas, com cargas valiosas e pessoas sob seus comandos e cuidados?

Lembram-se da história do João, o colaborador que foi vítima fatal de um grave acidente por imprudência alheia? Para explicar os pontos que levantei, vou retomar a essa história fictícia, mas inspirada em fatos. Acidentes são a soma de todos os medos de qualquer empresário, que obviamente se multiplicam quando se trata de uma pessoa que se preocupa com as outras. Diante daquele cenário devastador, primeiro, passei pela fase humana de entender o que houve com as pessoas. Constatado o triste fato do falecimento do João, eu e minha equipe nos dividimos para encontrar soluções materiais, porque algo deve ficar claro aqui, não importam quais sejam as consequências de um acidente, todas demandam conclusões rápidas.

Assim, pedi que identificassem com urgência qual era a carga transportada por João, pois, até então, pensava que poderia ser a de produtos químicos, que, caso vazem nas vias, é um crime ambiental inafiançável no Brasil. Ou poderia ser também a de insumos biológicos, que correm sérios riscos quando expostos a certas luminosidades, temperaturas ou até trepidações, e que, sem o uso da tecnologia, não me dão informações de avarias em tempo real. Aliás, não incluir esse tipo de solução é o cúmulo de uma economia inútil, pois são tecnologias acessíveis e que estão à disposição. Porém muitas pessoas não a utilizam por pensarem que, se a prevenção de acidentes, redução de custos e outras tecnologias adaptadas estão trazendo resultados, uma logística integrada é desnecessária.

Depois que identificamos que as cargas não eram químicas, perecíveis ou biológicas, eu pensei ter ganhado de volta o ano de vida que perdi com minha taquicardia, mas não. Identificamos que o caminhão transportava peças para uso em maquinários de serviços de alto custo e, mesmo devidamente embaladas e protegidas, precisariam passar por avaliações. O problema é que o setor envolvido tem um ganho de milhares de reais por dia e, ocioso, gera o triplo em prejuízos. Por aí, você já pode entender como meu aniversário estava cada vez mais alucinante, literalmente! Até o resgate da carga, era preciso resguardá-la. São inúmeros os casos em que caminhões acidentados são saqueados antes mesmo da chegada do socorro para o motorista. E, embora eu não tenha dados concretos sobre este tipo de crime, especificamente, a situação é grave por diversos pontos de vista. As cargas são saqueadas por criminosos que acompanham os acidentes nas estradas com rádios na mesma frequência que funcionários da autoestrada ou, até mesmo, da polícia e ambulâncias. Há também o caso de a carga ser roubada por pessoas oportunistas, que em vez de ajudar, pioram a situação, podendo até causar novas ocorrências.

Além desse risco, também corria outro tão iminente quanto: precisava proteger meus dados. Em um acidente com vítimas fatais, ter imagens do que aconteceu é como pegar carona no Delorean com o Dr. Emmett Brown, em *De Volta para o Futuro* (1985). Ao saquear a carga, os criminosos poderiam comprometer todas as minhas tecnologias. Nesse caso, não precisava de proteção contra criminosos, necessariamente, mas contra leigos mesmo. Houve um caso, por exemplo, em que o gestor da frota tentou extrair as imagens das câmeras que justificavam uma ocorrência, mas acabou comprometendo tudo. Até porque perícias devem ser feitas por técnicos, pessoas qualificadas em ocorrências de acidentes. Com fogos de artifício explodindo no meu coração da minha comemoração, conseguimos manter a carga em segurança. Feito isso, era hora de telefonar para o meu cliente para alinhar todos os dados referentes ao ocorrido com o diretor operacional, para que a empresa também pudesse começar sua jornada com questões de validação do equipamento, *compliance* etc.

Nesse caso, por se tratar de uma grande marca, foi necessária uma gestão de crise, envolvendo o time jurídico, de comunicação e o Conselho de Administração, uma vez que eles ficaram expostos em todos os jornais e redes sociais, sem que a causa do acidente fosse elucidada. Na verdade, as matérias relacionavam o ocorrido às inúmeras possíveis causas, como uso de drogas pelo motorista, falhas mecânicas, problemas na viagem, falta de infraestrutura, entre tantas outras ditadas pelos juízes de sofá, mas que parecem ter uma credibilidade implacável diante da verdade.

Se a empresa não fizesse o uso da tecnologia com câmeras e inteligência artificial, não teríamos identificado que João estava com as duas mãos no volante, não estava comendo nem bebendo e não mostrou sinais de fadiga. Sem todos esses fatores somados ao sistema de jornada de trabalho, que comprovou que João dirigia há apenas 2 horas, e a sua nota *safety*, que demonstrou sua posição entre os 5% dos motoristas com direção mais defensiva e segura da frota, provavelmente, a empresa e o João teriam assumido uma culpa injusta. As imagens do acidente também foram bastante benéficas quando o Ministério Público os acionou para cobrar os gastos com os prejuízos causados ao patrimônio público, conta que teve outro destino, graças à IoT. Por fim, para agilizar e cumprir os prazos de entrega, meu cliente resolveu enviar outro caminhão ao seu destino e a carga do acidente foi praticamente toda recuperada após uma inspeção interna nos produtos.

A moral da história é que eu aprendi muito. Fiquei com a válida lição de que não deixaria outro acidente como esse acontecer, primeiramente, por questões óbvias de vidas que podem ser salvas diariamente. No caso de uma nova ocorrência, eu estaria ciente de que fiz todo o possível dentro das medidas preventivas. A minha equipe, a partir de então, estaria preparada para entregar soluções que pudessem manter a reputação da minha empresa e de todos os envolvidos, como uma perícia eficiente e rápida, antes, durante e depois do acidente. Na prática, a gestão de frota é isso, a centralização de todas as informações. Isto é, exatamente tudo que acontece com cada modal é gerenciado, seja no aspecto de controle de custos, manutenção, combustível, controle de quilometragem, rotas, prevenção de acidentes, entre outros fatores. Tudo isso é o que gera prevenção e o uso consciente dos recursos da empresa.

Quando você tem quase seis mil veículos próprios espalhados em todos estados do Brasil sob a sua gestão, boas histórias sobre a interação entre tecnologia e ser humano não faltam. Esse é o caso de Vinícius Cardoso, meu amigo e gerente de uma das maiores empresas de segurança do Brasil, profissional com mais de vinte anos de carreira em gestão de frotas. Nossa jornada juntos começou quando ele ainda atuava em outra empresa, uma gigante de distribuição de energia elétrica no Brasil. Em parceria, trouxemos para o país, de forma inédita, uma tecnologia israelense para redução de custos, que acarretou também segurança.

É bom ressaltar o que Cardoso me disse uma vez: a gestão de frotas vivencia um momento revolucionário com o relevante impacto das tecnologias mais acessíveis e de fácil implantação. Há vinte anos, a gestão de frotas era muito pautada nos serviços mecânicos, ou seja, não tinha gerenciamento, apenas manutenção dos veículos que eventualmente quebravam ou apresentavam problemas. A falta de entendimento de que gestão significava algo extremamente estratégico para os negócios, além de contribuir para a rentabilidade da empresa e todos seus acionistas, certamente foi um atraso. Particularmente, gosto muito de ouvir esse meu amigo falar, pois, como ele, concordo que gestão de frotas seja muito mais que apenas a redução de custos, representa também responsabilidade social.

Fazendo um breve histórico, ao longo dos anos, o olhar analítico se voltou para os gastos na tentativa de que conseguíssemos entender quais ações agiriam em prol da redução ou mitigação de desperdícios e como aplicá-las. Ao sair da postura reativa de "quebrou, arrumou", o mercado passou a desenvolver *softwares* com soluções para ter alguma administração de algo que hoje parece banal, mas que muitas empresas ainda não possuem, como o controle dos gastos e consumos. Esse gerenciamento assegura a atividade dos veículos, o operacional da empresa e reduz custos, além de garantir a segurança dos motoristas e das cargas.

Outro ponto de virada importante foram os *softwares* de gestão de pneus, que também revolucionaram o mercado, já que esse é um dos insumos mais caros da frota. No Brasil, vivemos uma realidade em que algumas marcas são mais escolhidas do que outras pelos bandidos, fora os casos de fraude em que os próprios colaboradores trocavam os pneus por de marcas inferiores, colocando em risco a própria vida e a de outros funcionários. Os dados apresentados por *softwares* começaram a demonstrar fatos simples, mas que, quando analisados de perto, são essenciais. Cardoso também me aconselhou que "deixar de trocar uma pastilha de freios, que custa cerca de R$200,00, vai fazê-lo trocar o disco, que custa R$2000,00". A grande questão em relação ao gerenciamento da frota como um todo, segundo ele, se embasa em um plano de manutenção preventiva, que também é gerido por *softwares* especializados.

Não importa qual a atividade da empresa, seja um ônibus lotado de passageiros ou um carro forte que carrega muito dinheiro, a quebra inesperada é sempre um grande problema. Imagine uma empresa *just in time* que, de repente, deixe de receber seus produtos? Isso causaria a parada na linha de produção. Inadmissível. São milhões de reais de prejuízo por minuto. Fazer a frota rodar com mitigação de prejuízos e com a maior redução de custos possível é complexo, mas muito relevante para o resultado final.

Dessa maneira, a gestão de frotas ganhou outro grande impulso no momento em que percebeu que a "peça entre o volante e o banco" também poderia mudar tudo. Os motoristas são porções atuantes em todos os aspectos de redução, gestão e lucro. Sem condutores motivados, instruídos e responsáveis, a frota pode ser trocada por carros zero km a cada 3 meses que, mesmo assim, eles vão quebrar. De que adianta colocar a melhor peça, o melhor veículo, se o condutor não colaborar? Com a ajuda de soluções específicas, como o *Driver Feedback*, que é capaz de mostrar desde curvas perigosas até freadas bruscas, além de assessorar o condutor em tempo real, conseguimos monitorar e ranquear nossos melhores motoristas, possibilitando premiá-los por sua performance ou demitir aqueles chamados de "cupim de aço", funcionários que já passaram pela implantação da solução, foram instruídos ou repreendidos pela falta de responsabilidade, fizeram cursos, treinamentos e, ainda assim, não demonstraram melhora.

Atualmente, as tecnologias que podem ser embarcadas em veículos conseguem medir comportamentos de uma forma cartesiana, sem erros e com prevenção assertiva de 90% das falhas humanas. Com custos relativamente baixos diante dos benefícios que elas trazem, as tecnologias entregam insumos para tomada de decisões extremamente assertivas. Tudo é digitalizado, integrado e funcional. O sistema é objetivo e, às vezes, pode indicar que um funcionário é excelente como vigilante, mas é um péssimo motorista, por exemplo, e por isso precisa ser realocado estrategicamente. Outra parte sobre gestão de pessoas é que a tecnologia existe, mas como os usuários reagem a ela é outra história. Naturalmente, em um primeiro momento, existe uma resistência dos funcionários. Há casos extremos, tais como meu amigo me contou, de equipamentos que foram retirados à força dos veículos, quebrados, desinstalados e por aí vai. Mas também há casos em que filhos foram acalentados em saber onde seus pais, os motoristas, estavam por conta da tecnologia.

Observa-se que a utilização de recursos tecnológicos contribuiu para a redução dos acidentes em 60%. Após terem sua direção identificada, cerca de 70% dos funcionários melhoraram sua conduta em uma evolução anual. Houve também uma redução de 8% a 10% nos custos com combustível. Com os valores que temos hoje? Faz as contas: em uma frota de 6 mil veículos, por ano, a economia absurda que isso gera. Toda empresa deve ter uma cultura de redução de custos e segurança.

Em frota, controlar custa caro, mas não controlar custa muito mais! Por mais que você talvez ainda não consiga enxergar como isso resulta em mobilidade, vou lhe contar uma coisa: além da questão dos produtos e serviços chegando à sua casa, há também o fato de que esses veículos fazem parte do ecossistema de uma cidade. Assim sendo, controlar seus gastos e quanto as suas viagens são proveitosas contribuem para que a mobilidade da cidade flua de forma produtiva. Afinal, se eu consigo colocar duas viagens em uma, eu tiro um caminhão da rua e, se faço uma boa gestão de riscos, diminuo as chances de acidentes. Enfim, se eu analisar os dados com cuidado e, a partir deles, utilizar minhas soluções a favor da minha empresa, faço o mesmo pela sociedade. Se eu economizo no combustível, eu degrado menos o meio ambiente e por aí vai.

Voltando a questões de ociosidade, em uma frota de dez caminhões, uma unidade parada significa o comprometimento de 10% do seu rendimento potencial, fora os prejuízos (Ex.: juros dos ativos não produtivos, motorista e *backoffice*). Claro que estou falando da maneira mais informal possível, não quero assustar os que nunca vivenciaram algo parecido. Porém a verdade é que enfrentar isso quando sua receita foi afetada e a diretoria da empresa já está ciente é, no mínimo, complicado. Já no âmbito da responsabilização, garantir que as políticas da sua empresa sejam respeitadas é um desafio estrondoso, especialmente quando o colaborador está nas ruas e estradas. Na logística, em essência, os colaboradores estão na ponta trabalhando não só à distância, como também em constante deslocamento. A confiança faz, sim, parte desta receita de sucesso e o ingrediente especial é a IoT, solução que combina serviços de geolocalização com câmeras, sensores e outros dispositivos conectados ao veículo.

Caso ocorra um acidente e o Ministério Público acionar o gestor da frota, é porque certamente a suspeita é de que a culpa seja do seu colaborador e da sua empresa. Cabe a você analisar uma gama de informações e, em tempo real, garantir a conclusão sobre a verdadeira causa do acidente, como, por exemplo, a falta de infraestrutura das estradas. Parte desse monitoramento é realizado por câmeras com inteligência artificial, que, quando acopladas em direção à pista, captam os momentos antes da colisão, otimizando perícias e pedidos de socorro que podem ser direcionados conforme a emergência. Elas também funcionam como monitoramento aos condutores, para garantir o bom comportamento mediante as regras de trânsito e postura profissional, com reconhecimento de padrões indesejados ou perigosos, como direção com celular, falta de cinto de segurança, falta de respeito ao pedestre e, até mesmo, distância do veículo da frente. É possível, ainda, o gestor da frota adotar medidas corretivas quando se detecta um comportamento perigoso do motorista, como advertências, orientações e até reciclagens. Isso pode garantir que o condutor não faça uma ultrapassagem ilegal, por exemplo.

É possível também classificar seus motoristas em pontuações de risco e, conforme o *score*, adotar medidas educativas, reciclagens e até premiações. É uma forma de incentivo a eles por serem mais pró-vidas. Enfim, é preciso entender que a tecnologia tem o poder de mudar a forma como as pessoas pensam e agem. Sinceramente, eu acredito que apenas falarmos de técnicas não é o que trará o sucesso aos gestores. Durante o dia a dia, claro que chegaremos às questões apresentadas aqui, mas elas não serão apenas um ponto de conhecimento, e sim uma oportunidade de agregar valor ao indivíduo e tudo que o cerca.

Entretanto vamos falar dos *Key Performance Indicator.* Os KPIs são indicadores de desempenho, um conjunto de métricas que podem apontar precisamente tanto os pontos que precisam de aprimoramento quanto os pontos relevantes para o sucesso do projeto ou empresa. Os mais importantes são: média de consumo de combustível; índice de entrega no prazo; média de quilometragem percorrida nas entregas; incidência de multas no trânsito; custo com manutenção e média de capacidade utilizada na frota e ociosidade

Obviamente, todos esses pontos são de extrema importância, lembrando que o custo de uma entrega afeta todas as pontas do segmento, inclusive, o consumidor final, que deve ter acesso ao produto ou serviço. O ponto alto dessa discussão são as tecnologias que facilitam esse trabalho. Falaremos sobre todas elas nos próximos itens e, com certeza, você ficará abismado como já avançamos muito nesse tema. A questão é: uma vez que a tecnologia é introduzida, quem não a usa, fica obsoleto e, eventualmente, desaparece.

OCIOSIDADE

Como já abordamos, as frotas fazem parte da logística, e o cenário de frota ociosa é equivalente a jogar dinheiro fora do ponto de vista do acionista, encarecendo a cadeia como um todo, até mesmo para o cliente final. Os preços das *commodities* são definidos em mercado e as margens são muito estreitas, portanto, tudo que puder ser feito para que um negócio se torne bem-sucedido e lucrativo está no âmbito operacional.

Não preciso nem ressaltar a importância de estar preparado para eventuais problemas, não é? Afinal, se o ano de 2021 trouxe uma valiosa lição, o nome foi Evergreen. A embarcação de quase 400 metros de comprimento, 200 mil toneladas e com espaço para quase 20.100 contêineres, encalhou no Canal de Suez e trouxe prejuízos inimagináveis ao comércio mundial, fazendo muitos empresários perderem o sono.

Pontuo que empreendedores — sejam eles pequenos, médios ou grandes — devem procurar reduzir custos, corrigir problemas e, com logística, isso se faz com uso de telemetria e IoT. Como você otimiza o processo de uma frota de caminhões com até seis carretas que gastam, em média, dezenas de milhões de reais por ano, por exemplo? Utiliza soluções para automatizar a frota; reduz gastos com combustível; faz manutenção dos veículos que afetam diretamente a saúde financeira da empresa; aumenta a performance e corrige erros dos seus motoristas; coordena com precisão os insumos, entre tantas outras coisas. Você otimiza sua frota e mede sua ociosidade para não cair na violenta competição de empresas que sonegam impostos, que jogam sujo e conseguem entregar por baixo dos panos valores infactíveis ao mercado.

Quando pensamos em mobilidade, preciso reforçar que ela não se trata apenas da locomoção dos cidadãos, mas também envolve o acesso às mercadorias e aos serviços. Geralmente, tudo isso só é possível na mão dos frotistas. Sendo assim, a frota é um pilar importantíssimo da sociedade, já que oferece desde os instaladores de internet até o produto comprado para o conforto e necessidade de uma casa ou empresa. Assim, para dar continuidade, é importante saber o que a ociosidade significa em empresas sérias. Ociosidade é um termo empregado para mostrar a diferença entre o volume efetivo de uma produção e a capacidade estrutural da empresa. Trocando em miúdos, tudo o que a empresa possui está sendo utilizado? E de maneira correta? Está gerando lucro com todos os pertences?

Se a resposta dessas perguntas for não, podemos dizer que temos uma frota inativa. Os modos para que isso aconteça são diversos, desde a volta de um caminhão sem carga, ou operando com baixa produtividade, até mesmo, quando o motorista encosta o caminhão para tomar café e não desliga o motor para aproveitar o ar-condicionado. Um ponto interessante é que ociosidade gera ociosidade. Logo, uma vez que o cálculo de *backoffice* se baseia no número de veículos em movimento, retirar os ociosos poderia trazer uma significativa economia e otimização à estrutura, que precisa de fato dar suporte aos transportes e motoristas que estão na rua.

O grande desafio é de que maneira é possível reduzir a ociosidade e, assim, os custos logísticos, para conseguir se manter competitivo no mercado. Esse é o *American Dream* de qualquer empresário da logística. E esse é só um ponto que vamos abordar agora, porque os problemas envolvem os gastos de combustível, preços e condições de vias, manutenção, colaboradores, entre outros que falaremos mais para frente. A ideia de um pátio lotado de caminhões é uma falácia. O bom mesmo é quando eles estão faturando, portanto, fora do pátio. Apesar de que a locação tomou uma proporção bastante significativa, mas chegaremos lá.

Provavelmente, todos esses problemas são efeitos de uma gestão ineficiente. A inatividade dos veículos não precisa de um longo prazo para se tornar prejudicial, basta que seus custos sejam significativos e desnecessários. E por mais que pareça óbvio, em um primeiro momento, a ociosidade se torna um custo invisível por não ser um fator diretamente ligado ao faturamento, já que parte da frota está rodando. Porém ao fim do balanço, ela tem um grande peso. Segundo a pesquisa realizada pela *Power System Research*, em 2017, a ociosidade de veículos em empresas brasileiras variava entre 5% a 20%, que, mesmo em números baixos, representam resultados negativos nas contas mensais. Para colocar em números, mil veículos leves ociosos equivalem a 10 milhões de reais em custos diretos e indiretos ao mês, ou seja, até 120 milhões de reais ao ano (valores de 2019).

Então, para o gestor de frota, especificamente, temos um grande trabalho pela frente, que é aumentar o percentual de utilização dos veículos, diminuir a frequência de inutilidade dos recursos, ajustar rotas e prazos, qualificar funcionários, ficar atento às taxas e tributos de cada rodagem, estudar sua demanda no mercado, fazer uma investigação constante das empresas que estão no destino de seus clientes, custo pela viagem de ida e volta e, sem mais demora, unir todos esses fatores à tecnologia. Para fazer isso de uma forma verdadeiramente eficiente, é preciso utilizar tecnologias baseadas na Internet das Coisas e ter um *software* de *workforce management* (WFM) para gestão de colaboradores remotos.

Já os aplicativos de transporte particular revolucionaram a tarefa de otimização em viagens. O abismo de competitividade em relação aos táxis comuns é que o Uber, por exemplo, só se movimenta ao ter uma nova viagem, o que é praticamente uma certeza a cada destino. Contudo os taxistas correm o risco de ficarem ociosos. No universo da logística de cargas isso também pode ser resolvido com aplicativos que permitam ao caminhoneiro *freelancer* encontrar fretes próximos, já com a indicação do destino. As transportadoras também podem se cadastrar para encontrar condutores que atendam aos requisitos do veículo, por exemplo. Opções para cargas pequenas e leves também estão disponíveis com a conexão entre demanda e motoboy, a fim de realizar entregas mais rápidas e eficientes.

Sobre o percentual de utilização nem sempre uma viagem ocupa toda a disposição do cargueiro e, na verdade, isso é bastante comum. O problema é que, quando as rotas não são planejadas, esses cenários podem se agravar e muito. Imagine o gasto de um caminhão que vai cheio, só que volta vazio? Agora, multiplica-se pelo tamanho de uma frota de dez veículos. Viu? É muito prejuízo. Os gestores devem estar atentos a todas essas questões de organização da carga, até mesmo para questões de prevenção de acidentes. Não preciso explicar que uma carreta, por exemplo, pode perder seu centro de gravidade em uma curva caso o peso da carga esteja distribuído de forma errada, né? Desse modo, medidas máximas de rodagem, roteirização, identificar qual o caminhão mais adequado à carga, tudo isso é matemática aplicada à tecnologia. Nada que eu já não tenha comentado em termos de logística, se quem estiver operando souber processar os dados recebidos. Para deixar isso claro, vou seguir meu raciocínio para demonstrar que se você não estiver conectado com as suas informações, esqueça! Você estará na eterna frequência de inutilidade.

Há uma linha tênue entre a garagem e o comercial de uma empresa de frotas e ela é diariamente fortalecida por meio de bons *softwares* que identificam quais os recursos que estão sendo, ou não, utilizados para tomar decisões. E eles, meus caros, precisam ser assertivos. São eles que vão definir quais malabarismos serão feitos nas suas rendas. Sem mais eufemismos, negociar clientes e entender prazos não precisa ser como andar na corda bamba. Então, se você entender suas demandas, fizer com que seus percursos sejam positivos, com rotas planejadas entre os destinos, os prazos serão soluções. Perceba, a tecnologia vai cruzar todas as informações disponíveis, os pedidos, os locais de entrega, quais os carros vagos, a capacidade de cada um deles, além de informar quais seus melhores motoristas para a viagem. Difícil errar, a não ser que alguém coma algo estragado. E, mesmo assim, em tempo real, fica bastante fácil para o gestor de frota intermediar a questão e resolver a entrega de forma que todos os recursos sejam otimizados, evitando, assim, a inatividade.

Por mais que possa parecer ingênuo, parar para usar o banheiro pode ser algo bastante perigoso em certos locais. O Brasil, ao lado da Indonésia e Malásia, por exemplo, é campeão em roubos de cargas nas estradas. Quem trabalha na área da logística sabe que, na maior parte das vezes, quando um veículo é abordado por criminosos eles já sabem exatamente qual é o carregamento, quanto vale e, possivelmente, já têm até um comprador final. O fato de os criminosos sempre estarem descobrindo meios de quebrar os protocolos de segurança, ao passo que as empresas de telemetria sempre estão criando novas formas de se proteger, é o que faz desta corrida entre crimes e segurança algo frenético. E, convenhamos, ninguém quer brincar de *Tom & Jerry* nessas condições, com problemas estomacais ou não. Ainda bem que as tecnologias baseadas em telemetria têm sido efetivas contra as ardilosas armadilhas dos criminosos e permitem não somente a prevenção de roubos, como também proporcionam uma jornada mais segura para os motoristas. Isso inclui o cálculo de rotas, uma balança eterna entre o mais rápido e o mais seguro.

Brincadeiras à parte (mas que na vida real são situações totalmente possíveis), caminhão quebrado gera ociosidade e pode danificar a carga, o que causará não só perda de lucro, mas também prejuízos. Adicionar a tecnologia nesse impasse é essencial, pois o identificador de rotas, específico para logística, pode ajudar, inclusive, no caso de imunobiológicos, por exemplo, estes que não podem sofrer muita trepidação nem ficar dentro de caminhões estacionados embaixo do sol ou em temperaturas diferentes às recomendáveis para a carga. Reconhecer os melhores caminhos ou as diferentes variáveis que podem acontecer durante a rota é fundamental. Com uma linha de trajeto traçada de forma que identifique os riscos e previna o motorista do que ele irá encontrar, é bastante simples evitar aborrecimentos, ou mesmo, redobrar a atenção caso algo aconteça. Obviamente, para que seu colaborador saiba o que fazer diante de algumas situações, é importante que você o tenha treinado para isso. Para saber fazer algo, primeiro é preciso entender o processo de funcionamento da logística, do início ao fim. Como você espera que alguém entenda que em um momento de completo desespero uma carga corra risco de também estragar se ficar ociosa?

Processos são compreendidos quando explicados. Todos os gastos excedentes que seu colaborador não se dá conta podem e vão prejudicar a empresa. Consequentemente, ações como essas se tornam espirais de problemas. Ou seja, aquela parada que ele considera rápida e deixa o motor ligado é um tipo de inatividade que gera prejuízo e pode, inclusive, comprometer a carga. Seus colaboradores precisam saber que a rota identificada pela tecnologia é a melhor escolha e que sair do trajeto pode prejudicar uma próxima viagem ou, até mesmo, uma quebra de contrato. Também precisam entender que, caso algo fora do roteiro aconteça, é necessário avisar o gestor da frota o quanto antes e tomar as devidas providências para que a carga e o caminhão estejam seguros e sem trazer prejuízos. Existem muitos fatores e riscos previamente calculados pela tecnologia, por vezes, até climáticos. Vale ressaltar também que é importante mostrar à equipe de vendas esses pormenores.

Em questões financeiras de taxas e tributos os colaboradores envolvidos nas vendas de serviços devem saber que as viagens têm altos custos, portanto, todos os aspectos devem ser considerados no momento que estão negociando. Manter a comunicação integrada dentro da empresa é fundamental. Em conexão constante com o financeiro, o setor de vendas estará sempre preparado para oferecer o melhor serviço para a demanda do mercado e para o seu cliente.

Vamos pensar em um panorama: um cliente procura sua empresa, pois precisa levar uma carga para 500 quilômetros de distância e depois trazer o caminhão de volta. Seu colaborador está preparado para oferecer uma otimização de custos e logística para esse retorno? O caminhão voltará vazio? É para isso que serve o estudo de mercado, para que você esteja pronto para sugerir algo a mais para essa pessoa. Uma investigação do que ele pode trazer de volta nessa viagem para combinar proporção e a otimização podem ser o diferencial no momento de fechar negócio. Além disso, a sua equipe precisa estar preparada para sugerir ao gestor qual tipo de máquina, caminhão, moto, enfim, o tipo de frota que ele poderá utilizar para a quantidade e o tamanho da carga, fora todos os outros requisitos do universo de logística.

Estamos finalmente conversando sobre o atendimento de excelência. Aquele em que todos os sistemas de adaptação do processo do frotista e a demanda são considerados no momento da negociação de vendas.

Desde a manutenção preventiva, ociosidade de frotas, cálculo de rotas e até o comportamento do motorista é observado, a fim de alcançarmos objetivos em comum: otimização de tempo e custo.

COLABORADORES

Se tem algo importante para uma empresa de frotas é o colaborador. O motorista, então nem é preciso comentar. Pelo menos, até a chegada dos autônomos, eles são parte importante da engrenagem que move todo o motor vital que se encontra ali. Diante deles, há um mundo de oportunidades que se abre, prontas para serem alavancadas ou destruídas. Jamais se esqueça disso. Desde a forma como eles tratam seus clientes e entregam os serviços, até o modo como se comportam nas ruas.

No entanto este livro não é sobre atendimento, e sim sobre mobilidade. Logo, vou falar sobre quanto o comportamento dos seus colaboradores, dentro das empresas ou nas ruas, com a marca estampada no caminhão, moto ou veículo qualquer, tem importância. Vou pontuar, inclusive, como isso também tem alta relevância estando ou não seu funcionário em horário de trabalho. Para que um gestor de frotas exija de um funcionário que ele siga o *compliance* da empresa, primeiro é necessário fornecer subsídios para uma direção segura e saudável. Ao reconhecer os perigos de se manter um motorista cansado no volante, e as constantes ocorrências relacionadas à fadiga na indústria de caminhões, as legislações quanto ao horário de trabalho que um condutor pode operar são bastante rígidas e extremamente divergentes — pelo menos a meu ver — quanto ao tempo e à remuneração.

Veja o panorama do Brasil. Há leis que dizem que um motorista de frota, que leva cargas ou pessoas, não pode dirigir o tempo superior a 5 horas e 30 minutos contínuos, podendo ter apenas 2 horas extras de trabalho, caso seja necessário. Porém vou contar um segredo que talvez seja um mistério apenas para quem elaborou as leis: isso não está nem perto da realidade. Pesquisadores da Escola Superior de Agricultura Luiz de Queiroz (Esalq) e da Universidade de São Paulo (USP) fizeram um estudo, em 2018, e o resultado apontou que 43% dos caminhoneiros trabalhavam mais horas do que o permitido. Ou seja, há a lei, a realidade e o direito de legislação dos Estados, bem como os acordos entre empresa e colaborador, que podem se tornar flexíveis em alguns pontos, o que torna o tema bastante complexo. São vários motoristas na mesma estrada com diferentes acordos e regras, suscetíveis a mudanças que ultrapassam fronteiras. Então como executar as viagens em conformidade? Com o uso da tecnologia seria possível estabelecer regras de uma forma que englobasse empresa, colaborador, reforma trabalhista e legislação.

Não sei se preciso dizer, já que o problema parece ter se tornado endêmico, mas vamos lá. Casos em que os motoristas precisam dirigir por horas a mais acabam incentivando o uso de drogas sintéticas estimulantes. A mais conhecida entre os motoristas de caminhão é chamada de "rebite". Obviamente, meu próximo ponto não justifica o uso de drogas, mas sim o ganho extra. Se 85% dos caminhoneiros no Brasil ganham entre um e três salários mínimos, que atualmente é de R$1.212 (dados de 2022), como não fazer hora extra?

Já nos Estados Unidos, há leis de níveis nacionais e estaduais. No nível federal, as regras para o horário de serviço dos motoristas de caminhão são estabelecidas pela agência *Federal Motor Carrier Safety Administration* (FMCSA), que se aplicam a veículos que operam no comércio interestadual. Segundo elas, o condutor só pode iniciar um turno após 10 horas consecutivas de folga e, então, ficar de serviço por 14 horas, que incluem carga e descarga e outras tarefas auxiliares. Durante esse tempo de serviço, os motoristas podem estar na estrada por 11 horas no total, com pausas de 30 minutos a cada 8 horas de condução.

Existem algumas exceções às regras, como, por exemplo, o limite de 11 horas pode ser excedido em 2 horas no caso de condições adversas por mau tempo. No conjunto de regras estaduais, como as que permanecem nas fronteiras do Texas, as regras aplicadas são: o motorista deve ter 8 horas consecutivas de folga antes de iniciar um turno, que pode durar 15 horas, com 12 horas consecutivas de estrada. Me parece cansativo. No fim, em ambos os casos, os motoristas que forem encontrados em violação, a empresa de transporte poderá ser multada pelo governo.

Contextos como esses nos levam aos acidentes, sem dúvida alguma. Pensando no Brasil, onde trabalho com o setor e tenho dados disponíveis, os últimos computados, de 2019, nos mostram que temos mais de 45 milhões de veículos utilizados para atividades comerciais no país. Os dados também mostram que foram mais de 100 milhões rodando pelas vias brasileiras e mais de 30 mil mortes. Agora, pensando em estatísticas, quais são as chances de os veículos comerciais estarem envolvidos nessas mortes? Não precisa ser nenhum *expert* no assunto para chegar a uma conclusão. Provavelmente, 50% estão mais cansados fisicamente e fatigados do trânsito, se contarmos que eles passam mais tempo nas ruas. Se fizessem essa estatística, com certeza, seria assustadora.

Vou abrir um parêntese. Na Nova Zelândia, uma juíza chegou a multar um motorista porque havia dirigido mais de 23 horas. Inclusive, ela disse que não sabia como ele conseguiu não sofrer um acidente durante esse tempo. Iniciativas como essas deveriam ser realizadas em todo o mundo. Inclusive, as pesquisas deveriam estar mais avançadas e o tempo de direção deveria ser unânime para todo o mundo, afinal, somos todos seres humanos, e o desgaste é igual. Precisamos de direção responsável! E já quero alertá-lo antes que continue, ainda não estamos no capítulo do futuro, mas o comportamento do motorista pode contar com a tecnologia. Por meio da IoT, é possível mensurar uma gama de informações em tempo real, que garantem a segurança da empresa e dos funcionários.

Lembra-se das câmeras que são capazes de monitorar como o motorista está se comportando? Elas captam se o condutor fuma enquanto dirige, se usa o celular, se está bêbado, fatigado, cochilando, se deixa de usar cinto de segurança e até se leva uma pessoa sem permissão no veículo. Quando instalada na parte externa do veículo, a câmera reconhece ultrapassagem em faixa contínua, distância de outros automóveis, pedestres ou mesmo objetos. Agora, pense se um gestor de frota receber uma notícia que seu condutor está cochilando ou levando uma pessoa que, com certeza, também estará na conta da responsabilidade da empresa enquanto estiver dentro do caminhão dela. No ato, ele conseguirá mandar o veículo parar e poderá fazer a troca do motorista. Isso é tecnologia, meus amigos! Frase que, inclusive, vocês vão ler muito neste livro.

Lembra-se daquele *Como Estou Dirigindo?*, famoso nos anos 1990? Agora a denúncia ficou realmente eficaz! A tecnologia também é dedo-duro. Tivemos um funcionário que infringia algumas regras ao dirigir e, por isso, já estava sendo monitorado por seu gestor de frota. No entanto, um dia recebemos uma ligação de denúncia e adivinhem só quem era o motorista quando identificamos o veículo? O próprio. Além dos dados coletados referentes ao seu comportamento pela solução de IoT, tínhamos agora outras qualificações para enquadrá-lo em um treinamento para que melhorasse sua conduta, com a inclusão de um "dever de casa", que foi elaborar uma apresentação com todas as regras sobre direção segura. Para gestores de frotas realmente não há mais desculpas, motoristas irresponsáveis não passarão! Ainda, se for aquele bom funcionário, a tecnologia pode dar instruções em tempo real e sinalizá-lo quando está agindo de forma imprudente. O mundo ideal, não?

Passamos ao dispositivo no equipamento que, com ele, o gestor pode controlar a velocidade do condutor, ver se dirige de forma agressiva, com freadas bruscas, alta velocidade e curvas perigosas. Ou seja, após um dia ou meia hora de trabalho, o gerente de tudo terá um relatório completo de como aquele motorista se comportou e se realmente está dentro do *compliance*. A partir desses dados, ele poderá avaliar se o condutor merece fazer parte daquela equipe, levando a marca da empresa por onde quer que ele passe. Isso é bastante importante, afinal, ele é a cara da frota. E não pense você que isso se resume a cada motorista apenas! O panorama que a IoT traz é completo, uma vez que as horas do colaborador são computadas, facilitando o trabalho do gestor quanto ao tempo que cada um está na direção e, assim, a gestão fica muito mais eficiente e fácil.

O monitoramento também é um dos fatores determinantes para que empresas invistam nos dispositivos. Vocês não podem imaginar a infinidade de absurdos que vemos enquanto os colaboradores são monitorados. As histórias são interessantes, uma tragicomédia do setor de frotas. Por exemplo, um colaborador que utilizava o carro adesivado — sim, com o logo da empresa estampado — para fazer Uber, ou mesmo para fazer do veículo uma "mula" de armas. Complicado né?

Uma das histórias que mais lembro, que não sabia se ria ou se chorava, foi uma ocasião em que uma mulher deu falta do marido e acionou a polícia, que, por sua vez, acionou a nossa empresa para encontrar o veículo para saber se ele estava em apuros. Por fim, achamos o cara. Ótimo, estava bem e vivo, mas não sei se permaneceu assim, depois que o rastreamos no motel com a amante. A mulher, é claro, ficou sabendo. Esse é um exemplo clássico do que um colaborador não deve aprontar com o carro da empresa, mesmo fora do horário de trabalho.

Vocês nem imaginam os maiores disparates que encontramos quando monitoramos uma pessoa. E, detalhe, isso não é uma invasão de privacidade, é a segurança que a empresa tem para ter a certeza de que seu patrimônio está sendo utilizado de forma correta. Quer fazer algo errado? Use seu próprio veículo. Voltando ao caso citado, se a pessoa não demonstra fidelidade ao seu casamento, o que fazer agora com tantas câmeras e IoT? Melhor repensar seus compromissos. Isso, obviamente, irá gerar imensos desafios do ponto de vista da Lei Geral de Proteção de Dados, que ainda iremos abordar. Contudo, enquanto não chegamos neste capítulo, ficam os dilemas: ao encarecer as tecnologias pelo trato da privacidade, poderíamos estar criando uma sociedade mais desigual? Poderia o desejo (legítimo) de privacidade prevalecer sobre a vida?

Estamos no século XXI e não podemos deixar que certas situações coloquem em risco a vida de uma pessoa e a imagem da empresa. O gestor de frota tem toda uma gama de tecnologias para fazer com que isso aconteça e não precisa mais de planilhas manuais e cartão de ponto. A IoT, com certeza, veio para revolucionar o setor.

SUPPLY CHAIN

É verdade que antes do início da pandemia da covid-19, o comércio global já passava por um mal-estar, mas depois, com milhões de empresas fechadas e economias arruinadas, o que parecia uma marola se transformou em um tsunami. No entanto, assim como muitos, o que é um desastre para alguns, é uma oportunidade para outros. Conforme emergimos do isolamento, empresas pequenas, médias e grandes começaram a ter oportunidade de ouro de passar por uma autoavaliação para se reconstruir com base em um ecossistema muito mais forte, com cadeias de suprimentos diversificadas e com vantagens tecnológicas que desempenharam papéis críticos no futuro da economia. Mas, para isso, precisarão aprender a nadar na tempestade.

Li uma vez que a resiliência não vem da autarquia, e sim do que recebemos. E concordo plenamente! Seja de conhecimento, de força, de fraqueza ou mais particularmente durante a pandemia, do *supply chain* (cadeia de suprimentos). Veja o que aconteceu com as restrições às exportações das vacinas pela União Europeia e a Índia, ou a escassez de semicondutores em empresas automotivas, como a Volkswagen, Honda e Volvo, que paralisaram fábricas ao redor do mundo. Mais da metade dos semicondutores avançados são produzidos em indústrias de Taiwan e da Coreia do Sul, dependência ameaçadora em tempos de relações geopolíticas tão conflituosas.

Talvez, a essência do problema seja sobre o conflito entre curto e longo prazo, que pressiona executivos e acionistas. Praticamente, todo o comportamento de longo prazo se dá "por conta própria". Alguém parabeniza um executivo que fez uma análise de tirar sua produção de Taiwan devido à enorme tensão entre EUA e China? Provavelmente, ele perderia o emprego por se tornar menos competitivo no curto prazo, ainda que isso evitasse o colapso da empresa mais para frente. Por isso, as crises são tão necessárias. O executivo chega aonde chega por entender os limites do que se pode e não se pode fazer, com as ferramentas que tem.

Com um dos pilares da economia sendo a oferta e a demanda, ser autossuficiente tornou-se não só importante, como necessário. Porém para pensar global, é preciso agir local. Isso significa ser flexível com qualidade. Obviamente, mesmo com o seu fim, as consequências da pandemia continuam a desafiar nossas organizações, uma vez que os bloqueios reduziram ou esvaziaram as cadeias de suprimentos de estoque.

Continuamos vivenciando grandes mudanças com o surgimento contínuo de novas tecnologias, que acabaram otimizando um caminho para a digitalização da rede de *supply chain*. A Índia, por exemplo, tem trabalhado com empresas e *startups*, que possam integrar um *know-how* avançado de análise de dados, monitoramento em tempo real, GPS e uso de plataformas baseadas em nuvem para construir uma cadeia com fábricas, armazéns, distribuidores e, finalmente, varejistas e consumidores finais mais integrados. Boa parte disso é iniciativa do projeto do primeiro-ministro Narendra Modi, *Make in India*, em que ele busca investidores para tornar o país uma referência de suprimentos com redução de impostos, entre outros incentivos.

Talvez seja um indicativo da importância de se trabalhar envolvendo diversos atores do ecossistema. Um executivo de uma única empresa dificilmente teria conhecimento diplomático e internacional para avaliar, por exemplo, o risco militar com a China e o Paquistão em um projeto como esse. A questão é que devemos colocar nessa conta de mudanças a expectativa dos clientes e o foco cada vez mais direcionado às políticas ambientais, sociais e de governança. Mais especificamente, para a indústria automotiva, esse panorama também foi apontado no estudo *Indústria automotiva: um cenário em transformação*, elaborado, em 2021, pela DHL *Supply Chain*, em parceria com renomados institutos de pesquisa. O relatório demonstrou como a pandemia pode acelerar tendências em direção à mobilidade limpa; a transição às soluções elétricas; paralisar previsões anteriores, como os investimentos em carros autônomos que seguem sendo reduzidos ou redirecionados; e ainda criar como as vendas *online* que ganham capacidade impensadas dentro do setor.

Em outras palavras, os pesquisadores afirmam que estratégias regionais independentes ganharão maior importância na indústria automotiva que localização ou, ao menos, a flexibilização do *supply chain* é fundamental para a resiliência do setor. Para começar, precisamos pensar em prevenção de riscos das possíveis interrupções nas linhas de produção, como problemas logísticos e disponibilidades reduzidas de matérias-primas e componentes. Para gerenciar o risco na cadeia de suprimentos usamos a IoT. Com a análise de dados, conseguimos identificar desempenhos ineficientes, revisamos processos manuais que nos dão a oportunidade de novas configurações de sistemas que podem estar desalinhados entre cliente e fornecedor, o que pode ser fonte de inúmeros problemas. Esse desafio se tornará maior para pequenas e médias empresas, uma vez que muitas corporações, principalmente americanas e chinesas, têm acesso a capital de baixo custo e conseguem garantir o fornecimento por barganho, estoque ou verticalização.

O obstáculo torna-se ainda maior quando a China reconhece que pode se tornar hegemônica ao controlar matérias-primas essenciais para muitos componentes, inclusive, criando dependência militar americana ao fornecimento chinês. Todos esses desafios em conjunto são ainda insignificantes ao lado das consequências do aquecimento global — que poderão, por exemplo, encarecer e ameaçar o transporte marítimo. Outro fator é que muitas empresas ainda dependem de suprimentos *just in time,* método dos anos 1970, que já falei aqui e que de fato revolucionou a forma de se estocar com cortes de desperdícios, redução de custos e aumento de produção. No entanto, em casos como foi na pandemia, uma crise com interrupções mundiais, é preciso visibilidade total das previsões e produções em todos os estoques para que uma nova logística de materiais seja feita para locais de prioridade. E sem acesso aos dados em tempo real, é difícil reagir com eficácia.

Não é nenhuma novidade que cadeias de abastecimento globais sempre foram vulneráveis às crises nos principais países exportadores e, quando falamos em algo mundial, a problemática pode — e muito provavelmente será — devastadora. Nações mais fortes conseguem se antecipar e tomar medidas protetivas, como o Japão, que disponibilizou US$2,2 bilhões de incentivo para que as empresas nacionais que operam em outros países asiáticos voltassem a fazer negócios em solo nativo. Ou os Estados Unidos, que apresentaram um projeto de lei para que o governo assumisse as implicações de custos decorrentes das empresas que optassem por retirar suas bases de produção da China. No entanto, outros países sofreram com o retrocesso. Veja, por exemplo, o caso de regiões como a Nigéria, que têm seu crescimento do PIB altamente correlacionado ao setor, 40% do total das importações em 2019 foram resultado do fluxo contínuo de bens e tecnologias, além de capitais do resto do mundo.

Com uma logística de cadeia de suprimentos baseada em dados manuais e estáticos, a Nigéria ficou para trás em relação aos seus pares em outros países. As organizações enfrentaram atrasos nas compras de matérias-primas e produtos no mercado internacional devido aos longos prazos de entrega, causados, principalmente, pelo atraso na liberação dos portos devido à capacidade limitada nas instalações portuárias, congestionamentos crônicos do tráfego de cargas e veículos pesados nas estradas de acesso, e também pela concentração excessiva de atividades comerciais e baixa adoção de tecnologia para logística e despacho.

A verdade é que o processo de *supply chain* da Nigéria é praticamente o mesmo que ocorre na maioria dos países. Começa com a obtenção de insumos para a produção com os fabricantes, boa parte proveniente de países estrangeiros, que serão usados junto a produtos de origem local para a confecção de produtos semiacabados e acabados. Esses produtos serão enviados para entrega de distribuidores ou consumidores finais. Obviamente, a solução está na reavaliação de estratégias e investimento em tecnologias, mas nem todos têm acesso a isso.

O investimento em tecnologia é fundamental. Minimizar custos, mitigar erros e maximizar lucros é o que busca uma logística integrada e inteligente. Conectar o ecossistema do fluxo de informações entre fornecedores, fabricantes, distribuidores e clientes em tempo real, a fim de gerar visibilidade dos processos, é alcançar a resiliência e responsabilidade que uma cadeia de suprimentos eficiente demanda. Primeiramente, é preciso automatizar, mas de uma maneira hipercombinada com inteligência artificial, *machine learning* e com automação de processos robóticos. É importante lembrar que no futuro a ideia é que pessoas e empresas deleguem cada vez mais autoridade de tomada de decisão a aplicativos inteligentes e *softwares,* ou seja, espera-se que a hiper automação aumente a capacidade de uma cadeia de suprimentos autônoma.

Para atingir essa qualidade no *supply chain,* o uso da IoT é fundamental. Com rastreamento dos seus ativos com sensores e dispositivos habilitados, sua base física estará sempre alinhada ao seu *Digital Supply Chain Twin,* que permitirá sua tomada de decisão local e *end-to-end* para a cadeia de abastecimento. Com dados fidedignos de seu ambiente operacional, você poderá prever inventários precisos com gerenciamento de níveis de estoque e informação sobre chegada de matérias-primas ou componentes para linhas de produção, tudo em tempo real. A IoT também lhe dá o gerenciamento planejado de manutenções preditivas para fabricação dos produtos, contabilizando redução do tempo de inatividade e economia de custos.

Já a implementação da robótica poderia, por exemplo, resolver parte dos problemas de distribuição da Nigéria. Dentro de uma cadeia de suprimentos, robôs autônomos podem aumentar a produtividade do trabalhador, providenciar estabilidade de mão de obra e utilização, diminuir custos de longo prazo, reduzir a taxa de erro e frequência de verificações, otimizar os tempos de coleta, de classificação e armazenamento, bem como proporcionar acesso a locais difíceis ou perigosos. Por mais que muitos ainda tenham ressalvas, logo os robôs autônomos começarão a trabalhar com habilidades mais humanas em ambientes operacionais. O *blockchain* aparece como a cereja do bolo, garantindo confiança na solução de produtos falsificados tanto para fabricantes como consumidores, que podem rastrear os produtos do início ao fim da cadeia. Fora que contratos baseados em *blockchain* podem melhorar e acelerar negociações.

Durante a pandemia, a Nike dependeu do uso da tecnologia de identificação por radiofrequência (RFID) para identificar e rastrear automaticamente todos os seus calçados e a maior parte de suas roupas. Durante a crise na cadeia de suprimentos, a Nike alavancou a visibilidade de seus estoques e rastreou 1 bilhão de unidades, com capacidade de leitura de 99,9%. A empresa espera que a RFID reduza o custo de manutenção de estoque e transporte, além de aumentar a vantagem competitiva de escala na cadeia de abastecimento, pois podem prever a demanda e remanejar estoques de forma estratégica, com base nos recursos de dados adquiridos por meio da aquisição da Celect, em 2019, empresa de análise preditiva e de detecção de demanda.

Também não podemos nos esquecer da importância da gestão de pessoas em uma empresa. Ela é tão significativa quanto qualquer outra esfera que se possa pensar, como redução de custos e otimização de frotas ociosas. Para provar o que estou falando, trago para vocês um *case* de um grande amigo, Eduardo Bortotti — *Head Facilities* em Mobilidade Corporativa, que não só mudou a cultura da empresa em que atua, uma das maiores empresas de distribuição de energia elétrica do país, como de muitas outras. Há anos no ramo de gestão de frotas, Bortotti ressalta que a preocupação existente no mercado é grande, principalmente, quando o tema é frota ociosa, assunto que nunca deixou de ser questionado, embora não de forma integrada. Até que um caso específico, tornou-se inspirador para essa visão.

Um dos colaboradores da área financeira foi obrigado a ficar até mais tarde para fechamento no escritório sediado em Alphaville, Barueri-SP. Para voltar para a casa, o colaborador, que morava na época em Paulínia (interior de São Paulo, a cerca de 115 km de distância), tinha disponível o aplicativo da cooperativa de táxi utilizado pela empresa. O custo da viagem foi de R$450. Sem saber como explicar a situação para o seu chefe e indignado com o valor, o funcionário telefonou ao meu amigo Eduardo e ponderou: quais eram as opções tarde da noite? Talvez um carro do aplicativo 99 Táxi com reembolso da empresa, caso tivessem motoristas disponíveis. Entretanto, sinceramente, com a bandeira dois do período da noite, o gasto teria sido menor, mas ainda não condizente. Foi então que Eduardo questionou se ele tinha habilitação para dirigir.

Na época, a empresa tinha um contrato com uma locadora de carros ali na proximidade e aquele funcionário poderia chamar um táxi até a locadora para pegar um veículo com diária de R$120,00. Outro questionamento ao colaborador foi se ele se importava em usar um carro da empresa para fazer esse translado para casa e o devolvesse pela manhã, já que o veículo estava parado no pátio no período noturno e essa viagem custaria apenas R$90,00. Ele não sabia dessas possibilidades, mas Eduardo pensou nessa logística.

Havia várias soluções de mobilidade para os colaboradores, mas que não estavam sendo centralizadas no usuário. Este não vai se atentar para entender qual a melhor forma, é uma questão de comodidade. Como no caso citado, há inúmeras diferenças entre as viagens, cada qual tem sua forma de ser otimizada: horário de trânsito, tarifa dinâmica, bandeira dois à noite, mais econômica, sustentável e por aí vai. Agora, e se a empresa passar a oferecer a melhor opção de forma personalizada por meio de um aplicativo único? Entender que a decisão estava nas mãos da empresa, e não do usuário, foi um grande momento de virada para o Eduardo, que passou a elaborar um audacioso projeto: um aplicativo integrado a todas as plataformas de mobilidade, em que o usuário colocasse seu ponto de partida e destino para que algoritmos conseguissem calcular a melhor opção disponível e proporcionassem uma alternativa para o usuário, fosse táxi, locação de veículos, os carros do *pool* da empresa ou até mesmo ambos.

A partir dessa ideia, a empresa, que trabalha no ramo de energia, passou a entender como poderiam realizar um projeto de mobilidade de forma eficaz e que provasse a redução de custos e gastos. Para isso, compararam os dados de telemetria da frota e os dados fornecidos pelo aplicativo de táxi, olhando origem e destino. Ao cruzar essas informações com uma ferramenta de geoestatística, Eduardo descobriu, por exemplo, que 18% dos deslocamentos eram feitos por duas ou mais pessoas com origem e destinos iguais e em horários parecidos, porém que viajavam em modais diferentes e que poderiam ser compartilhados de forma econômica. Outro ponto importante descoberto foi a quantidade de frota ociosa que poderia ser devolvida, vendida ou realocada, o que resultaria em uma economia muito maior que o próprio investimento, pensado inicialmente, e que sofreu uma redução considerável com outras ideias.

Apesar da empresa já ter um contrato com uma desenvolvedora de TI (Tecnologia da Informação), que poderia elaborar o aplicativo, Eduardo queria reduzir os custos, bem como otimizar ao máximo o funcionamento do sistema. Portanto, era preciso criá-lo para o mercado, pois as diferentes rotinas de viagens ajudariam a desenvolver algoritmos para tomadas de decisão. Seria mais benéfico para todos se mais pessoas utilizassem o sistema. Dessa maneira, reuniões com dezesseis empresas de telemetria, *startups*, desenvolvedoras de *softwares* e empresas de mobilidade fizeram uma peneira para encontrar a proposta perfeita e confiável. A finalista foi a *startup* Mobicity. Sem propriedade nenhuma do projeto, a única exigência era que eles fossem mantidos como idealizadores e fossem os primeiros a usar o aplicativo.

Em 4 meses, tempo mínimo para a criação de um produto viável, com todas as plataformas integradas, o aplicativo já estava disponível para cinquenta usuários testarem. Ao longo de 2 meses, essas pessoas passaram análises diárias sobre o *software*, desde melhorias às reclamações que poderiam ser otimizadas. A ideia era inseri-lo aos usuários de forma gradual, no entanto, faltando um mês para a conclusão do projeto e expansão para toda empresa — uma das duas únicas alternativas disponíveis — a cooperativa de táxi encerrou as operações, forçando a companhia a mudar sua cultura drasticamente.

Todavia como fazer essa virada com o menor impacto possível para os usuários? Um evento de mobilidade. Com todos os parceiros convidados, eles envolveram os colaboradores no tema, com uso de patinetes elétricos e demonstrações do aplicativo. Os cinquenta grandes usuários participaram como embaixadores do evento, demonstrando a experiência que tiveram com o uso do aplicativo e sanando dúvidas daqueles que tivessem. De cinquenta usuários, em apenas um fim de semana, eles passaram para 1500. O evento superou as expectativas, a implantação foi um sucesso e o investimento feito foi pago em apenas 4 meses de uso. Atualmente, 3 anos após a efetivação do aplicativo, a plataforma soma cerca de 4000 usuários e a companhia contabiliza 3 milhões de reais em economia, cem carros ociosos retirados da frota, além da evolução para todas as empresas do grupo. Alguns feedbacks para o Eduardo tornaram o *case* mais gratificante ainda, como os usuários que relataram a intuição do aplicativo em transformar as viagens prazerosas, mesmo para aqueles que não estavam preparados para utilizá-lo.

Meu amigo Bortotti foi nominalmente reconhecido no Fórum Econômico Mundial da ONU, em 2020, como idealizador de uma das melhores iniciativas de mobilidade corporativa sustentável. Embora a tecnologia seja essencial, se você prestar atenção ao que eu disse, resiliência não vem da autarquia. Portanto, meus caros, a solução também não está apenas na tecnologia. Se deixar de lado o fator humano, esqueça. E não, não estou me contradizendo, haverá mais máquinas, mas os poucos colaboradores devem ser valorizados e integrados. Conforme mais máquinas, algoritmos e sensores fazem parte de nossas vidas, novos desafios aparecem, em que seres humanos bem treinados serão fundamentais.

Empresas alimentícias que entregavam para escolas e restaurantes perderam muito com a pandemia. Por outro lado, com famílias inteiras ficando em isolamento, com viagens limitadas aos supermercados, novas oportunidades surgiram. Para a multinacional Kellogg's Company, a crise cortou de um lado, mas dobrou de outro com o impulsionamento em vendas de alimentos consumidos em casa. Nos primeiros nove meses de 2020, o aumento foi de 7% em relação ao mesmo período no ano anterior.

Com isso, a produção e logística de ponta a ponta sofreram alterações. Rapidamente, as principais unidades de manutenção de estoque esgotaram muitos grãos armazenados em silos e depósitos. Funcionários da Kellogg's, fornecedores e parceiros de transportes se dedicaram muito para aumentar a produção e carregar mais rápido os caminhões e contêineres. Equipes de compras vasculharam o mundo em busca de novas fontes de papelão para ajudar a compensar o gargalo deixado pelos atrasos de remessa causados pela pandemia da covid-19 do fornecedor coreano. Encontraram um novo fornecedor de papel cartão na região da Nova Zelândia que, apesar de ter o custo mais elevado, seria compensado pela redução com transportes. Fornecedores mais próximos, a diversidade da cadeia de suprimentos e o espírito humano da equipe fizeram com que a Kellogg's saísse da crise com ganho de mercado.

Isso é *supply chain*, parte da mobilidade que dá acesso desde suprimentos básicos aos mais complexos para toda população mundial. Quando organizado, tem a capacidade de erradicar pandemias, mas, por questões políticas ou geográficas, pode se tornar mais um desafio a ser superado.

GOVERNANÇA E *COMPLIANCE*

Por fatalidade do destino, foi um acidente de motocicleta que colocou Sir Adrian Cadbury, homem que viria a ser o pioneiro da governança corporativa, no mundo dos negócios. Descendente direto de John Cadbury, o comerciante Quaker que, em 1824, iniciou sua vida vendendo café, chá e chocolate em uma barraca em Birmingham. Adrian foi obrigado a assumir o lugar de seu irmão mais velho, vitimado no acidente, na empresa da família. Administrador competente, logo foi eleito presidente do conselho, trazendo modernidade ao grupo familiar e permitindo acesso a mercados internacionais, mas sem jamais abrir mão da gestão baseada em confiança e trabalho em equipe comprometida com altos padrões éticos. Anos depois de se aposentar, seu sucesso o levou a ser convidado pelo governo britânico para ajudar as empresas a recuperarem sua credibilidade após escândalos de corrupção e fraudes. Então surgiu o *Cadbury Code*, documento lançado em 1992, que serviu como processo inicial para o Código de Governança da União Europeia.

Porém, por mais brilhante que Sir Adrian fosse, talvez ele esperasse demais do comportamento das pessoas, criando a expectativa de que elas agiriam certo apenas por receber incentivo. Ele não era um defensor de um universo movido a *compliance*. Entretanto, no mundo acirrado em que vivemos, para mitigar riscos e prosperarmos, ele é necessário. Tudo bem, empresas não se sustentam sozinhas, precisam de relacionamentos. Mas para isso ser saudável, é preciso organização e alinhamento de interesses.

Isso é o que chamamos de governança corporativa, o que inevitavelmente deve resultar em um *compliance*, ou seja, uma espécie de normas que as pessoas devem seguir dentro de uma organização. Imagine comigo: em um barco, cinco pessoas remam para um lado e as outras cinco para o outro. Aonde chegarão? Capaz de se formar um redemoinho, mas não sairão do lugar, certo? As intenções podem ser boas, contudo o resultado não será. O mesmo acontece com os negócios.

Certa vez, ouvi uma história de uma pequena empresa brasileira que começou a criar suas raízes no setor e cresceu de forma desproporcional. Porém, o fundador conseguiu seguir dessa maneira, abrindo lojas por todo o país, mas ao falecer, seus filhos tomaram conta. Enquanto um queria investir no *e-commerce*, o outro tinha pretensões de continuar a alavancar as lojas físicas e não queria abrir mão de nenhuma delas, pois representavam a memória do pai. Contando assim pode até não parecer tão desafiador, mas some a isso uma tremenda crise no setor, daquelas que levam à falência e fecham as portas das quatorze lojas distribuídas pelo maior país da América Latina. Durante essa jornada, contabilize também colaboradores extremamente descontentes, organizando protestos, mobilizando a sociedade a boicotar a marca, inúmeros processos trabalhistas, prejuízos a terceiros, entre outros.

Logo, uma a uma, as lojas foram apagando suas luzes e acumulando milhões em ruínas, um triste marco para o mercado em que atuavam. Sabe por quê? Além dos irmãos não terem nada em comum, e não se alinharem frente ao mercado em que atuavam, também não buscaram entender o melhor caminho para contornar a crise e, muito menos, contrataram um conselho que pudesse orientar e acertar quais as medidas necessárias para salvar a empresa da melhor forma: ou com as lojas físicas ou com as vendas online. Em maio de 2021, o valor do saldo negativo era de mais de R$200 milhões de reais. Não é difícil entender a necessidade de alinhar os conceitos. Dei um exemplo da ponta da cadeia dentro de uma empresa, agora pense em um frotista que tem que colocar mais de 5 mil colaboradores dentro de um *compliance*. É necessário avaliar alguns pontos para que isso aconteça de forma coesa, como transparência, equidade, prestação de contas e responsabilidade corporativa. Se essas questões estiverem unidas a todas as tarefas que precisem ser desempenhadas, o caminho para o objetivo fica mais tranquilo.

Por mais que empresas como a Uber possam dizer que os motoristas são autônomos — no momento que a marca está exposta —, mesmo que indiretamente ela está vinculada às atitudes daquele motorista. Se for um caso isolado, talvez ela consiga se proteger, mas a capacidade de distribuição desproporcional das redes sociais pode transformar um cisne negro no efeito borboleta que tira bilhões em valor de mercado.

Outro exemplo focado em frotas — e, pasmem, bastante comum — é de motoristas que saem para fazer atividades ilícitas com carros adesivados ou provocam acidentes por causa de imprudências. Sabe aquela mercadoria que a pessoa está esperando há um tempão e o pacote chega todo amarrotado e com o produto danificado? Pois é, olha a falta que um *compliance* faz.

Em resumo, eu poderia dar centenas de outros exemplos que deixassem clara a importância da governança corporativa, porque isso gera resultados em relação à satisfação do cliente, redução de custo e otimização de recursos. Porém vamos falar sobre o momento que o mundo viveu entre o final de 2019 e o ano de 2020. A popularização do teletrabalho por conta da pandemia da covid-19, que venho citando ao longo deste livro, foi um divisor de águas para todos os setores. Se já era um desafio impor regras e fazer com que os colaboradores seguissem o *compliance* presencialmente, à distância se tornou um abismo. Diga-me, como vamos monitorar as pessoas, ainda que em horário de trabalho, dentro de suas casas? E a privacidade? Com certeza esse é um cenário que se tornou muito mais relevante.

No entanto a logística lida com isso desde sempre. Um gestor de frotas trabalha com a confiança diariamente, mas longe da perspectiva de Cadbury, ele não pode se basear só nisso. Além de treinamentos intensos e cartilhas a serem seguidas, é necessário contar com a tecnologia como uma forte aliada nesse quesito, principalmente, quando falamos nos motoristas, que povoam o setor. Com uma câmera conectada à inteligência artificial resolvemos grande parte dos problemas. Enquanto um dispositivo fica acoplado virado em direção à pista, para trazer análises do comportamento do veículo, outra câmera está virada para o motorista, de modo que assegure que ele mantenha uma postura profissional. Falando assim, parece ruim, mas, sinceramente, poderia escrever um livro apenas de histórias sobre as contravenções de colaboradores, e como a tecnologia nos ajudou a solucionar esses casos. Quem sabe um dia.

Desta forma, as câmeras são dotadas de uma inteligência artificial capaz de reconhecer padrões que fogem das leis e dos regulamentos internos de uma empresa. Qualquer que seja a atitude considerada reprovada pela constituição ou pela organização será gravada. Portanto, quando o comportamento inadequado ou a infração é cometida, o responsável de *compliance* recebe a informação e poderá tomar as medidas cabíveis a partir de dados precisos e com a "prova do crime".

Mas nem tudo nas câmeras é sobre penalização, pelo contrário, elas também estão ao dispor de algo muito maior. Com o uso delas, podemos bonificar aqueles colaboradores que cumprem não só o *compliance* como também as regras de trânsito. Em uma empresa com 5 mil colaboradores nas ruas, o gestor consegue fazer um *ranking* de confiança, ou seja, aqueles que forem mais responsáveis em relação às leis e normas podem ganhar prêmios, experiências, enfim. É uma ótima jogada para que a governança corporativa esteja em dia. E para o "fora da lei", as medidas educativas, reciclagens e até mesmo demissões podem ser feitas de modo que haja sempre um time eficiente à disposição. Como o caso do João que contei, ele é um excelente exemplo sobre reciclagem de colaboradores.

Pense que esse tipo de atitude é também um incentivo à sociedade como um todo. Por qual motivo alguém gostaria de ser continuamente pego fazendo coisas incorretas? Com os estímulos apropriados, o errado pode se tornar o perfeito. Veja que com um sistema de *driver feedback*, que dá toques a atitudes erradas no trânsito, já há um aumento de 400% na dirigibilidade segura. Tenho certeza que conseguimos chegar a patamares ainda melhores com câmeras *safety*. A média no aumento de pessoas que passam a adotar comportamentos mais prudentes no trânsito com adoção das câmeras é de mais de 400%. Tudo isso são dados vivenciados por mim em uma das maiores empresas do país. Ou seja, se na sua frota com cem motoristas, havia vinte bons, após implantar a tecnologia, você passa a ter oitenta. Em resumo, é menos dor de cabeça com uma otimização extraordinária.

Para concluir, estamos diante de um contexto que afeta a mobilidade em relação à empresa e a todo o trânsito, pois motoristas eficientes e responsáveis contribuirão com menos acidentes, além de garantir o acesso da população aos produtos entregues com qualidade. E o que são melhorias, senão espirais de boas ações combinadas à organização?

ROUBOS E FRAUDES: COTIDIANO DE UM FROTISTA

Já falei sobre o eterno *Tom & Jerry*, não é? O crime é ardiloso e cada vez mais ganha espaço com a tecnologia. O roubo de carga é endêmico globalmente, desde os tempos em que os piratas atacavam navios mercantes no mar, ou mesmo os ladrões de estradas que atacavam as carroças que levavam mercadorias. Ou seja, desde que o mundo é mundo. Inclusive, roubos são tão atemporais que piratas continuam a representar um desafio enorme para a logística marítima.

De acordo com os últimos dados do *ICC International Maritime Bureau* (IMB), o Golfo da Guiné, importante rota para o comércio marítimo mundial, é um dos locais mais perigosos para se navegar. O relatório global de pirataria demonstrou que 43% de todos os incidentes relatados no primeiro trimestre de 2021 aconteceram na costa ocidental da África. Assim como em terra, os criminosos estão bem equipados para atacar longe da costa e não têm medo de serem violentos. Foram trinta e três embarcações abordadas, duas tentativas de ataque, duas embarcações alvejadas e uma sequestrada. Dessas embarcações, quarenta tripulantes foram sequestrados e um foi morto.

Voltando para a logística terrestre, é fato que há uma predileção esmagadora por caminhões como produto de roubo — na logística, 87%, como mostra o relatório *BSI & TT Club Cargo Theft Report 2020*. A análise traz dados de roubos de caminhões em 2019:

- da América do Norte, com 86%;
- da América Latina, 91%;
- Europa, 35%;
- África e Oriente Médio, ambas com 62%;
- e Ásia com 47%.

E agora, aparentemente, também pela indústria de alimentos e bebidas com 28%. As modalidades também são um diferencial:

- os sequestros representam 26%;
- enquanto o roubo do veículo 16%.

Os locais em que as ações acontecem também variam:

- em trânsito 37%;
- área de descanso 16%; e
- estacionamentos inseguros nas estradas 7%.

Enquanto a América do Norte registra uma dicotomia — o Canadá soma 6% dos roubos reservados de cargas desacompanhadas registrados, já os Estados Unidos 26%, e os sequestros frequentemente violentos no México, 66% —, a América do Sul é a região que mais sofre com o roubo e sequestro de caminhões no mundo. O Brasil é campeão, com

91% dos incidentes registrados pelo relatório com a discrepante distância da Argentina, com 3%; Peru e Chile com 2% e Colômbia com 1%. A maioria é por sequestro (53%), veículos em trânsito (64%), mas a boa notícia é que operações policiais especiais, como a nomeada "Essencial", organizada, em 2019, pela Delegacia de Investigações Gerais (DIG) da região de Limeira, em São Paulo, tem investigado e se empenhado em capturar integrantes envolvidos nesses crimes. Em 2020, foram registradas 14 mil ocorrências de roubos de caminhões, o que parece pouco, comparado aos números desse modal nas ruas — que ultrapassaram, no mesmo ano, 2 milhões —, mas nosso pensamento muda quando os dados apresentam o prejuízo de R$1,2 bilhão.

Em estudos de 2020, a *Supply Chain Risk Industry Partnership* mostra que o valor total dos bens roubados, globalmente, todos os anos, chega entre 20 a 30 bilhões de dólares. A maioria dos incidentes acontece em transportes terrestres e marítimos. O negócio é tão feio que o relatório aponta até os dias que mais se roubam cargas, que são as terças e quintas-feiras. Ou seja, isso representa um cenário constante de *Tom & Jerry*, pois as empresas precisam estar um passo à frente se não quiserem que o criminoso leve sua carga e vice-versa. Na maior parte das vezes, quando um veículo é abordado por criminosos eles já sabem exatamente qual é o carregamento, quanto vale e, possivelmente, já têm até um comprador final. Sendo assim, eles examinam tudo e criam tecnologias para que isso dê certo, por vezes, tornando-se mais organizado do que aqueles que combatem (polícia, seguradoras, gestoras de risco, empresa de pronta resposta, empresas de tecnologia e soluções).

Como estamos do lado dos mocinhos e sabemos que a solução mesmo está na combinação da aplicação de leis efetivas — com o aumento da conscientização da indústria e da população em proibir o manuseio de bens roubados e tantas outras ações —, é importante fazermos uma parte essencial de redução de risco para ganhar de vez dos vilões nessa jogada, que é usar a tecnologia. O *jammer* não é novidade se você é familiarizado com o universo da tecnologia — ou se é criminoso. Essa é a arma do vilão, capaz de bloquear os sinais e frequências dos veículos, impedindo o condutor de sinalizar o ocorrido e também ocasionar a perda de conexão, que faz com que o gestor não tenha ideia de onde ou para qual local a carga está sendo levada. É um pulo do gato sem igual. Pulo este bastante prejudicial para toda a sociedade, já que o uso do *jammer* pode impedir que pessoas façam ligações para emergência, por exemplo. Em suma, não tem o que ser feito. A não ser por meio da telemetria, que identifica que o equipamento está sendo utilizado, fazendo com que seja rápida a ação do motorista ou mesmo da polícia. Como costumo dizer, a tecnologia acabou com o *Tom & Jerry*.

No entanto, obviamente, o *jammer* não é utilizado apenas em roubos de cargas. Ele também é um equipamento escolhido por assaltantes de bancos, golpistas de caixas eletrônicos, ladrões de carros, sequestradores, grupos de extermínio e até mesmo por criminosos em fuga que querem anular o sinal da tornozeleira eletrônica. O problema é que há equipamentos de uso ilegal à venda na internet e, em alguns casos, com alertas de que a responsabilidade é do comprador. Convenhamos, a responsabilidade de fato se estende a todos, ainda mais quando as ações criminosas também o fazem. Voltando às questões empresariais, para vocês entenderem que o *jammer* quase nunca vem sozinho, e sim acompanhado de outras atitudes, os criminosos também se valem de outras abordagens, como a corrupção de funcionários responsáveis pela instalação do equipamento de segurança, por exemplo.

Com informações privilegiadas sobre a prevenção aos roubos, as facções criam contraestratégias, que demandam das empresas de telemetria uma constante atualização dos funcionários, enquanto a tecnologia se populariza. Ainda há outros tipos de crimes cometidos por funcionários, como roubo de combustível e de peças automotivas, e golpes piores, como usar a frota para o tráfico de drogas. A IoT é capaz de diminuir ou cessar esse cenário. Os dispositivos geram informações em tempo real, que permitem não somente a prevenção de atitudes como essas, mas também um ambiente mais seguro para todos.

Para se ter uma noção de como a prevenção de roubos envolve o ato de predizer as atitudes, me lembro de uma história simples, mas que exemplifica isso muito bem. Quando era criança, vi pela primeira vez um mecanismo de segurança para veículos de passeio, que travava o câmbio com o uso de uma trava de aço no formato de U. Certa vez colocado, ele não permitia o ladrão mudar a marcha. Então, mesmo que conseguisse dar ignição, não poderia roubar o carro. Achei interessante e fiz uma pergunta óbvia, porém, a resposta não foi. "Então isso é para o ladrão não conseguir roubar o veículo?", perguntei. "Não", começou a resposta, "o ladrão consegue neutralizar esse mecanismo também. Mas agora ele tem incentivo de procurar outra vítima cujo veículo é mais fácil roubar".

REDUÇÃO DE COMBUSTÍVEL

Quando ingressei na Pointer by PowerFleet Brasil, em janeiro de 2019, eu sabia que um dos meus objetivos primordiais era crescer com os gigantes. E eu o fiz. A partir do meu contato com o Diretor de Suprimentos e Logística da Telemont Engenharia, Antonio Machado, pude concluir um dos meus *cases* de maior sucesso. A gigante do setor de telecomunicações buscava uma solução para a redução de combustível, mas não apenas isso, já que não queriam algo simples. Na hora, soube que deveríamos criar uma solução inédita para eles. Que atendesse às demandas e, consequentemente, trouxesse benefícios em longo prazo para todos. Por isso, juntos, desenvolvemos um *case* que não só mudou o rumo da redução de combustível no mundo, como também trouxe uma ponte para a construção de um futuro mais próspero e sustentável.

Claro que um trabalho como este exige muito esforço e dedicação. Foram mais de 380 horas de trabalho, uma equipe com cerca de quinze profissionais e 190 reuniões. Nosso principal objetivo era alinhar o conceito de como reduzir o combustível de uma grande frota com eficácia à implantação do projeto em 8,5 mil veículos durante o período de 1 ano de testes. Antonio Machado foi essencial para o sucesso desse projeto, já que, diante da necessidade de implantarmos uma solução inteligente que compreende as complexidades operacionais de uma frota, nos deu total aval para enfrentar tal desafio. Me lembro bem que o diretor de suprimentos pontuou:

> Foi um enorme desafio e uma grande conquista, tendo em vista que não há nada similar no mundo! Isso somente foi possível usan-

do a larga experiência do time da Telemont em gestão de frotas e a expertise da equipe da Pointer em entender nossa 'linguagem' e traduzi-la em uma solução. Em adição a isso, aplica-se nossa preocupação em reduzir a emissão de gases poluentes, tornando a empresa mais consciente sobre a necessidade contínua de preservar o meio ambiente. (Machado, 2019).

Esse tipo de discurso me motiva cada vez mais, é uma empresa não só preocupada em solucionar o problema com o maior de seus insumos, como também se preocupa em reduzir a poluição do meio ambiente.

O *Pointer Smart Fuel,* solução internamente chamada de Combustível 360 (CB360), foi desenvolvido para que a redução de combustível atingisse o equilíbrio em todos seus pilares: social, econômico e ecológico. E os resultados do uso da tecnologia avançada são realmente expressivos. Apenas no *rollout* do programa atingimos uma economia de 26% de combustível por mês na frota de 1.450 veículos da Telemont operante no Centro-Oeste.

Com dados exatos, o gestor de frota ganhou credibilidade ao precisar a quantidade de combustível que será utilizada por trajeto em todos os trabalhos para cada veículo de forma justa, sem prejudicar os colaboradores, incluindo o translado de ida e volta da casa do funcionário no final do dia. Tudo isso é feito de forma automática, sem a intervenção manual de pessoas. Atualmente, um ano e meio após sua instalação definitiva, significa 15% de economia com combustível e a mesma quantidade em redução de poluentes. Assim, considerado um dos maiores insumos de qualquer organização, a redução de combustível atendeu os anseios da Telemont, colocando-os à frente do mercado. Essa redução de custo, dentro da logística e para a gestão de frotas, é considerada uma das mais importantes, que interfere diretamente no preço do consumidor final e auxilia na luta a favor do meio ambiente, ou seja, mobilidade de ponta a ponta.

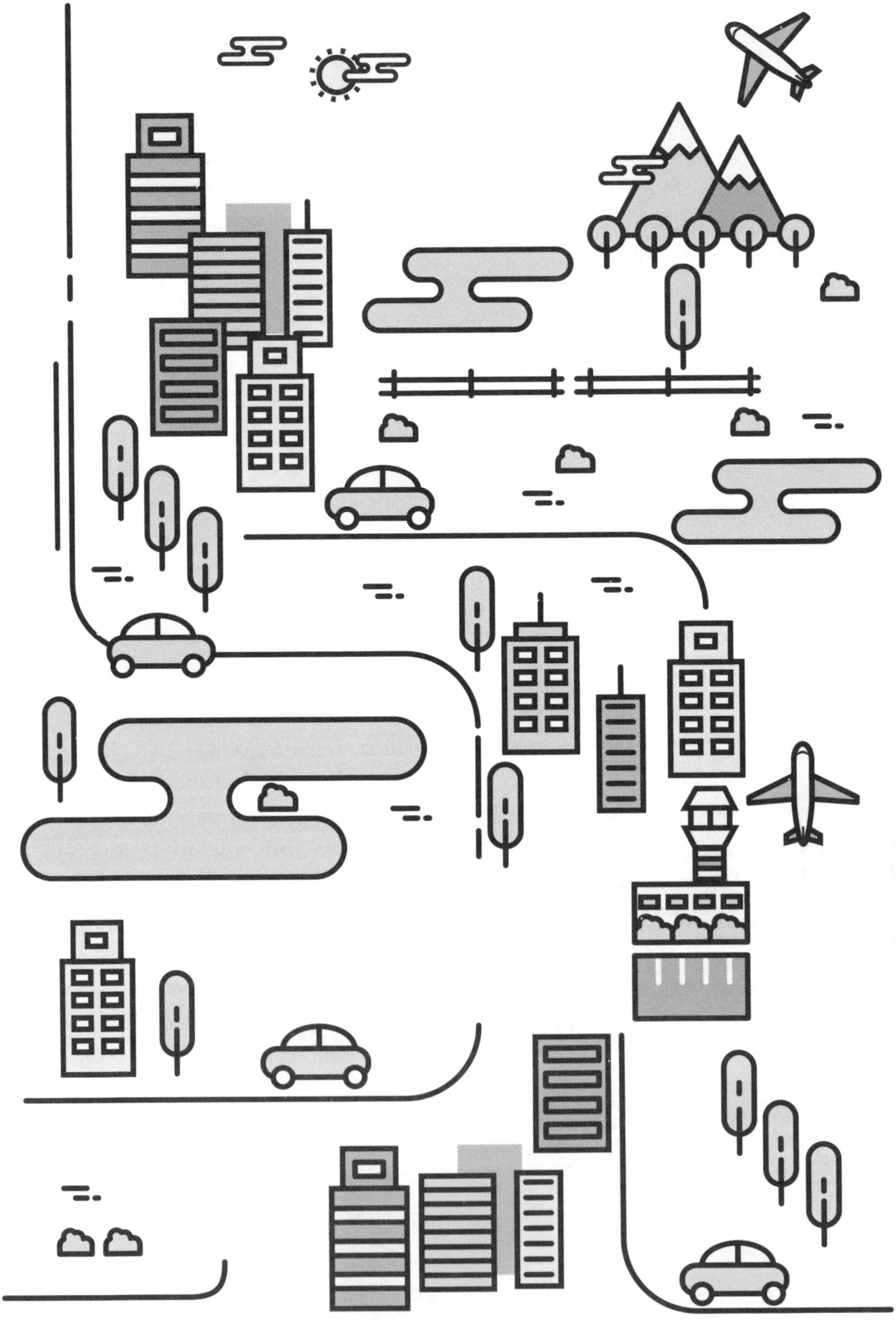

6 O ECOSSISTEMA

No primeiro capítulo, *Mobilidade urbana*, voltamos aos primórdios da humanidade para retomarmos um pouco sobre a história da mobilidade. Falamos sobre como os homens se movimentavam a pé, em canoas, depois em cavalos e, posteriormente, em automóveis. Claramente, vocês sabem que nenhum deles é autossuficiente. Para que o nosso corpo consiga caminhar, por exemplo, precisamos de uma alimentação variada, com nutrientes, proteínas e vitaminas. Assim sendo, a não ser que você seja agricultor, cozinheiro e um excelente faz-tudo — ainda assim acho que precisaria de alguns ajudantes —, você, assim como a indústria automotiva e todo o resto do mundo, depende de um ecossistema. De preferência, coeso e funcional.

Na indústria automotiva ele é gigantesco, desde os setores de produção e distribuição direta, como as montadoras e as fábricas de peças, até aquelas que atualmente têm se transformado para atender novas demandas do mercado, que estão em constante evolução, os fornecedores de serviços e materiais. O fato é que vivenciamos uma profunda evolução com inovações tecnológicas e de comportamento que fizeram com que o mercado também avançasse de forma mais provocadora e disruptiva, obrigando as montadoras a nadar com diferentes tubarões, por assim dizer. As diferenças serão sentidas no mercado, nas leis, pelos clientes e, claro, pela mobilidade.

MONTADORAS

A indústria automotiva de produção e venda de carros com motores a combustão foi um sucesso por anos a fio, mas, há algum tempo, este modelo de negócio tem enfrentado sua maior disruptura: as tendências de mobilidade autônoma, elétrica, compartilhada e conectada. Demandas do novo mundo que nasceram e têm crescido mesmo frente a desafios, como a pandemia, tensões geopolíticas e comerciais. Também houve a entrada de gigantes da tecnologia, como a Google e a Apple, que atiçaram e atiçam a imaginação sobre o que vai acontecer no mercado, e, não obstante, há o fato de que uma novata como a Tesla, com menos de 20 anos de vida, já tem um valor de mercado dez vezes maior que uma centenária como a Ford.

Por isso, as constantes preocupações e discussões sobre o meio ambiente e o futuro também criaram leis e padrões mais rígidos quanto à temática, o que claramente impulsionou os fabricantes a se movimentarem por mudanças e introdução de novas tecnologias e conceitos. Investimentos em autônomos e elétricos são feitos em longo prazo, no entanto, com um mercado cada vez mais acirrado, há uma nova mudança de portfólio: a reorientação para o domínio total na produção dos novos materiais. Além disso, há a mudança de comportamento dos clientes, como aqueles que preferem os serviços de mobilidade à propriedade de automóveis.

Logo, indústrias que antes eram focadas em OEM (*Original Equipment Manufacturer*, que em livre tradução significa fabricante original de equipamento. Em suma, são os produtos fabricados para montadoras, e não para venda direta aos consumidores), agora se veem obrigadas a abrir seu leque de opções, com peças para reciclagem e carros compartilhados. Com ecossistemas de mobilidade, uma camada de serviço adicional entre a OEM e os usuários foi criada, repleta de benefícios.

Muitas empresas contemplaram o desenvolvimento de um ecossistema organizado e digital para ajudá-los a responder às possíveis pressões financeiras, ao mesmo passo que colaboram com um melhor desempenho frente ao setor. Podemos citar aqui três pilares dessa organização que desenvolvem bem essa base:

- O fluxo de receita e *core business*, que com ecossistemas maiores podem atrair acessos de novos clientes, otimizando o relacionamento e a entrega de demanda aos usuários.
- Os novos fluxos de receita, que facilitam transações adjacentes ou incrementais, como os derivados do desenvolvimento de plataformas de tecnologia ou integração de *hardware* e *software*.
- Os novos modelos de negócios, que também tendem a crescer, como os baseados na monetização de dados, taxas de uso da plataforma ou esquemas de pagamento por quilômetro.

Enquanto lacunas críticas de capacidade de captura e criação de valor são solucionadas com buscas de parcerias coordenadas e específicas, oportunidades despontam com um grupo que trabalha a partir de uma visão unificada, com propósitos comuns e aspirações de negócios alinhadas. Assim, os ecossistemas digitais são capazes de fornecer conjuntos interconectados de produtos, serviços ou soluções que atendem a uma vasta gama de necessidades do usuário final, ou seja, uma experiência integrada ao cliente com incentivos e benefícios econômicos para todos os envolvidos. Dessa maneira, por meio de plataformas, montadoras, fornecedores, empresas de transporte e usuários podem criar investimentos conjuntos que reduzem riscos e aceleram o desenvolvimento em prol de tendências que realmente importam. Ou ainda, compartilhar o orçamento em despesas de capital, especialmente, ao financiar projetos de infraestrutura de grande escala. Ainda entram nessa jogada outros participantes, como organizações não governamentais, grupos que lideram iniciativas de mobilidade, cidades e reguladores.

No entanto, primeiro, vamos falar sobre a gigantesca variedade de produtos OEM, que vão desde as peças comercializadas direto aos fabricantes, como já comentado, até as que atualmente passaram a ser usadas como base para produtos novos de reposição e comercializados em revendedores autorizados, como a ACDelco (para a General Motors) e a Motorcraft (para a Ford), até mesmo para os materiais utilizados na produção de carros novos. Iniciativas assim resultam em consolidações dentro do mercado de reposição tradicional, enquanto que as redes existentes expandem seus serviços ao longo da cadeia de valor. Parte dessa mudança está conectada ao fato de que diversos países vêm discutindo a restrição total dos motores de combustão até 2035, como é o caso dos países na Europa. Porém essas não são situações fáceis de serem atendidas, uma vez que para uma única montadora europeia atender as demandas das novas tendências seria preciso um investimento de cerca de US$70 bilhões nos próximos 10 anos, segundo uma estimativa do Grupo McKinsey & Company (2021), com uma projeção de redução do PIB mundial em cerca de 0.5% por conta das tensões comerciais.

Para que a Europa conseguisse atingir as metas de CO2, seria preciso ter vendido, apenas em 2021, cerca de 2 milhões de novos veículos elétricos. Também seria necessária a construção de um ecossistema gigantesco de indústrias adjacentes como, por exemplo, mega fábricas para atender à nova demanda de baterias, mais 300 a 400 mil estações de carregamento públicas. Fora outros pontos óbvios, como estradas, vagas, treinamento de funcionários e investimentos em legislações e políticas públicas. A enorme vantagem para a força motiva dessa cadeia de desenvolvimento é, sem sombra de dúvidas, a tecnologia. *Players* de outros setores, como *startups* de mobilidade, seguradoras e os próprios gigantes da tecnologia estão apostando suas fichas no mercado automotivo.

Uma das mudanças para as montadoras — e talvez a mais significativa no quesito comportamental — tem sido o compartilhamento de carros. Embora o setor da mobilidade seja dinâmico, é fato que será um ecossistema a parte fundamental para esse futuro. A parcela de clientes que prefere esse conceito à propriedade fez com que as montadoras otimizassem a eficiência e lucratividade frente a uma constante humana: a mobilidade. Com um forte histórico, a mobilidade compartilhada advém da Suíça, na década de 1960, quando a ideia começou a se expandir ao longo do tempo para incluir ofertas de micromobilidades compartilhadas, como as bicicletas. Evoluímos bastante desde então, novos modelos e serviços surgiram, tais como caronas com estranhos, dirigir o carro particular de outra pessoa, *scooters*, bicicletas e patinetes. Em constante ascensão, o *e-hailing* e *startups* que funcionam intermediando a oferta de veículos para transporte compartilhado, dividido e alugado, privados ou não, foi responsável pela maior parcela de gastos do consumidor global do mercado compartilhado em 2019, com cerca de US$130 bilhões do total de US$140 bilhões.

Contudo, embora as empresas automotivas tenham acordado para a mobilidade compartilhada, elas ainda representam apenas cerca de 4% dos investimentos. Desde 2010, foram investidos mais de US$100 bilhões no setor, sendo 72% de participantes de capital de risco e *private equity*. Já as empresas de tecnologia ficaram com aproximadamente 21%, o que certamente indica que as OEM precisam acelerar suas investidas em *carsharing*, que representaram em 2019, menos de 10% do total, o que não deixa de retratar a preferência pela conveniência do motorista em não dirigir e de não se preocupar com vaga e disponibilidade. Por isso, para o futuro, podemos esperar por táxis autônomos, aerotransporte e outros. Portanto, quando os ecossistemas conseguirem cobrir toda a cadeia de valor, além de oferecerem profundas mudanças, os usuários poderão aproveitar uma experiência incrível e ampla por meio de acessos únicos mais convenientes e econômicos.

CARSHARING - NADANDO COM TUBARÕES

Já falei sobre o assunto, mas quero retomá-lo um pouco. Há um enorme paradigma quanto à propriedade do carro que é preciso referenciar. Mesmo que seja um motorista de aplicativo, entregador e/ou motorista, se não compartilhado, seu carro passa boa parte do tempo ocioso. No entanto, esse, por si só, não foi um motivo de impacto na mobilidade compartilhada, além da baixa no relacionamento entre pessoa/automóvel, como já falamos aqui. Houve também outro grande ponto determinante para a mudança no comportamento humano decorrente da pandemia da covid-19. A crise econômica, o medo de voltar a depender de transportes públicos, incertezas sobre o futuro em conjunto com a decisão por escolhas mais saudáveis e a mudança "geracional", em que jovens não sentem o status inerente à propriedade, entre outras coisas fizeram do conceito de carros compartilhados algo totalmente aceitável. É como se o carro tivesse perdido sua relevância como *status* para se tornar uma solução.

Embora já tenhamos alcançado as opções mais sustentáveis, como os elétricos — modelos mais modernos que recebem tecnologias mais caras —, eles também custam mais caro, e é aí que a locação ou compartilhamento se tornam atrativos e convenientes também. Principalmente, quando ofertados pelas próprias montadoras, que podem oferecer serviços que atendam às expectativas dos clientes em termos de privacidade e segurança. Se a mudança de comportamento dos clientes — e a esperança das pessoas em relação ao futuro e à visão do mundo — fez com que a indústria automotiva se posicionasse para nadar em mares até então desconhecidos e novos, como o *carsharing*, acha mesmo que o serviço não seria otimizado? De primeira pode parecer desconfortável compartilhar um veículo, pois não há uma familiarização, mas aplicativos conseguem entregar possibilidades de configurar perfis de usuários com preferência de luzes, assentos, rotas e muito mais.

Com isso, nosso ecossistema cresce cada vez mais. Logo, conexões de internet mais robustas, serviços de entretenimento, rotas e parcerias serão fundamentais. Em 2017, a China e os Estados Unidos eram os dois maiores mercados de mobilidade compartilhada, com 24 e 23 bilhões de dólares, respectivamente. Grandes marcas, como a General Motors, Volvo, Ford e Renault, já aderiram e possuem seus próprios serviços de *carsharing*. Existem também empresas controladas por *joint-ventures* para atuar especificamente nesse mercado, como foram os casos da Share Now e Car2Go, que atuam com veículos na BMW e a Daimler da Mercedes.

Por isso, a Mercedes de Portugal dispõe de um aplicativo para os seus clientes, que permite a possibilidade de compartilhar seus automóveis com as pessoas que eles quiserem, tudo de forma organizada e segura.

O usuário coloca o carro para compartilhamento, indicando quando e onde quer deixá-lo, e caso tenha algum interesse, receberá a notificação. Isso é a tecnologia em avanço, o ecossistema criando braços para que a mobilidade tenha um novo futuro, pensando em todos os setores que a compõem.

OEM E SUCATA

Como comentei, as OEMs sofreram grandes perdas. Com o fechamento de terminais e portos de contêineres por conta da pandemia da covid-19, como o de Ningbo-Zhoushan, na China, um dos mais movimentados do mundo, teve sua capacidade de movimentação reduzida para um quinto. Uma grande ameaça ao crescimento econômico global, já que os efeitos colaterais criaram um aumento implacável nos preços de transporte marítimo (que dispararam cerca de US$15.800 para mover um contêiner de mais de 12 metros da China para a costa oeste dos EUA — dez vezes mais do que os custos pré-pandêmicos) e gargalos persistentes na cadeia de abastecimento.

Desse modo, a escassez de caminhoneiros para atender e o aumento no valor das matérias-primas, combinadas ao atraso no fornecimento de peças, acarretou outras crises, como a de semicondutores, impulsionada também pela alta demanda de veículos autônomos. Sem eles, as montadoras não conseguem instalar componentes eletrônicos que controlam sistemas, como de entretenimento, auxiliares de direção e recursos de segurança. Algumas fábricas chegaram a fechar temporariamente, como a Ford, que observou seu lucro líquido cair pela metade, a Jaguar Land Rover também estimou uma queda de 50% em suas vendas. A General Motors avisou que a falta de chips afetaria os resultados, enquanto a Stellantis, criada pela fusão da Fiat Chrysler e da PSA (Peugeot-Citroën), dona da Peugeot e da Citroën, alertou que fabricaria 1,4 milhão de carros a menos em 2021.

Parte do problema também foi que a pandemia aumentou a demanda dos fabricantes de dispositivos eletrônicos por aqueles que estavam isolados em casa e, como a indústria automotiva representa apenas um décimo da demanda global, eles ainda estão no final da hierarquia de semicondutores, mesmo com gastos de 40 bilhões de dólares em chips em 2019. O número de semicondutores usados na produção de um carro depende muito do seu nível de automação e, como já comentei aqui, existem seis categorias definidas pela *Society of Automotive Engineers* para o sistema de classificação AV comum, que variam de zero (sem automação) a cinco (automação completa com recursos de direção autônoma). Além de muitas OEMs terem dificuldade para obter o silício que corresponde exatamente às suas necessidades, existem poucas soluções adaptáveis aos *softwares* alvos das empresas.

Material fundamental e isolado pela primeira vez em 1824 — pelo químico sueco Jöns Jacob —, o silício é um dos principais componentes do mundo eletrônico, base para todos processadores que existem nos computadores atuais, e funciona como o semicondutor para o transistor manter sua resistência. Apesar de não ser difícil de achar — e, na verdade, ser um material bastante abundante na Terra —, ele também é utilizado para outros setores, tais como a construção civil, com o uso do cimento, e é o principal componente estrutural do silicone sintético.

Com a evolução tecnológica, cientistas já descobriram até uma forma confiável de cultivá-lo em cristais perfeitamente ordenados. Sendo assim, gigantes da tecnologia, como a IBM (International Business Machines Corporation), já apontaram a substituição do silício por outros materiais mais eficientes, como os nanotubos de carbono. O que também levou as OEMs a considerar a produção interna dos chips feitos sob medida para aplicações específicas, é que eles estão disponíveis apenas em algumas empresas de semicondutores, além da receita que eles devem gerar. Por exemplo, o chip feito para habilitar funções nos veículos autônomos deve alcançar 29 bilhões de dólares até 2030.

Embora as OEMs entrem na disputa pelo mercado de semicondutores, dos *smartphones* a eletrodomésticos, a maior parte do crescimento é decorrente da mudança para os sistemas que processam dados instantaneamente ao responderem por mudanças inesperadas. Elas, então, trabalham diretamente com os fornecedores de primeira linha, aqueles que conseguem definir requisitos do chip, contratam fabricantes de dispositivos integrados para projetá-los e selecioná-los e, posteriormente, os inserem nos sistemas, ou um fornecedor mais qualificado assume a liderança, tanto na definição dos requisitos necessários para aquele chip quanto pelo projeto.

Há ainda um terceiro modelo de negociações que tem se desenvolvido e cresce à medida que as OEMs se envolvem mais no *design*, que pode ser denominado de verticalização superficial. Elas definem os requisitos do chip e abordam diretamente os fabricantes de dispositivos integrados, transferindo a responsabilidade de garantia a eles, e os serviços de *design*, que passam a ser comissionados na produção. Esse modelo é custoso e dá poucas oportunidades das OEMs incorporarem suas próprias especificações. Também há o modelo de verticalização completa, que pode oferecer às OEMs uma discrepância frente aos seus concorrentes com produtos especializados, no entanto está dando seus primeiros passos para uma maior independência.

Com estratégias diferentes, como o desenvolvimento de seu próprio silício — arquitetura e *design* do chip com custos de material relativamente baixos ou formação de consórcios, em que várias empresas colaboram na produção —, ambas encontram dificuldades. Algumas destas são: o risco de assumir total responsabilidade e eventuais atrasos nas entregas por falta de funcionários qualificados e com experiência no *design* de chips. No segundo caso, pode ser difícil alcançar um acordo sobre requisitos e prioridades conjuntas dos processos. De qualquer forma, o mercado parece promissor, uma vez que, em 2019, os carros com automação nível 2, ou mais, demandaram 40% das receitas de chips automotivos. A previsão é que o percentual chegue a 85% até 2030. Há estratégias que podem ser adotadas pelas próprias empresas de semicondutores, como se beneficiarem da combinação do *know-how* e análise e talento em *software* para a produção. Imaginem: um chip com capacidade de dar ao veículo a percepção das pessoas nas ruas?

Também poderiam investir em novos talentos, afinal, a grande demanda esperada pelos chips pode dar a eles a vantagem de ter especialistas com experiência em grandes produções. Adaptar a empresa com os princípios ágeis comuns ao desenvolvimento de *softwares* pode ser um passo à frente. Fora que as empresas que tiverem a colaboração de OEMs na produção também contam com *insights* importantes sobre os requisitos dos clientes e do produto final, possivelmente, não disponíveis a outros fornecedores. Logo, preferências dos clientes e requisitos para silício especializado, bem como arquitetura do chip e desenvolvimento, podem ser diferentes de acordo com a região devido à regulamentações específicas de cada país. Uma possível solução para servir vários países seria manter uma construção unificada que possa ser personalizada.

Tudo bem, falamos sobre o presente, e, com tantas previsões de carros elétricos e autônomos, você não se pergunta o que farão com o Fusca do seu tio ou o Maverick do vizinho? Pois é. Nos Estados Unidos, 100% dos carros que saem de circulação vão para reciclagem. Já em São Paulo, no Brasil, a Lei Nº 15.276, criada em 2014, decreta que os veículos que se tornarem inviáveis às formalidades legais devem ter suas peças recuperadas. O objetivo é regulamentar, de forma rígida, o mercado de empresas que tenham interesse na reciclagem, bem como reduzir os golpes em seguradoras, desmanches e oficinas clandestinas que impulsionam os roubos e furtos de carros no país. Ademais, a Comissão Europeia decretou uma Lei Principal Diretiva sobre veículos em fim de vida, que entrou em vigor em setembro de 2000, conectada com o Acordo Verde europeu. Em 2018, fizeram um balanço que trouxe a estimativa que 93% das peças foram reaproveitadas.

Portanto, podemos ver que, principalmente, após a virada do milênio, leis e projetos em relação à reciclagem de peças automotivas começaram a se tornar vigentes e atuantes. É um problema atual, como já falamos no capítulo de meio ambiente, e não só em relação à contaminação, mas também como agente gerador de economia e regulador contra fraudes.

A Renova Ecopeças, braço do grupo Porto Seguro, empresa do mercado de seguradoras no Brasil, tornou-se pioneira em OEM usadas com métodos certificados pelo Instituto de Qualidade Automotiva. Quando a lei entrou em vigor, eles passaram a reaproveitar ao máximo os veículos alienados pela seguradora, alcançando um reúso de 85%, com peças rastreáveis e com custos reduzidos em até 60% menos que as concessionárias. Posteriormente, otimizaram suas soluções para o descarte adequado de outros veículos no final de sua vida útil. Assim, veículos podem ser reciclados de diferentes formas por causa de seus materiais. As mais utilizadas são o reúso, reciclagem energética, química e mecânica. O reúso é tirar componentes de um veículo, que está no final do seu ciclo útil, para utilizá-lo em outro com a mesma função ou reaproveitá-los em outros tipos de reciclagem para novas peças.

Já a reciclagem energética ainda é bastante desafiadora por conta de seus poluentes. Entretanto pode ser muito vantajosa para a indústria. A química visa recuperar os compostos químicos, possível com a quebra parcial ou total das moléculas de resíduos plásticos selecionados, para reutilizá-los como matéria-prima secundária na produção de novos materiais. A mecânica fecha o ciclo de reciclagem de um produto, pois consiste no reprocessamento dos materiais, transformando-o em matéria-prima para gerar o mesmo produto que ele fora ou um novo. Inclusive, já abordamos essa relação.

A fragmentação pode reciclar de 45% a 55% dos metais de um carro e, considerando a enorme quantidade de frotas existentes e o destino que estas peças podem receber, pode gerar economia, como o caso do mercado de carros usados. Acredito que o caminho esteja correto.

A reciclagem de um produto se justifica quando ele causa danos ao ecossistema e quando há uma indústria de recicladores disposta a recebê-los, como já abordamos. Para os veículos, a cadeia se completa de forma perfeita. O aumento da frota de carros velhos demanda medidas urgentes quanto ao destino correto e racional dos veículos abandonados em pátios e desmontes. Inclusive, já falei aqui sobre os prejuízos ambientais que eles causam, como a contaminação de solo e água, e nem preciso comentar a ameaça à saúde pública que representam pela proliferação de algumas doenças, como a dengue. Então, apesar de existirem algumas ideias em andamento no Brasil, por exemplo, como o caso do Projeto de Lei nº 4121, de 2020, que institui uma Política Nacional de Resíduos Sólidos, com o objetivo de dispor sobre a logística reversa de veículos automotores, de modo que assegure a preservação e a melhoria das condições do meio ambiente — proposto pelo senador Confúcio

Moura —, um dos grandes problemas no país é a falta de política reversa para o descarte.

Carros antigos são abandonados constantemente nas vias públicas. Apenas entre 2019 e 2020, a Prefeitura de São Paulo, a maior cidade comercial do país, recebeu 67.794 solicitações de averiguação e recolheu 4.138 veículos das ruas. Primeiramente, os proprietários recebem a notificação dos agentes das prefeituras regionais e, em 70% dos casos, realizam a remoção, mas quando não, o veículo é guinchado e pode ir a leilão. O valor da multa por abandono do carro em via pública na cidade de São Paulo é de R$16.693,28 e, para retirá-lo do pátio, o proprietário tem que arcar também com os custos de remoção e estadia. A brincadeira sai cara. Certamente, se houvesse incentivos para o descarte ecológico, essas pessoas iriam preferir esse caminho. O pior é que carros abandonados em propriedades privadas não entram nessa conta de poluidores.

Outro exemplo é a Índia, que fez um cronograma para que pudessem resolver esse problema. Em tese, o projeto entrou em vigor em outubro de 2021, e tinha a pretensão de que todos os veículos com mais de 15 anos fossem descartados até 1 de outubro de 2022. Por obrigatoriedade, haverá um teste de aptidão para veículos pesados até outubro de 2023; o mesmo será feito para outros até 1º de outubro de 2024. Esse é um grande ponto positivo para o país, porém existem algumas questões que estão deixando o governo em uma enrascada. A ideia na Índia é reduzir os veículos que não estão mais em condições de rodar e, para incentivar a renovação de frotas e de carros particulares, foi sugerido dispensar 25% do imposto de circulação para veículos pessoais e 15% para veículos comerciais, juntamente com as taxas de registro. Porém isso se torna um problema, uma vez que esses valores são fontes importantes de receita estadual.

Nesse panorama, o país está em uma corda bamba. Precisam de incentivos para minimizar os problemas causados por veículos em más condições, mas a forma como estão planejando pode prejudicar outras esferas da política. De qualquer forma, esse exemplo nos mostra que os governos, principalmente federais, estão realmente investindo nessa questão, mesmo que a um alto custo.

Já comentamos aqui como os novos modelos de carros adotaram processos com impactos ambientais menores em suas cadeias produtivas, mas ainda não há uma solução verde e universal para a mobilidade já existente. No entanto, é possível monitorar suas etapas daqui para frente. É a partir da tecnologia, inclusive, que a indústria automobilística tem alterado o conceito do automóvel, desde a desconstrução à produção. Os chamados carros verdes têm todo seu ciclo de produção e de vida planejado e gerenciado para terem o mínimo de impacto ambiental possível. Contudo boa parte do material utilizado em sua composição é reciclável. A chamada sucata automotiva não só gera benefícios financeiros (elementos metálicos que representam cerca de 70% do peso de um carro são os com maior vantagem econômica no mercado), como também proteção ao meio ambiente, pois durante o desmonte, itens danificados e fluídos são destinados corretamente.

Nos Estados Unidos, Japão e Europa, os carros com perda total ou sem condições legais de tráfego passam por um processo praticamente sistemático, seja por leis ou por projetos, até mesmo por empresas privadas. Claramente, cada país mantém suas próprias regularizações com diferentes critérios de avaliação para veículos ELV (*end of life vehicle*), mas, em todos, o destino é o mesmo: reciclagem. Tudo funciona em cinco etapas, em que são verificadas origem e definição de destino, recepção do carro, desmontagem, classificação, fragmentação e, por fim, o reaproveitamento dos materiais.

É no momento da recepção que os veículos recebem a baixa do registro de circulação. Aqui é a parte que exige extrema organização, porque esses locais não podem se transformar em pátios de armazenamento de carros com vazamento de fluídos e acúmulos de água, certo? Trocar seis por meia dúzia está longe do objetivo. A partir disso, começa a desmontagem, na qual os componentes perigosos e prejudiciais são removidos com segurança, tais como combustível, óleo, fluídos e gases do sistema do ar-condicionado, que podem ser reutilizados em sistemas de carros novos ou em funcionamento.

Feito isso, o desmonte dos tanques de combustível, reservatórios e equipamentos de segurança podem ser feitos. Uma das atividades mais importantes de todo esse processo é a fragmentação das carcaças de aço, pois elas reduzem o material em pequenas porções, o que facilita tanto o transporte como também a reciclagem. Claro, que já existem grandes equipamentos que permitem a fragmentação de um veículo inteiro de uma única vez, e não, não é como vemos em filmes, em que os carros simplesmente são esmagados pelas máquinas. Primeiro, é preciso fazer toda a descontaminação, a não ser que você espere por um possível show pirotécnico, seguido de uma explosão do ELV.

MERCADO DE USADOS

A indústria automotiva, impulsionada por interrupções econômicas, que restringiram as vendas de veículos novos por conta das distribuições de peças e matérias-primas, acabou fazendo com que o mercado de usados sofresse uma enorme transformação — que contou com aumento de vendas e reinvenções no segmento. Segundo a Federação Nacional das Associações dos Revendedores de Veículos Automotores, foram comercializados, no Brasil, 58.944 carros diariamente apenas no primeiro semestre de 2021, o que representou um aumento de 62,3% de vendas, se comparado ao mesmo período do ano passado. Já nos Estados Unidos, em abril de 2021, a inflação de preços ao consumidor atingiu sua maior alta desde 2008, com 4,2% e, em maio, a inflação anual subiu ainda mais, para 5%. Grande parte desse resultado era por causa do mercado de carros usados. Na verdade, a valorização dos veículos de segunda mão é o principal culpado pelo aumento de maio.

Segundo uma matéria publicada no Jornal *The Economist*, dados oficiais do *Bureau of Labor Statistics*, indicaram que os preços de carros e caminhões usados aumentaram cerca de 30% em 2020. A maior empresa de leilões da América, a Manheim, sugeriu que o aumento foi de 48% no mesmo período e 5%, entre abril e maio. Mas por que isso nos anos de 2020 e 2021? Existem alguns fatores e os mais importantes são a queda de vendas de carros novos, que, no Brasil, foi de 26,26% em

2020, maior tombo anual desde 2015 (26,55%), segundo resultados apresentados pela associação dos concessionários. Outros reflexos da pandemia também enxugaram boa parte do segmento, como as inúmeras revendedoras que ficaram paralisadas ou tiveram suas portas fechadas. Ainda sobre a falta de componentes, principalmente os eletrônicos, criou-se uma deficiência na linha de produção, que diminuiu a oferta e aumentou os preços.

Durante a crise, as pessoas também direcionaram seus gastos para necessidades essenciais, mas, com a volta do aquecimento da economia, novas perspectivas começam a surgir e veículos estão entre elas. Também há de se contabilizar o surgimento de um novo tipo de consumidor, os que antes se locomoviam por transporte público ou compartilhado, porém, por causa da covid-19, optaram pelo veículo próprio. A demanda voltou com tudo e com facilidades. A tecnologia, taxas de juros baixos e empréstimos mais descomplicados foram um diferencial. Compras *online* também. A empresa global de comércio eletrônico OLX organizou pela primeira vez uma edição virtual de um feirão de carros em 2021, registrando 1,2 milhões de acessos durante a primeira semana de estreia em março. No mesmo período, as vendas na plataforma aumentaram 156% em relação ao ano anterior. Já no caso da Kavak, *startup* considerada o primeiro unicórnio mexicano, o comprador tem mais benefícios. O processo funciona como um leilão de compra de carros usados *online*, para revendê-los, e reciclados com empréstimos facilitados. Você recebe o pagamento no mesmo instante, o cartório já está lá dentro e são realizadas melhorias no veículo, que, na maioria das vezes, não existe no carro de fábrica do mesmo modelo.

Quem quiser vender ou trocar de carro pode baixar o aplicativo da Kavak e oferecer seu veículo lá, e a empresa dará um lance e, caso seja feito negócio, ele passará por uma inspeção. Após isso, a empresa investirá em reparos e reciclagem do veículo, para, desta forma, oferecer uma garantia mecânica. Desse modo, segundo seu fundador, o mexicano Carlos Garcia Ottati, ter comprado carros fraudulentos de particulares foi o que o motivou a criar a Kavak. Em suma, a plataforma oferece carros usados e seminovos reciclados, com a responsabilidade da garantia mecânica e a tecnologia para que o comprador não tenha dores de cabeça. Tive a oportunidade de conversar com clientes da Kavak que estavam muito satisfeitos. Fundada em 2016, a empresa já acumulava o valor de US$4 bilhões e tem planos de expansão, inclusive, para o Brasil com aporte de US$485 milhões. Frente a isso, outras grandes empresas do setor começaram a movimentar seus peões. Inclusive, rivais de mercado pensam em se juntar e unir forças para disputarem o pedaço que a Kavak quer saborear sozinha. Ou seja, deve ser grande e bom, não?

LOCADORAS

Talvez as locadoras dominem o mundo! Principalmente, quando pensamos no aumento do uso de carros por aplicativos, como o Uber, por exemplo. Se contarmos com o aumento do *home office* e com os altos custos de se ter um veículo próprio, temas já relatados no início do livro, realmente as locadoras saem no lucro. Ainda mais na época da covid-19 e, provavelmente, após o início da pandemia, tudo mudou, desde o comportamento das pessoas à forma como o mercado atende seus consumidores. Logo, fatores importantes definirão quais empresas farão a diferença no futuro da sociedade com soluções, como segurança, custos e modelos de inovação como *pay per use* e redução de combustível — e consequentemente poluentes.

Provavelmente, os novos consumidores farão algumas perguntas a si mesmos, como "é benéfico manter um carro na garagem apenas para o fim de semana"? Acredito, e isso é uma opinião minha, que esse questionamento é cada vez maior, uma vez que os dados entregam o crescimento inevitável das locadoras. Segundo o relatório da *Grand View Research*, em 2025, o mercado de aluguel de carros, provavelmente, chegará a 124,4 bilhões de dólares, um crescimento de 7%. Sendo assim, os dados mostram que foram movimentados US$86 bilhões no ano de 2020. Bastante coisa, não é? É mais que duas vezes a receita do futebol na Europa — o futebol mais caro do mundo que, por sua vez, é maior que o PIB de mais de noventa países. Imaginou? Esse foi só um adendo mesmo, mas, comparado ao mercado de vendas de veículos, é necessário ressaltar que ainda é irrisório.

Enquanto as locadoras avançaram, as vendas de carros, em 2020, caíram 15% em todo o mundo. Porém, no mesmo ano, o mercado conquistou cerca de 3 trilhões de dólares. Novamente, em minha opinião, isso não irá perdurar por muito tempo, pois o IPVA (Imposto sobre a Propriedade de Veículos Automotores), DPVAT (Danos Pessoais causados por Veículos Automotores de via Terrestre), seguro e outros encargos não compensam, e as pessoas evoluem conforme as alternativas. Até mesmo as montadoras, que antes conseguiam se manter no topo, foram obrigadas a se reinventar e passaram a oferecer planos de assinatura de automóveis. Sediada na Alemanha, a BMW tem planos mensais para a sua marca *Access*, que permitem ao assinante acesso a um aplicativo em que ele pode escolher modelos de veículos, com a certeza de uma viagem segura e assistida caso tenha qualquer problema.

Outras marcas, como Toyota, Audi, CAOA, Fiat, Jeep, Nissan, Renault e Volkswagen partiram para modelos parecidos de negócios, em diversos países. São montadoras que não deixaram essa parcela de consumidores passar despercebida. Mesmo que ainda não sejam atrativos, fabricação e aluguel são mercados que se abrirão e proporcionarão o impulso para a retomada da produção de veículos. O setor se reinventa! O que torna esse mercado competitivo e propulsor. Portanto, a facilidade de implementação de soluções para redução de custos que envolvam quilometragem assertiva e manutenção preventiva do veículo, previnem panes e acidentes nos carros e tornam a locação muito mais confiável — até mesmo para usuários do aplicativo de transporte. Indicadores de consumo de combustível adulterado garantem a segurança de ambas as partes. O rastreamento assertivo do veículo e a redução total do custo mensal em seguros faz com que a empresa apresente um valor satisfatório ao cliente final.

Atualmente, a IoT também garante modelos mais inovadores para esse setor, como o modelo *pay per use*, muito mais atrativo, em vez da cobrança diária. A possibilidade de personalizar a locação do veículo também se torna disponível, como saber se ele será usado em asfalto ou estradas de terra, o que diferencia muito no desgaste e segurança que deverá ser oferecida ao cliente. Por isso, quando multiplicamos todas essas mudanças por frotas de 50 mil veículos, há redução de acidentes, poluentes, movimentação da economia e muito mais. As locadoras com telemetria são fontes para o futuro de excelentes mudanças para a sociedade.

A telemetria e as locadoras são um *case* de sucesso em dois sentidos: operacional, pois pode melhorar as margens, o que nos dias de hoje é fundamental até mesmo para sua sobrevivência. E o segundo, é no aspecto estratégico, para desenvolver novos modelos de negócio e oferecer ao seu cliente uma solução para redução de custos, prevenção de acidentes, roubos e fraudes em suas frotas. Assim, imagine que a telemetria ajude a reduzir o custo total de uma frota em 10-20%, garantindo à locadora uma vantagem competitiva frente às outras empresas. Isso é o futuro.

SEGURADORAS

As seguradoras são atuantes em todo mundo. O mercado global de seguros de automóveis foi avaliado, no ano de 2019, em 739 bilhões de dólares, e tem uma projeção para mais de 1 trilhão em 2027. O crescimento, de 2020 até o ano da estimativa, é de 8,5%. Em alguns países, ou mesmo estados, é obrigatório ter um seguro de veículo para terceiros, como, por exemplo, na Índia, a lei é de 1988. Desse modo o governo considera que o proprietário é legalmente responsável por qualquer lesão ou dano que possa ocasionar. Nos Estados Unidos, New Hampshire e Virginia são os únicos estados que não exigem seguro para rodar nas ruas. Contudo, assim como os outros setores, o mercado de seguros também precisou repensar seus modelos de negócios. Com a transformação digital, os processos e as burocracias para se ter um seguro, tiveram que diminuir e, apesar de tantos detalhes significativos, as seguradoras encontraram uma resposta nas *insurtechs, startups* especializadas que simplificaram o processo de contratação dos seguros.

As *insurtechs* conectam consumidores, corretores e seguradoras com o objetivo de automatizar os serviços, otimizar processos analíticos, além de criar experiências de serviços diferentes para os usuários. O uso dos aplicativos não só aproxima a relação com o cliente. Em caso de acidentes, por exemplo, os motoristas podem acionar a seguradora apenas chacoalhando o celular e ela também consegue identificar melhor as expectativas dos usuários para entregar serviços personalizados. Muitas seguradoras passaram a oferecer a função multicálculo com cotações simultâneas em diversas empresas, proporcionando uma escolha ágil e cômoda aos clientes, que podem fazê-lo sem sair de casa. Enquanto seguradoras tradicionais podem levar até dez dias para analisar uma batida, com o aplicativo, o motorista precisa apenas enviar as fotos da colisão para que um algoritmo faça um mapeamento tecnológico e, com avaliação das peças e a partir de uma comparação com um banco de dados de imagens, a tecnologia consegue estimar o preço dos danos, rastrear a disponibilidade de peças no mercado e ainda calcular a quantidade de horas necessárias para o reparo.

Concluindo, o novo modelo de negócio traz a ideia de um trânsito mais tranquilo e colaborativo para as cidades, com funções que podem analisar dados do veículo para possíveis manutenções e consumo de combustível. Além disso, também serviços que possam analisar o comportamento do motorista para trazer alternativas de direção segura, descontos nos serviços e até em compras.

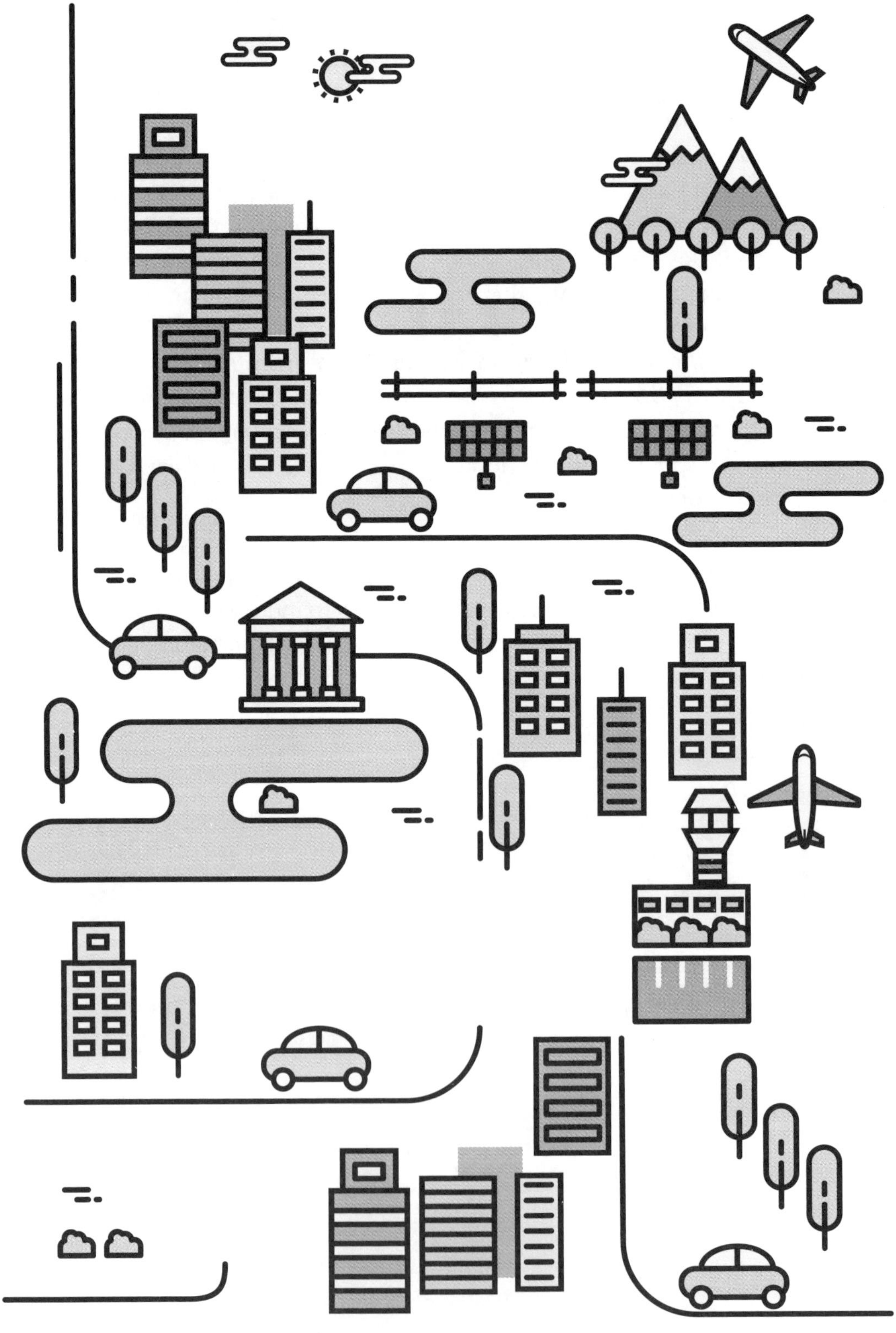

7 POLÍTICAS PÚBLICAS

A mobilidade urbana e as políticas públicas devem caminhar lado a lado. Arrisco a dizer que esse é um dos pontos mais importantes de uma sociedade. Em 1950, o modelo — praticamente mundial — de mobilidade urbana era voltado para o uso de veículos. A partir disso, os investimentos foram concentrados em ações que faziam parte do universo do motor, deixando de lado ações que pudessem contribuir com a multicentralidade. Calma, logo irei explicar o que é e o que penso sobre isso. Então, foi apenas na década de 1960 que os governos começaram a se preocupar com o acesso da população aos serviços essenciais ou mesmo com o direito de ir e vir de todos. Mas logo falaremos sobre o assunto. O que quero trazer aqui são alguns pontos que competem às políticas públicas e que poderiam ser muito mais bem trabalhadas. Assim, os investimentos tomariam um rumo mais assertivo.

Porém, vamos começar com a multicentralidade. Do que se trata? Bom, pense em um bairro grande, como Heliópolis, em São Paulo, que abriga mais de 200 mil pessoas, ou o distrito do Brooklyn, em Nova York, em que vivem mais de 2,5 milhões de habitantes. São muitas pessoas e o deslocamento de todas elas para os outros bairros e distritos podem causar trânsito, problemas nas finanças pessoais e cansaço de cada indivíduo pelas horas consumidas no caos de uma grande metrópole. Agora, imagine um bairro em que o planejamento abarcasse essa população de forma centralizada, ou seja, supermercados para o bolso de todos, empresas que preferissem colaboradores dessa região, lojas para consumo, hospitais de qualidade, cultura e lazer. Fazer dos bairros, e não somente as regiões centrais, espaços autossuficientes é a chave da questão. Não vejo outro modo de fazer com que a verdadeira mobilidade urbana aconteça. Só que para isso, precisamos de políticas públicas. O apoio de dirigentes de estados e nação, com certeza, faria uma nova era mundial, com pessoas mais felizes e produtivas.

Essa equação não se limita às pessoas, lugares e vias de uma cidade. As empresas privadas podem contribuir em muito com projetos que façam suas atividades não interferirem na jornada da população. Vou contar uma história de como as políticas do setor privado podem beneficiar toda uma cadeia da sociedade e quero deixá-los pensando no benefício que o governo poderia proporcionar alinhando-se com empresas, ou mesmo criando mecanismos de incentivo para que tais ações dessem certo.

Certa vez, li em uma matéria[1] que o até então diretor de vendas da Libraport, Mauricio Arnold — também ex-diretor da gigante UPS (United Parcel Service), Panalpina, entre outras —, implementou um projeto que ligava cargas por trem do galpão até o mar, em um trajeto entre o Porto Seco, no Bairro Matão, em Campinas, até as duas margens do Porto de Santos, ambas as cidades brasileiras no estado de São Paulo.

Além de 30% de custo a menos para os clientes, houve também a retirada de um total de duzentos caminhões por dia das estradas. Em média, um percurso de 200km, que passaria a ser feito por trem. Para a capital do estado, São Paulo, que está na rota, seria um grande ganho para a mobilidade, considerando a menor pressão sobre o trânsito, o meio ambiente, a segurança, entre outros fatores.

Agora, e se esses 2,6 quilômetros de malha ferroviária com um investimento de R$4 milhões para a empresa, recebesse um incentivo do governo com a redução de impostos ou os convertendo em outros be-

1 ABIFER, 2008.

nefícios, quantas outras instituições não iriam fazer o mesmo? E depois disso, multiplique por, talvez, cinco mil empresas. Teríamos uma redução de 1 milhão de caminhões nas ruas por dia. Um grande salto, não?

Porém a questão é que, às vezes, as empresas querem fazer o melhor, despencando seus investimentos para contribuir com todas as questões de mobilidade, mas elas precisam que o governo caminhe junto, com as políticas públicas corretas e assertivas. Nos próximos passos, vou pontuar algumas medidas que impossibilitem projetos desse tipo de se tornarem um grande ganho para a sociedade.

INCENTIVOS

Qualquer país que queira manter sua indústria e economia competitivas precisa reforçar suas políticas de Pesquisa, Desenvolvimento e Inovação (PD&I). Cada qual com suas necessidades, mecanismos desse tipo podem fortalecer um país em todos os seus pilares. Quando essas estratégias são utilizadas, é possível diminuir os riscos econômicos pensando em inovação, produtos e processos. Isso abre demandas e ambientes extremamente favoráveis quando se trata de novos mercados e clientes.

Falando em competitividade, em relação aos países, o Relatório de Competitividade Global, de 2019, trouxe Singapura como a economia mais competitiva do mundo, logo atrás, veio os Estados Unidos e, em terceiro, Hong Kong. Assim, vamos avaliar: em Singapura, por exemplo, durante a pandemia da covid-19, as pessoas que tomaram a vacina ganharam diversos descontos. Portanto, são inúmeros os projetos que impulsionam a inovação e o empreendedorismo com facilidades, no entanto a burocracia faz com que muitas empresas e pessoas não consigam levar adiante um projeto.

Inclusive, desenvolveram um Conselho de Desenvolvimento Econômico (CDES), que tem como principal objetivo auxiliar em estratégias que contribuam com um posicionamento significativo no que diz respeito a ser um centro global de negócios, inovação e talento. Isto é, o marco de Singapura é desenvolver a indústria e os negócios para que o país cresça em conjunto e, talvez, seja isso que falte em outros lugares, o incentivo certo para que tudo seja uma constante.

Agora, no que diz respeito à mobilidade, este é um assunto muito extenso. Temos as mais diversas formas para que isso aconteça e vamos falar dos pontos aqui com calma e de forma detalhada. Vemos incentivos e diversas formas de mobilidade pelo mundo, como, por exemplo, os teleféricos de Medellín, na Colômbia, as e-*bikes* espalhadas pelo mundo inteiro, metrôs, entre outros serviços disponíveis para que o número de carros nas ruas diminua ou mesmo faça do direito de ir e vir ambientalmente sustentável.

Porém ainda não há exatamente uma mobilidade urbana que seja o ápice da eficiência, apesar de que tudo é uma questão de planejamento, regras e investimento. O mais perto que chegamos do ideal foram em cidades, como Amsterdã, na Holanda, com suas infindáveis bicicletas, principalmente por ser uma cidade plana, e os diversos incentivos do governo para que esse meio de transporte seja utilizado, como descontos tributários, e Paris, na França, que tem 303 estações de metrô, extremamente acessíveis para todos os lugares e atende bem à demanda da população e dos turistas. Isso é investimento em mobilidade, identificar quais são as melhores formas da sociedade se locomover.

Para muitos, seria contraintuitivo pensar que metrôs e trens não são apenas a solução, mas, muitas vezes, também a causa de muitos problemas de mobilidade. Um grande exemplo são os hospitais de referência que, ao se situarem perto de estações de trem ou metrô, podem atrair para a região muito mais pessoas de longe para realizar um tratamento, que não usualmente circulavam por ali. Isso cria uma sobrecarga ainda maior sobre a mobilidade na região e é um clássico exemplo sobre como não podemos confundir democratização de acesso com planejamento urbano e de mobilidade. Temos que lembrar que o principal objetivo de políticas públicas é melhorar a vida do máximo de indivíduos possíveis, ao passo que devemos reduzir o prejuízo causado para o mínimo de pessoas. O trem de nosso exemplo anterior pode ter prejudicado algumas famílias que tinham suas casas perto da estação, porém, infelizmente, nada pode ser perfeito para todos. Esta competição pelo bem-estar social é sobre a otimização de maximizar o bem e minimizar o mal.

Quando a sociedade deseja uma economia circular e sustentável, isso, com certeza, não atende aos anseios de todos. Não é possível atender demandas de curto e de longo prazo ao mesmo tempo. Este equilíbrio entre o desejável e o atingível na circunstância atual daquela região, estado ou país — somado à capacidade de alocar recursos necessários (tempo, pessoas, capital, tecnologias) — irá definir o real bem-estar daquela população. Ao pensarmos em mobilidade urbana para pessoas, precisamos entender muitos aspectos, como vida pessoal, trabalho, lazer, cultura, saúde e educação. Todo esse panorama deve ter acesso fácil aos moradores, inclusive, os investimentos gerados em torno desses pilares, que podem alavancar algumas atividades sociais.

Em Brighton and Hove, cidade do Sul da Inglaterra, foi criado um esquema chamado *Move For Change*, utilizando o aplicativo *BetterPoints*, que tem o intuito de fazer com que as pessoas optem por viagens ativas e sustentáveis. Cada vez que um habitante escolhe caminhar para o trabalho, andar de bicicleta ou usar o ônibus da cidade, por exemplo, ganha pontuações que se transformam em descontos nas mais diversas lojas do município. Para impulsionar mais ainda, os usuários podem acumular os pontos para retirar prêmios mensais e rifas *online*, além de participar de pesquisas e competições. Já em Viena, capital da Áustria, com certeza, uniu a cultura e a mobilidade em uma única jogada, oferecendo ingressos gratuitos para museus e shows àqueles que escolhem meios de transportes mais sustentáveis no lugar de carros.

Podemos também abordar o investimento em transportes públicos que, segundo o relatório do C40, de 2021, a cada um dólar investido, poderia gerar cinco dólares em retornos econômicos e, a cada 1 bilhão de dólares, pode resultar em 5 mil empregos. Claro que isso é uma meta de Nova York, mas sabemos que talvez fosse necessário em todos os lugares do mundo. No entanto, as estimativas de falta de investimento em infraestrutura global variam de acordo com metodologias desconhecidas. Por exemplo, segundo o *McKinsey Global Institute*, o cálculo acumulativo da lacuna poderia ser de US$5,5 trilhões entre agora e 2035. Já o *Global Infrastructure Hub* estima que o valor seja de US$15 trilhões até 2040.

O tema é tão sério e tão relevante ao crescimento próspero de uma sociedade que é uma das preocupações do G20. O grupo formado pelas vinte maiores economias do mundo direciona seus esforços para preencher essas lacunas de investimentos tanto em países desenvolvidos como os de economias emergentes. Isso com iniciativas que vão desde criar políticas públicas, mecanismos e estruturas, até princípios de alto nível em longo prazo, estratégias de financiamentos por investidores institucionais, além da orientação de governanças corporativas, que poderão ser essenciais no desenvolvimento e enfrentamento de desafios.

Em 2017, a *Global Infrastructure Hub-EDHEC* analisou quantos investidores institucionais pretendiam aumentar sua alocação de ativos no setor de infraestrutura e a resposta foi de 90%. Poderíamos, então, ter imaginado que o futuro seria para essa classe de ativos. Em 2020, de acordo com a plataforma *Infrastructure 360*, lançada pela Refinitiv — que abrange um vasto conjunto de dados, *insights* e análises de projetos para o desenvolvimento da infraestrutura —, desde a sua origem até a conclusão foram anunciados 2.551 projetos no mundo todo, somando um valor de US$739 bilhões. Lembrando que, no mesmo ano, o valor da poupança privada nas mãos de investidores institucionais atingiu alta de US$104 trilhões.

Dessa maneira, a América do Norte foi a região com maior valor em projetos, US$167 bilhões, seguida da Europa Ocidental com US$136 bilhões, o Sudeste Asiático, US$88 bilhões, e a América do Sul na quarta posição com US$58 bilhões. No entanto, apesar dos valores, apenas 56% dos projetos anunciados, um total de 1.437, conseguem se encaixar na categoria sustentável como energia eólica, hidrelétrica, biomassa, geotérmica e solar. Embora o número pareça pequeno, quando comparado a 2016, que havia apenas 808, estamos crescendo.

Também há programas que prometem estabelecer uma nova base de força para a sustentabilidade, como o *Build back better plan*, do atual presidente dos Estados Unidos, Joe Biden, que inclusive já comentei neste livro. Entretanto, em 2020, o projeto eólico de maior valor foi o *La Gan off Shore*, do Vietnã, com estimativa de custo de US$10 bilhões. Para áreas ligadas ao petróleo, provavelmente, financiamentos não parecem que serão um problema, já que há uma enorme pressão para que as empresas petrolíferas deixem de usar combustíveis fósseis. Ainda, algumas têm feito investimentos bilionários para se tornarem parceiras em parques eólicos.

Voltando um pouco na história da malha ferroviária produzida para levar as cargas de Porto Seco a Santos: onde existe a dificuldade? Além do incentivo monetário, há toda uma burocracia alfandegária e falta de infraestrutura nos portos e estradas para que isso aconteça. Incentivar que os locais e a economia ajudem em iniciativas que protejam e alavanquem a mobilidade é essencial. Não me entenda mal, a fiscalização deve ser realizada, os gastos devem ser controlados, porém o planejamento deve prever tudo isso e, assim, criar mecanismos em que as burocracias sejam mais eficientes, bem como os investimentos sejam realizados de forma benéfica. Não podemos mais contar com a economia burra.

Certamente, a Europa é o continente que está na frente quando falamos em mobilidade. Estão extremamente ambiciosos na questão de subsidiar a mobilidade elétrica no continente e, para isso, investem nos benefícios que os usuários de carros elétricos ou híbridos podem ter, como bônus na compra, isenção de impostos, faixa exclusiva, estacionamentos gratuitos e por aí vai. A visão é acelerar esse processo, deixar para trás os carros a combustão e entrar na nova era da tecnologia. Por exemplo, na França, um condutor que tiver um carro que emita menos de 20g de CO2 poderá receber um bônus de até 7 mil euros. Já o governo britânico aprovou o "PiCG" (*Plug-in Car Grant*), para incentivar os veículos elétricos, ou seja, os benefícios podem chegar até 2.500 libras.

Em vários países, o incentivo para ter esses automóveis que não usam combustíveis é a isenção da taxa de documentação de registro oficial do veículo. Já no país do *bonjour*, há a isenção quase total de todos os custos associados à emissão de um certificado de registro. Na questão de frotas, as empresas, em alguns países, também levam vantagens ao optarem por elétricos. Por exemplo, na Grécia, uma iniciativa chamada *E-Moving* tem reduções de impostos vantajosas. Já no Reino Unido, o imposto sobre benefícios foi taxado em 1% do valor do veículo sustentável. E não para por aí, o mundo construído em cima de incentivos é o que eu gostaria para todos nós. Na Espanha, os impostos rodoviários caem quase 75% para quem optar pela alternativa. Agora, a Suécia mexe com o bolso, uma vez que os impostos são calculados em cima da emissão de CO2.

Todavia, para se ter evolução tecnológica, é preciso sempre de outras tecnologias menores, como tomadas, por exemplo. Então, de nada adianta a redução de impostos e incentivos fiscais se a pessoa tem que voltar para casa e abastecer o carro. É preciso planejar um ecossistema inteiramente funcional, como a Europa, que cada vez mais pensa nisso e hoje são mais de 200.000 pontos de carregamento acessíveis em espaços públicos (sem contar terminais domésticos, parques de estacionamento privados etc.). No Brasil, por exemplo, já são tendências dentro de condomínios e novas construções, que oferecem vagas com carregador para elétricos.

Veja quantas vezes falamos do sistema tributário como mecanismo de incentivo. Lembremos que o crescimento da internet que conhecemos atualmente se deu também pela falta de tributação da mesma. Inovação traz grandes riscos para um empreendimento específico. Então deixar uma determinada área estratégica livre ou quase livre de impostos traz interesse, capital de risco, empresários interessados e cria uma quantidade de projetos, em que alguns acabam dando certo e fazem toda diferença. Voltando à internet, muitos projetos deram certo e outros deram errado, mas foi a criação do ecossistema de inovação que fez toda diferença. Como exemplo, falamos inúmeras vezes sobre os benefícios para segurança, educação e economia que a IoT pode trazer, mas como incentivar essa tecnologia? Já citei e torno a repetir, para mim, essa inteligência deveria sair obrigatoriamente de fábrica.

Já apresentei a questão da prevenção de acidentes, sustentabilidade, redução de custos, entre outros pontos. Mas como garantir que isso seja um benefício para quem utiliza essa tecnologia? A questão dos impostos, a partir do CO2 emitido, com a telemetria é possível reduzir e quantificar isso, obrigando as pessoas a serem mais sociorresponsáveis, por exemplo. Assim, tente imaginar se houvesse uma pontuação em que os bons motoristas pudessem acumular e ter descontos em muitos locais, privados e públicos, como museus, parques, correios e lojas. Isso já existe e, com certeza, faz toda a diferença. As pessoas adoram brindes, agora pense em ter descontos nos mais diversos produtos. Seria bom, não é? Podemos ir mais além: pensem que tudo pode estar conectado de forma a termos um futuro mais próspero, como isenção em taxas de faculdades. E podemos ser mais ambiciosos: além de ajudar o SUS a economizar e incentivar a prevenir acidentes, poderíamos gerar descontos de remédios ou em um bom plano de saúde.

Com isso, você percebe que podemos interligar toda uma cadeia em relação à mobilidade, que os incentivos podem contribuir com os pilares essenciais: vida pessoal, trabalho, lazer, cultura, saúde e educação. Não vejo motivo para não criar incentivos, já que economizar com acidentes de trânsito, recursos para o meio ambiente ou fiscalização, por exemplo, pode facilitar o investimento nos aspectos que citei e que realmente importam.

INFRAESTRUTURA

Podemos dizer que a infraestrutura é o motor principal para um crescimento econômico e social. A qualidade de qualquer infraestrutura, seja física ou digital, bem como o acesso a ela, é fator determinante da isonomia de oportunidades. Apenas para deixar claro, o ex-prefeito da capital colombiana Bogotá, Enrique Peñalosa, responsável pelo início da construção do TransMilenio, sistema de transporte público BRT (*Bus Rapid Transit*), ainda em 1998, disse: "Uma cidade desenvolvida não é aquela em que os pobres podem andar de carro, mas aquela em que os ricos usam o transporte público." E eu estou de pleno acordo. Um transporte público de qualidade é crucial para o desenvolvimento de grandes cidades, pois, além de contribuir para a não segregação territorial e social, é ele quem facilita o acesso diário aos recursos, oportunidades e benefícios da cidade a um preço acessível.

Obviamente, quanto maior a cidade, maior o desafio. O sucesso em lidar com o crescimento populacional para alcançar a mobilidade urbana perfeita requer que se comece do zero. Planejamento e o desenvolvimento balanceado de instalações de infraestrutura, serviços públicos eficazes e estruturas de governança que, se forem seguidas com afinco, podem provocar mudanças incríveis. A falta de planejamento do crescimento das cidades, que, em sua maior parte, se deram por consequência de uma série de demandas sociais, não foram satisfatórias. Logo, os grandes responsáveis pela falta de progresso em planejamentos e políticas públicas são os problemas financeiros, organizacionais e de gestão.

Veja o caso de Bogotá, em que conseguiram aprimorar todo um sistema de transporte com o TransMilenio. Planos centralizados foram capazes de mitigar a desorganização, já o uso de regras mais rígidas e planejadas trouxeram à cidade e aos seus usuários a eficiência da mobilidade com o alto e uniforme padrão de qualidade. A grande capacidade nos veículos, organização em horários de viagens, valorização das regiões por onde eles passam, com polícia nas estações e arquiteturas bem construídas — além da diversidade de transportes —, foram um diferencial.

Com três tipos de ônibus — articulado duplo, biarticulados e os de linhas complementares —, o TM ainda conta com o auxílio de outros modais para regiões aonde ele não chega. Desse modo, Bogotá disponibilizou veículos menores para esses trajetos, fora o TransMiCable, infraestrutura de teleféricos para transporte público, com altos padrões de acessibilidade para pessoas com deficiências e outros grupos vulneráveis. Porém, as baixas tarifas e a qualidade no serviço trouxeram superlotação, o que, em horários de pico, tornaram as estações desconfortáveis.

É preciso lembrar que a cidade colombiana passou por sua mutação quando começou a investir nas coisas certas. De um local sem transporte coletivo, hoje, se tornaram modelos. Primordialmente, a criação do novo momento surgiu com o foco em levar educação para as periferias e depois transformar a forma como os habitantes viam a cidade, a partir da melhora do espaço público. No entanto, apesar de inúmeros benefícios para os usuários, o TransMilenio deixou a desejar na primeira análise de custo-benefício feita no estudo de 2004 dos economistas Juan Carlos Echeverry, Ana María Ibáñez e Luis Carlos Hillón.

Embora o congestionamento, poluição e acidentes de trânsito terem despencado ao longo dos corredores do TM, o tipo de transição adotada para o restante das vias causaram consequências negativas não intencionais, tais como baixas taxas de descarte dos ônibus antigos, problemas na relocação de rotas e aumento no tempo de viagem de passageiros no transporte tradicional — o que poderia ser otimizado com a integração de sistemas antigos e novos. Por isso, reitero que a mobilidade é algo complementar, melhora conforme a integração.

E o que precisamos para alcançar a perfeição? Primeiramente, quero falar do fácil acesso. O TransMilenio possui integração entre modais (a cidade tem cerca de 120km de ciclovias). Lembra-se que falei sobre multicentralidade? Isso pode significar um avanço espetacular para quem quer ir e vir com a qualidade de vida necessária. Dentro desse conceito, é necessário que as regiões forneçam à população equilíbrio financeiro, educação, cultura, transporte, saúde, entre outras necessidades básicas, como supermercados, lojas etc. Os habitantes precisam viver a cidade.

Para elucidar melhor, vou contar a rotina de Danilo e Daniel, que moram na zona rural de Paranoá, que fica em Brasília-DF. Para exercerem seu direito de estudar, caminham 12 quilômetros por dia, ou seja, no fim do mês, eles caminham 240 quilômetros. Quais são as chances dessas crianças pararem de estudar? Muitas. Ou mesmo, se pensarmos no nível da maior cidade comercial do país, uma criança que demora duas horas no trânsito, dentro de um ônibus, se sentiria fisicamente e emocionalmente motivada? Irão chegar felizes e dispostas na escola? São exceções aqueles que conseguem.

Fazendo um comparativo, devemos considerar que existem outros fatores, que serão discutidos a seguir. Em 2020, havia 1,1 milhão de crianças em idade escolar obrigatória fora das instituições de ensino, uma margem de 3,8%. E você, com certeza, vai entender que grande parte desses números provém de fatores, como educação, transporte, cultura e estabilidade financeira, ou seja, mobilidade. Agora, vamos falar de um país modelo em mobilidade urbana. Em Singapura, a margem é, em média, de 0,2%. Claro que o investimento em educação tem muito a ver com isso, mas garanto que a mobilidade, ou melhor, a falta dela, tem sua parcela de culpa. Quando pensamos em escolas acessíveis, já imagino as crianças indo à escola com a qualidade de vida que merecem. Além da educação, não podemos deixar de lado a cultura, já que o acesso a ela é fundamental para o desenvolvimento social e está incluso nas atividades curriculares. Em todas as regiões, parques, cinemas, shows, exposições, entre outras atrações devem ser empregados. Isso, inclusive, contribui para uma sociedade melhor, mais estável e com mais perspectiva.

Li uma entrevista bastante interessante sobre mobilidade e saúde[2], com o patologista Paulo Saldiva, do Hospital das Clínicas (HC) da Faculdade de Medicina da Universidade de São Paulo (USP). Ele traz um panorama sobre mobilidade versus sedentarismo. Hoje, as pessoas têm muitas facilidades: entrega em casa, fácil acesso aos produtos e o carro, que continua pesando para o lado inerte da balança. Quando não existem essas facilidades, surge a questão das dificuldades em relação ao trânsito, o que desencadeia muitos problemas de saúde, que vão desde respiratórios, devido à poluição, até cardíacos, devido ao estresse. É preciso encontrar um equilíbrio saudável.

Agora, entro em um assunto que venho estudando muito e que, inclusive, abordei em outro capítulo: a prevenção de acidentes. Pense comigo: fadiga, cansaço e sono estão intimamente ligados aos índices de colisão, com uma mobilidade relacionada à multicentralidade, o cidadão que trabalha perto de casa diminui seu trajeto, ou seja, fica menos fadigado e, com certeza, diminuirá as chances de se envolver em algum incidente. E, como disse, se os gastos com acidentes de trânsito custam ao Sistema Único de Saúde, no Brasil, cerca de R$50 bilhões por ano, de acordo com pesquisas da Ipea e da Associação Nacional de Transportes Públicos (ANTP), com certeza, esse recurso poderá ser investido em outras áreas da saúde e na melhora de hospitais e postos pelos bairros das cidades. Mais uma vez, é possível dizer que a mobilidade urbana feita de forma eficiente pode influenciar em todos os aspectos da vida dos habitantes.

Apenas para contextualizar como políticas públicas podem ser efetivas, o controle de consumo de álcool em motoristas no Estado de São Paulo, a Lei Nº 11.705, por exemplo, foi responsável pela redução de 7,2% em fatalidades no trânsito de 2001 a 2010. Então, quer dizer que basta mudarmos algumas leis para os motoristas? Não, mobilidade urbana é um complexo sistema integrado de desenvolvimento econômico, social e distribuição espacial de uma cidade, o que constitui suas atividades também.

Isso porque a mobilidade está aquém dos veículos, ela inclui a infraestrutura de calçadas para pedestres, estacionamentos, pontos de

---

2 *As relações entre mobilidade urbana e saúde*, publicado no Estadão Mobilidade, em 18 ago. de 2020.

embarque e desembarque, terminais, conexões, sinalização, metrôs, portos, ciclovias e muito mais. As políticas públicas de mobilidade no Brasil estão subordinadas aos princípios de sustentabilidade ambiental e devem ser direcionadas à inclusão social, proporcionando acesso igualitário às oportunidades e benefícios da cidade. Isso inclui a distribuição espacial das atividades de lazer, econômicas, culturais e educacionais. Para dar conta disso, precisamos de estruturas, normas jurídicas, serviços de fiscalização, sistemas institucionais, financeiros e, principalmente, de uma boa gestão pública.

Para enfatizar o poder que há no planejamento e gestão, volto para a história de Porto Seco a Santos. Sabe por que, geralmente, iniciativas assim são descontinuadas? Porque temos de pensar no que, em logística, chamamos de tiro curto e tiro longo. Por exemplo, não adianta construir uma ferrovia de São Paulo a Campinas, a diferença entre distância x tempo, para a viagem de caminhão, não traz benefícios. Agora, construir uma ferrovia que ligue um polo ao seu oposto é algo mais complexo, porém extremamente vantajoso. No entanto, quando mal administrada, iniciativas grandes também podem se tornar sinônimo do fracasso.

Uma das maiores e mais importantes obras lineares de infraestrutura brasileira, a ferrovia TransNordestina, que prometia levar desenvolvimento econômico e social a uma das regiões mais afetadas do Brasil, não passou de decepção. Projetada para aumentar a competitividade da produção agrícola e mineral da região Nordeste, ela ligaria o Porto do Pecém, no Ceará, ao Porto de Suape, em Pernambuco, além de trazer eficiência de alto desempenho à logística com conexões regionais. Prevista com uma extensão total de 1.753 km, a obra jamais completou seu objetivo. A promessa, além de envelhecer com o tempo — mais de uma década —, trouxe prejuízos sociais e financeiros estimados em mais de 13 bilhões de reais.

Com a ideia de progresso, muitas pessoas investiram em postos de gasolina, lojas de conveniência, restaurantes, pousadas, entre outros e, consequentemente, geraram inúmeros empregos, mas, com a paralisação das obras por conta de processos de corrupção durante o Governo Lula de 2003 a 2010, a TransNordestina trouxe falência e desespero.

Nenhum trem jamais passou pelos trilhos de metade da linha férrea já construídos. Pelo contrário, os vagões estão todos abandonados, causando mais transtornos ainda. Pior, segundo a empresa responsável pela construção, em 2021, ainda existiam mais de mil funcionários "trabalhando" na obra. Em contrapartida, uma boa gestão garante construções bem-sucedidas, que se tornam referência, como a Eurotúnel, inaugurada em 1994, o maior trecho submerso do mundo, que liga Folkestone, no sul da Inglaterra, a Coquelles, no norte da França. A obra foi concluída em seis anos, e a aproximação entre os países teve grande importância no fortalecimento das economias.

Já o projeto de irrigação Olmos, realizado pela Odebrecht Engenharia & Construção, na região de Lambayeque, no Peru, é considerado uma das mais complexas obras de engenharia do mundo e contou com a transposição do Rio Huancabamba, que tornou uma região extremamente árida em um dos principais polos agroindustriais do país. Em resumo, vemos diversos panoramas, os bem-sucedidos e aqueles que mais atrasaram a mobilidade do que contribuíram. Contudo o fato é que precisamos de mais iniciativas que contribuam com a infraestrutura para empresas e pessoas, e assim mudar todo um panorama destrutivo de uma cidade e criar subsídios para que a mobilidade tome suas formas, isto é, o direito de ir e vir com qualidade para todos e para o meio ambiente.

E falando em meio ambiente, o lixo de uma pessoa é o tesouro da outra. Li isso em uma matéria e realmente concordo. Originalmente, os metais usados em baterias para carros elétricos são extraídos em sua maioria de reservas da Austrália, Chile e República Democrática do Congo, mas o engenheiro considerado o mestre por trás da Tesla, JB Straubel, acredita que há outras fontes inexploradas, como os lixos eletrônicos de milhões de pessoas. Metais valiosos estão presentes em baterias de laptops e celulares antigos. À medida que a tecnologia se torna predominante, toneladas de eletrônicos e baterias se tornaram uma saída inteligente ao que pode ser o próximo maior desastre ambiental já visto. O processo de mineração, fabricação e descarte de baterias não é feito com o devido cuidado.

Com uma jornada incrível, desde convencer Elon Musk de que os veículos elétricos tinham futuro, a projeção das primeiras baterias da Tesla e o gerenciamento da construção de rede de estações de recarga à gigafábricas, Straubel encontrou a solução para um de seus antigos problemas: abriu a *startup* RedWood Materials para dar nova vida as baterias descartadas, reciclando-as em um novo suprimento de metais necessários para veículos elétricos.

Semanalmente, as toneladas recebidas na RedWood são separadas por metais, como níquel, cobalto e lítio, que depois de pulverizados e tratados como produtos químicos, em um processo chamado de mineração urbana, reingressam na cadeia para construção de baterias de íon de lítio. O método dá certo, pois, apesar da quantidade de material de uma bateria de veículo elétrico moderno ser cerca de 10 mil vezes mais que a de um *smartphone*, a quantidade de cobalto é trinta vezes menor, na mesma comparação. Sendo assim, com parcerias para coleta e envio de novos materiais, como a feita com a Panasonic, a Redwood acaba desenvolvendo um papel fundamental para a sustentabilidade e para a economia circular, que, desde 1960, visa uma forma da sociedade otimizar os projetos nos processos de fabricação, priorizando insumos recicláveis e duráveis em detrimento da matéria-prima virgem. Outra gigante da tecnologia, a Apple também já estabeleceu planos para se tornar mais responsável. O objetivo parte da promessa de ser neutro em carbono até 2030 e, para isso, é necessário que nada mais seja retirado da terra para novas produções de iPhones.

Se a ideia da economia circular prevalecer, o espaço para um futuro promissor é vasto. Segundo a estimativa do Fórum Econômico Mundial, uma cadeia de valor de bateria circular pode ser responsável por 30% dos cortes de emissões necessários para cumprir metas estabelecidas no Acordo de Paris, por exemplo. Os dados ainda apontam que poderá gerar dez milhões de empregos seguros e sustentáveis em todo o mundo até 2030.

Com o apoio de políticas públicas para elétricos e mudanças climáticas, a mineração urbana se tornará dominante e estima-se que o mercado global de tecnologias de energia limpa valerá US$23 trilhões até o final desta década. No entanto, o incentivo e investimento tornam-se fundamentais, uma vez que, em breve, a demanda vai superar a oferta e, para produzir um ativo de lítio, cobalto ou níquel, é preciso de 5 anos no mínimo. Então, embora os processos estejam em andamento, e uma grande expectativa esteja presente para o crescimento da economia, ainda há muitos desafios relacionados às políticas. Ao passo que as novas tecnologias, otimização de benefícios e produtividade na nossa qualidade de vida surgem, há também a preocupação em como as empresas vão se adaptar e ajudar na transição da força de trabalho. A tecnologia trouxe e continua trazendo inúmeras implicações sociais e, mesmo que muitas sejam positivas, são também eliminatórias, uma vez que muitas pessoas perderão seus empregos.

É preciso se antecipar aos problemas, em vez de posteriormente tentar resolvê-los. E um dos caminhos sempre será a educação. Países como Kuwait, Marrocos, Iêmen e Tunísia têm ações específicas para a erradicação do analfabetismo, com políticas integradas às leis nacionais. Já Austrália, Japão, Nova Zelândia, República da Coreia (Coreia do Sul) e Singapura adotaram uma política que insere a educação de adultos na aprendizagem ao longo da vida. Nos países da América Latina e Caribe, a educação tem ganhado mais visibilidade como política desde 2000, quando o fraco progresso foi divulgado. Concluindo, a maioria dos países melhorou as leis e políticas no que diz respeito ao direito à educação gratuita e à garantia de diversidade linguística e cultural. Entretanto há de se destacar as nações de Cabo Verde, Namíbia e Seychelles, que se tornaram exceções com suas abordagens abrangentes e coerentes.

INTELIGÊNCIA ARTIFICIAL E ÉTICA

Eu gostaria de pontuar essa questão com muito afinco: a ética não pode ser negligenciada, em nenhum setor e, principalmente, quando falamos sobre a tecnologia que está em constante interação com o homem. Esse contexto faz com que o ser humano se depare cotidianamente com dilemas morais, afinal, será que a Inteligência Artificial (AI) está apta para escolhas que podem valer uma vida ou o futuro de uma empresa?

Entramos agora em um universo complexo. Já vimos que os veículos autônomos cada vez mais tomam uma proporção que os colocam como futuro do transporte. Então, imagine este cenário: dez crianças saltam na frente de um carro autônomo. Se o carro desviar, ele atropela dois idosos, logo, qual o correto? A tecnologia do autônomo pode e vai detectar todos esses complicados panoramas, porém qual seria a decisão a ser tomada? Qual a ética dessa AI? Afinal, sabemos que no ambiente real existem muitas coisas que não podem ser controladas.

Seguindo esse exemplo, e como já especificamos que cerca de 90% dos acidentes de trânsito são provenientes de falhas humanas, como funciona a programação de algoritmos se quem "ensina a máquina" é o ser humano? Como colocá-la para funcionar por meio de uma ética, que inclusive, não é certeira? Determinar quem deve sofrer as consequências desta colisão, me parece surreal, mas também inevitável. Os algoritmos tendem a tomar decisões mais rápidas que o ser humano. Em tese, um carro autônomo conseguiria prever, inclusive, situações como essas. Porém, se acontecer, de alguma forma deverá ser realizado o procedimento mais correto.

Em um estudo sobre esse dilema moral, o *Massachusetts Institute of Technology* (MIT) disponibilizou, em 2021, 40 milhões de respostas para o questionamento de qual vida o carro autônomo deveria salvar. A escala de prioridade entra sempre em defesa das crianças e jovens saudáveis, descartando pessoas da terceira idade e pessoas doentes, entre elas, obesos e, até mesmo, criminosos. Na lista de prioridades, por assim dizer, todos eles tiveram suas vidas inferiorizadas. Os dados apontaram ainda, que uma pessoa em situação de rua vale menos que um médico. Olhando de uma perspectiva maior ainda, a questão da moral pode se tornar, inclusive, regional, ou seja, cultural. Para mostrar a problemática, trago outro panorama. O carro autônomo está na estrada, de um lado uma vaca, do outro uma pessoa. Quem a AI salva? Parece bem óbvio, não? Mas se você estiver na índia, não é tão claro assim, uma vez que as vacas são extremamente sagradas por lá. Isso nos traz os dilemas éticos que uma tecnologia embarcada deve considerar, ou seja, além de leis de trânsito, condições de vias, entre outras questões técnicas, a cultura também deve estar inclusa.

Dilemas como esses não são novos. Inclusive, temos alguns exemplos bastante famosos, como no livro *A Escolha de Sofia*, de William Styron, publicado em 1979, onde a prisioneira polonesa deve escolher qual dos seus filhos deve ser executado, o menino ou a menina. Após decidir que o menino deveria seguir vivo, pois é homem, mais forte e com mais chances de sucesso, Sofia é atormentada por sua escolha até tirar a própria vida. A verdade é que dilemas morais jamais trarão uma situação satisfatória. Sempre haverá discordâncias, até mesmo entre filósofos, como o inglês John Locke, que definiu a ideia de defesa da liberdade intelectual e da tolerância. Enquanto Jean-Jacques Rousseau argumenta a importância do grupo, superior à consciência do indivíduo.

Em 1967, a filósofa britânica Philippa Foot criou o conceito conhecido como "dilema do bonde", em que uma pessoa está no comando de uma alavanca de trem. Se seguir reto, matará cinco funcionários que estão consertando os trilhos da ferrovia, mas se puxá-la, pode trocar de linha e atingir apenas um operário. O que é certo? Uma vida vale menos que cinco? Nas decisões morais contam as questões pessoais? Somos capazes de separar as duas coisas? Na verdade, não. Segundo pesquisas recentes, nós raramente usamos a razão para tomar atitudes. Pesquisadores do *Massachusetts Institute of Technology* (MIT), também em 2020, perceberam que ao analisar o cérebro das pessoas enquanto pensavam sobre dilemas, muitas decidiram baseadas em sentimentos, como empatia, repulsa e, até mesmo, facilidade. Os resultados foram colhidos na plataforma *online Moral Machine,* que ao apresentar diversos cenários com pessoas de todas as especificidades e, inclusive, animais de estimação, como escolhas de vida ou morte, abrem o debate para uma construção colaborativa sobre a opinião das pessoas acerca de como as máquinas devem reagir quando confrontadas com dilemas morais e as consequências disso.

A autonomia dada à inteligência das máquinas exige uma compreensão mais clara de como nós, seres humanos, fazemos nossas escolhas e se vidas devem ser quantificadas. Afinal, para a moral e os bons costumes, um cão de estimação vale mais que um criminoso. Contudo, perante a lei, o peso dessa escolha pode ser diferente.

Além disso, quando o questionamento é ter ou não rodando nas vias um carro com tecnologia capaz de decidir de forma ética — o que supostamente traria mais segurança —, uma grande parte das respostas ao modelo que preserva a vida de seus integrantes "a qualquer custo" é a recusa no momento da decisão de compra. No geral, a indústria automotiva se utiliza do argumento de que dilemas éticos nas estradas são raros e devem ser eliminados, e não resolvidos.

Na teoria, a meta é louvável, mas, na prática, é complexa. Um funcionário da Mercedes-Benz afirmou que, no futuro, em cujas situações o autônomo tenha que decidir entre colocar em risco pedestres ou passageiros, o algoritmo certamente vai assegurar a segurança dos passageiros, o que trouxe à empresa um tremendo desconforto. No entanto, também foi uma porta para promover discussões sobre o tema.

Para o filósofo inglês John Stuart Mill, criador da doutrina do utilitarismo, a moral está na consequência que agradará o máximo de pessoas. Assim sendo, no dilema do bonde, seria a opção de atingir apenas uma pessoa, seja ela quem for. Porém foi exatamente essa ética de escolher o "mal menor" que sustentou regimes totalitários no século XX e trouxe desgraça a milhões de pessoas em nome da maioria. Acredito que seja muito difícil compreendermos os danos colaterais dessas decisões, mesmo que ainda estejamos envolvidos apenas no programa. O dilema de qual vida a máquina deve minimizar é infindável dentro de suas variáveis.

Veja, a pesquisa ainda revela a ordem de quem deve viver, que foi elencada por meio de uma média de prioridades: carrinho de bebê; menina; menino; mulher grávida; médico; mulher atlética; executiva; homem atlético; executivo; mulher obesa; homem obeso; pessoa em situação de rua; homem idoso; mulher idosa; cachorro; criminoso e, por fim, gato. Claro que esse tema causará uma eterna discussão. Inclusive, em conformidade às montadoras, acredito que a moralidade abrirá o debate sobre outras questões para que esse tipo de situação jamais aconteça. Mas até alcançarmos um ponto definitivo de reflexão: de qual lado estamos?

Outra questão sobre a ética é a privacidade. A partir do momento em que estamos em um veículo autônomo, não partilhamos quase nada dela, ou seja, tudo o que você resolver fazer enquanto se locomove será gravado. Pensando que os carros serão monitorados e rastreados em tempo real, sabemos que todos os nossos passos, trajetos, data e hora estarão disponíveis em uma base de dados do próprio veículo, o que levanta a pergunta: quem terá acesso a todas essas informações? Se já existe um mercado ilegal de compra e venda de dados cadastrais, que dirá de imagens? De famosos, políticos, entre outros. Além disso, a nossa liberdade também será comedida, uma vez que o veículo escolherá os melhores trajetos e realizará as tomadas de decisões. O que restará para nós, humanos?

Agora, vejamos outro panorama: uma pessoa toma a frente do autônomo e comete um crime ao volante. As imagens chegarão à base de dados e elas provarão que o condutor e o veículo estavam no local. Mas onde ficaria aquela parte da legislação que visa o direito de não produzir provas contra si mesmo? Quando essa pessoa comprou o veículo, ela abriu mão disso? Segundo Fábio Pereira, advogado e sócio da área de Tecnologia e Proteção de Dados & Privacidade da Veirano Advogados, são muitos os desafios jurídicos à frente. O avanço da automação e das tecnologias de Inteligência Artificial é atual e inevitável, motivo pelo qual se deve, primeiro, analisar seus impactos nos contextos social e regulatório existentes, para determinar possíveis medidas cabíveis em um segundo momento. A título ilustrativo, vale mencionar o relatório elaborado, em 2014, pelo *Intellectual Property Office* do Reino Unido, que identificou as oito grandes áreas tecnológicas que levariam o país ao crescimento e desenvolvimento na próxima década. Entre elas, estão a robótica e os sistemas autônomos.

Questões de segurança são fundamentais nesse contexto de veículos autônomos ou semiautônomos. Por funcionarem com base em um sistema computadorizado, é possível que pessoas externas ao ambiente tenham acesso ao veículo, tornando-o suscetível ao ataque de hackers, por exemplo, em razão dos sistemas de "infoentretenimento", que são utilizados pelos automóveis e possibilitam a conexão com aplicativos e outras mídias. Nesse sentido, um estudo feito em 2020 pela resseguradora alemã Munich Re constatou que 55% dos gerentes de risco encaram a segurança digital como o principal problema nos carros autônomos, e 64% das empresas da área não saberiam ainda como lidar com a questão.

Assim, o fato é que o carro autônomo pode ser invadido de diversas formas, seja pelo próprio sistema do carro ou por meio do sistema de "infoentretenimento" dos aplicativos, sem falar do grande número de dados que são coletados sobre os usuários (i.e., dados biométricos, dados de localização, nome, etc.). Ou seja, as possíveis brechas nesses dois sistemas tornam o automóvel vulnerável a ataques.

A título de exemplo, os hackers podem furtar e coletar dados pessoais do usuário, bem como informações a respeito de preferências por meio dos aplicativos conectados ao carro. Outro cuidado necessário tem a ver com o compartilhamento de dados, que deve ser feito dentro de certos limites e com anuência do titular, até porque eles são importantes para que as empresas continuem melhorando as experiências, identifiquem problemas comuns, monitorem os veículos e, principalmente, evitem acidentes.

Seguindo esse pensamento, Fábio complementa que, não obstante, os impactos e riscos que os veículos autônomos possam acarretar matéria de privacidade e proteção de dados, os avanços da tecnologia são inevitáveis, irrefreáveis e desejáveis, motivos pelos quais a sociedade civil, em conjunto com as empresas do setor privado e o poder legislativo, deve se posicionar no sentido da elaboração de novas leis e regramentos específicos para recepcionar o fenômeno tecnológico e, ao mesmo tempo, equilibrar direitos e deveres garantidos no ordenamento jurídico brasileiro.

Agora, imagine uma vítima de um latrocínio (assalto seguido de morte), em que não houve testemunhas e muito menos câmeras nas ruas no dia de seu assassinato. Quando a polícia chegar, não haverá mais criminosos para prender. Quais são as chances de um carro autônomo, que é equipado por câmeras que captam imagens por todos os lados, conseguir filmar a ação? São grandes. Por isso, temos dois lados da história: a privacidade, que cada vez mais ninguém estará completamente sozinho, e a da segurança, que realmente pode servir como grande aliada às autoridades. Por outro lado, quando as ruas estiverem tomadas pela tecnologia, a vida de mais ninguém será privada. Se você estiver se divertindo com seu filho no quintal, ou mesmo na calçada de sua casa, estará sendo filmado por inúmeros veículos. Portanto, temos uma dicotomia a ser resolvida. E isso paira por toda a era digital.

Apesar de termos a Lei Geral de Proteção de Dados Pessoais (LPGD), sancionada em 2018, ainda é tudo muito emergente no que diz respeito à proteção de dados. Quem programa essa "máquina" é o homem e, por isso, gera muitos problemas.

Tirando o contexto da proteção dos dados, um exemplo que pode deixar claro a necessidade de implementar políticas e leis que definam a ética da AI é a ferramenta Tay, da Microsoft, que foi inventada para interagir com usuários do X, antigo Twitter, porém, conforme ela recolhia os algoritmos das pessoas, passou a gerar comentários sexistas, machistas, preconceituosos e, até mesmo, de ideologias nazistas.

A Organização das Nações Unidas para a Educação, a Ciência e a Cultura (UNESCO), durante a 40ª sessão da Conferências Geral, foi palco de discussão sobre o assunto e fez uma série de consultas, que contou com a participação de gigantes da tecnologia, como a Google, Facebook, Microsoft e, ainda, com acadêmicos renomados de universidades, como Stanford e a Academia Chinesa de Ciências. Já existe um projeto de recomendação, que preconiza algumas questões cruciais para que as máquinas continuem, cada vez mais, fazendo parte de nossas vidas de forma benéfica.

Previamente estabelecidos, os conceitos mostraram que: os humanos são determinantes, tem ética e, assim, são legalmente responsáveis pelos sistemas de AI; as máquinas devem ser programadas para atingir propósitos, que devem ser adequados ao contexto; não podem ser ponto de desarmonia ou depredação de sistemas vivos; ainda devem considerar questões de gênero, racial ou cultural, se adequando a todas elas, a fim de jamais promover o preconceito. Só com diretrizes e regras claras é que seremos capazes de conviver harmoniosamente com a AI e, mais do que isso, não a deixar superar o comportamento humano coletivo. O que chamamos de *machine learning* deve ser baseado na transparência e em prol da sociedade, porém de uma forma que não impeça o crescimento da tecnologia que surge para nos auxiliar.

Minha humilde sugestão para os governantes é que diferentes estados e cidades realizem pilotos distintos das diferentes tecnologias, de uma forma que todos os dados sejam abertos ao público, permitindo o debate transparente com base em dados. Especialistas, juízes, engenheiros, filósofos, economistas, políticos, jornalistas e a sociedade em geral precisam aprofundar seu conhecimento sobre o impacto dessas tecnologias na sociedade para criar uma opinião sobre ela. A super-regulamentação, como acontece no Brasil, é uma fonte que torna o país não competitivo no âmbito mundial — como a falta de regulamentação correta faz os cidadãos reféns dos interesses econômicos das empresas. Esse equilíbrio será o segredo do crescimento sustentável.

Por que não permitir que a sociedade se ajuste naturalmente, como aconteceu no nascimento de várias outras tecnologias, no caso da internet ou *smartphone*, por exemplo? Primeiramente, cabe a pergunta: se neste mesmo exemplo, fomos capazes de tirar o máximo de benefícios econômicos da internet, na rapidez e profundidade de todo seu potencial social? Isso inclui a adoção de banda larga, da tecnologia 4G, do seu uso para saúde, educação, segurança, entretenimento, entre tantos outros. Neste aspecto, com base nos dados do banco mundial, existem mais de oitenta países com mais acesso à internet banda larga por 100 mil habitantes que o Brasil. Bem, não parece uma grande fonte de orgulho.

Segundo, é a questão da segurança nacional. Com a popularização da internet no final dos anos 1990, os termos *hacker* e *cyber threats* ainda não eram conhecidos. Hoje, tanto a profissionalização da *cyber* bandidagem e o poder *cyber* bélico que países totalitaristas possuem são uma ameaça à segurança nacional em um patamar novo.

Então acredito que a inovação deve ser formalizada dentro de um processo nacional, que procure entender, aprimorar, questionar, verificar, testar e descobrir os lados positivos e negativos das tecnologias que farão parte integral de nossas vidas, para que nós, e não alguns, possam influenciar o "barco" nacional.

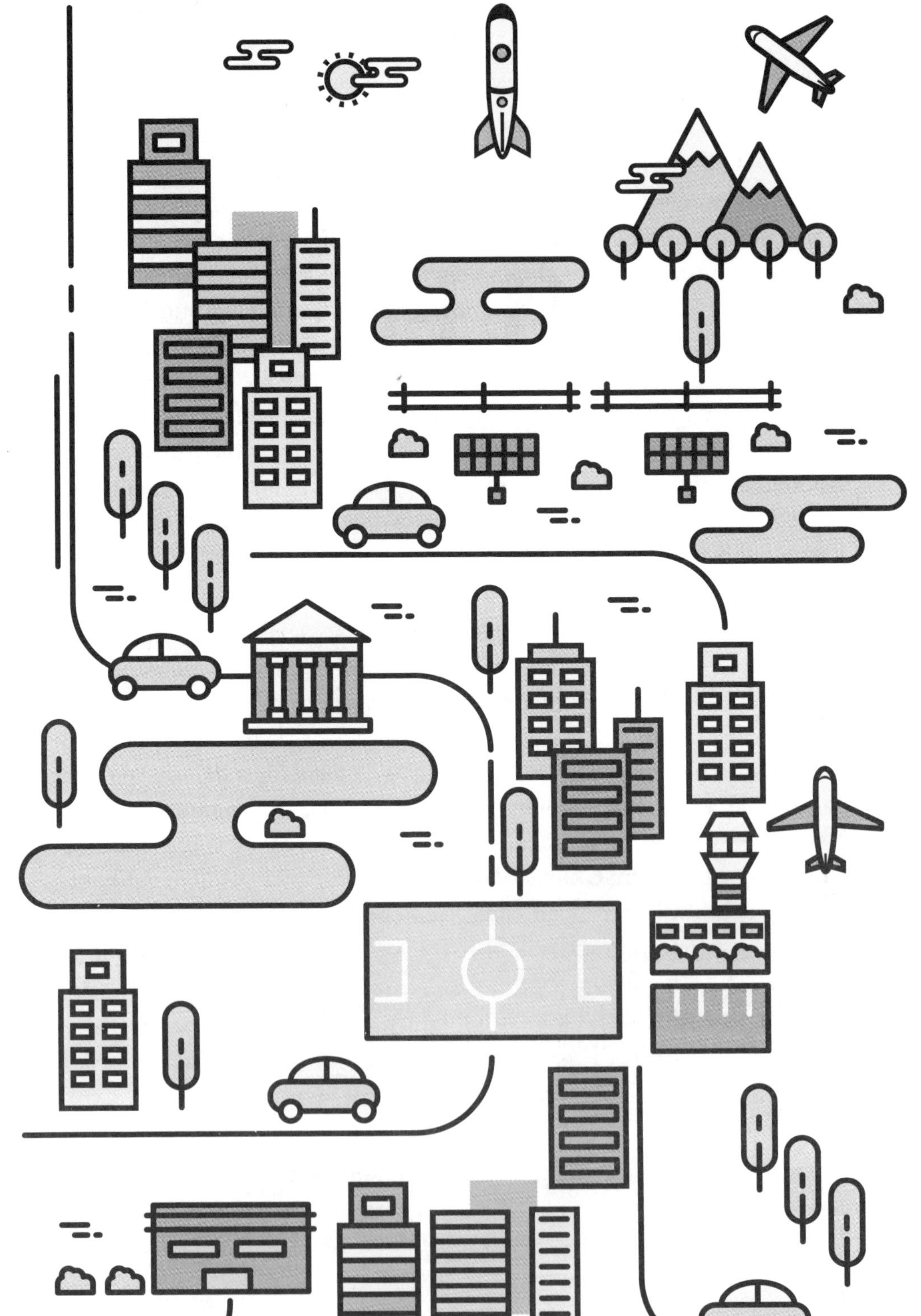

8

O FUTURO ESTÁ AQUI

Estamos falando do ir e vir, não é? Ainda não conseguimos enxergar a dimensão do quanto à tecnologia transforma e tornará a mobilidade em um terreno fértil, desse modo, como comentei por diversos ângulos neste livro, ela está intimamente ligada à economia, à produtividade, à cultura, à educação, à saúde e, consequentemente, à qualidade de vida de cada um. Nesse sentido, segundo dados do *Oliver Wyman Forum*, esse mercado irá movimentar US$26,6 trilhões de dólares em 2030. Daqui até lá, poderemos ver o crescimento de 75%. Muita coisa, não?

Quando falamos sobre o futuro da mobilidade, para mim, é difícil imaginar algo que seja baseado em fontes de energia não limpas e sem uso de comunicação avançada e rápida. É a partir dessa premissa que se aposta, por exemplo, tanto nos veículos elétricos e na infraestrutura 5G, mas não se limita a isso. A mobilidade irá se desenvolver de maneiras distintas nas diferentes regiões do mundo. É de se imaginar em países que já estão investindo pesado em tecnologia, como os EUA, Israel e Japão, que as mudanças de paradigma serão vividas de maneira mais rápida e disruptiva. Já países subdesenvolvidos, que não dispõem de recursos ou não os priorizam, como é o caso do Brasil, podem ter que se apoiar em tecnologias inferiores em um primeiro momento. O 5G é um grande exemplo, ele ainda é uma realidade distante em um país onde o próprio 4G ainda não funciona em todo seu potencial.

E a pergunta que deve surgir é: mas no que há para se gastar? Vamos partir do princípio da automatização. Cancelas de pedágios, pagamentos rápidos de qualquer meio de transporte, pedágio *free flow* — que se paga pela distância percorrida —, praças de abastecimento de carros elétricos (e abastecimento *wireless*), zona azul e vagas inteligentes, pagamentos de tributos e documentos digitais. E claro, o momento em que tudo vai ser conectado, a aplicação da IoT em todo esse universo. Esses são apenas alguns exemplos, que inclusive já estão sendo colocados em prática, porém a popularização e efetivação dos serviços serão por meio da tecnologia e terá um prazo para que aconteça.

O potencial da tecnologia se atinge quando as pessoas e objetos (ativos) são monitorados o tempo inteiro e por meio da comunicação de dados contínua. Seria possível que os problemas fossem identificados de forma simples e as medidas para estancá-los fossem tomadas. Porém o que precisamos para ter essa transmissão de dados de forma eficiente? Uma internet rápida em todos os locais, como, por exemplo, o 5G. Falaremos disso mais à frente e talvez você possa entender quanta inovação poderá surgir desta e outras tecnologias.

Tudo começa de algum lugar, não é? Por exemplo, já dispomos de contador de fluxo, câmeras de monitoramento, leitura automática de placas, lombadas eletrônicas, entre outras tecnologias. Esses são sistemas que, aliados a um grande plano de monitoramento, poderão influenciar até mesmo na segurança de uma cidade não apenas na liberação do tráfego. O ponto é: uma vez que a conectividade existe é mais fácil integrar inteligência em absolutamente tudo que acontece. Não faz sentido o sinal estar vermelho se os sensores mostram que não há carros se aproximando. Aquela ideia do relógio fixo que ainda vivemos na grande maioria dos sinais é ultrapassada. Da mesma forma, o trânsito pode se adaptar para facilitar a passagem de uma ambulância a caminho do hospital ou da polícia para capturar um bandido ou dos bombeiros para apagar um incêndio. Pensando nessa lógica, o próprio dinheiro físico também não faz mais sentido, uma vez que todos têm acesso à tecnologia.

Os *Jetsons*, animação criada em 1962 por William Hanna e Joseph Barbera, que apresentava uma sociedade fictícia e futurista, de 2062, chamada *Orbit City*, que, para a época, representava o futuro. Hoje, quase sessenta anos depois das previsões magicamente tecnológicas, embora muito faça sentido, como as chamadas por vídeo, robôs que limpam a casa, uso de *tablets* para ler as notícias e os assistentes pessoais, ainda não alcançamos os carros voadores. Repito: ainda. Contudo, a cada dia, estamos mais perto do leque de oportunidades tecnológicas que podem facilitar a vida das pessoas com apenas um clique.

Outro ponto interessante desse exercício de imaginar o futuro da mobilidade é reconhecer que, assim como as demais tecnologias, elas vão se desenvolver de maneira horizontal, e as diferentes soluções vão passar a se integrar. Vejam o exemplo do telefone. Antes, ele só existia para fazer ligações. Hoje em dia, ele é nosso teclado, nosso despertador, tocador de música, navegador de internet e mais milhares de funções possíveis pelos aplicativos. Esse mesmo fenômeno acontecerá com os meios de transporte. E nós já percebemos isso, muitos dos carros comerciais já acompanham acesso à internet, comandos de voz e acesso a diferentes aplicações. Logo, se você, assim como eu, é entusiasta de tecnologias de AI por comando de voz — se realiza pesquisas pelo *Google Assistant* e, quando chega em casa do trabalho, pede para a Alexa tocar aquela música do Metallica que você gosta — saiba que essa inovação não vai ficar mais só na sua casa. As tecnologias ligadas à mobilidade tendem a integrar essas tendências, tornando os veículos muito mais interativos e responsivos.

CARROS ELÉTRICOS

Já abordei bastante a questão dos veículos elétricos (VEs), sobre há quanto tempo ele existe em tese, a dominação do mercado em 10 anos, o tamanho do investimento que deve ser realizado para que transitem tranquilamente, o benefício sustentável que está por trás da tecnologia, entre outros conceitos necessários para a discussão. Entretanto a questão é que, para o futuro, vemos desafios que parecem ser insolúveis em curto prazo — e talvez sejam. Porém precisamos enfatizar que, do ponto de vista ecológico e de redução de custo para o cidadão, os elétricos estão ganhando. Em 2016, o relatório da *Bloomberg New Energy* aponta ainda que até 2040 essa modalidade será maioria no mercado mundial. Tudo maravilhoso até aqui. Porém, não podemos esquecer que a falta de energia ocorre no mundo inteiro. Assim, será que os VEs contribuirão para um cenário catastrófico?

Calma, temos saídas. A questão é o investimento em postos de recarga solares e derivados. Mas, claro, que para isso acontecer, de forma que nosso sistema de geração de energia não entre em colapso, são necessários investimentos. Não há perspectiva nenhuma de dar certo se abastecermos esses carros com a mesma energia que chega em nossas casas. Portanto, o meio viável está aí, porém será que o mundo está preparado?

Os desafios são tantos que duas gigantes resolveram se unir para investir na mitigação da problemática de inserir o VE no mundo. A Ford Motor Company empenha todo o seu *know-how* em desbravar as tecnologias veiculares para que a nova modalidade aconteça, e a Newlab, como Mobility Studio, investiga as possibilidades de aprimorar o gerenciamento de frotas para conectar e integrar todos os veículos no ecossistema de energia e, assim, estar à frente com a cobrança e suporte para aqueles que são comerciais e de passeio. Para que tudo isso aconteça, plataformas estão sendo desenvolvidas e dão a certeza de que o futuro está aqui. Como exemplos, temos a EVPassport, que conecta casas por meio de uma plataforma de *hardware* e *software,* que se encontram em uma nuvem com possibilidades de pagamento por sessões de carregamento. Ou mesmo a Fermata Energy, que proporciona o intercâmbio de energia entre o carro e a rede, transformando os veículos em ativos de armazenamento de energia, combatendo as mudanças climáticas e ocasionando menor custo.

Esses avanços, que estão cada vez mais na mira de estudos, vão ajudar a resolver o maior problema dos VEs: o carregamento e a transmissão do problema ambiental. Afinal, a queda da exploração do petróleo é muito boa, porém a forma pela qual vamos gerar energia poderá se tornar um desafio. Outro ponto interessante da discussão é a diferença da inserção de carros elétricos em novas cidades, que será diferente das já existentes. Atualmente, são os grandes centros que oferecem as maiores oportunidades de emprego, melhores escolas, hospitais, opções de lazer, cultura, entre outros. Por isso, as metrópoles seculares conseguem atrair e agregar milhões de pessoas. No entanto não seria de se espantar que, com a adoção de novas tecnologias e a possibilidade de se trabalhar remotamente, mais pessoas irão se afastar dos grandes centros em busca de melhor qualidade: livres do trânsito caótico e da violência. Abre-se, então, a possibilidade da criação de novas cidades. E acreditem, elas não serão moldadas como as já tradicionais em que vivemos hoje.

Caso haja organização na formação de novas cidades, elas já podem trazer a mobilidade e o baixo impacto ambiental em seu DNA. As placas solares e pontos de recarga para carros seriam só o começo. Quem sabe, possam existir cidades tão bem integradas a diferentes formas de transporte público movidos a energia elétrica, que a própria noção do carro individual não faça mais sentido.

Acontece que é inteligente pensar em novas cidades, pois elas não carregam o ônus do passado, que é o custo de manutenção de tudo aquilo que temos apego nas cidades mais antigas. Prédios históricos, monumentos, grandes obras, manter tudo isso funcionando acarreta um grande custo às cidades. Quando os governos locais não dão atenção merecida a essa manutenção, o que temos são cidades deterioradas. Ora, se você tiver a oportunidade de trabalhar remotamente e se mudar para uma cidade mais limpa, planejada e com melhor qualidade de vida, por quais motivos você continuaria morando em uma metrópole poluída, violenta e com trânsito caótico? Para além do VE, o advento das novas cidades pode abarcar muitas outras tecnologias, como veremos a seguir.

CARROS VOADORES

Voltando ao cenário dos *Jetsons*, sem trocadilhos, a ideia de carros voadores certamente comprou um *ticket* para uma viagem com a velocidade da luz. De acordo com uma pesquisa sobre o interesse da mobilidade aérea avançada (*Advanced Air Mobility* – AAM), que inclui transporte de carga e de pessoas, realizada pelo *Mckinsey* em junho de 2021, os investimentos divulgados ultrapassaram a marca de US$8 bilhões no final do primeiro trimestre do mesmo ano. Para o consumidor final, apesar da grande euforia, ainda existem muitas questões nebulosas a serem esclarecidas, tais como segurança e valores de serviço.

Entre os consumidores da China, Brasil, Alemanha, Índia, Polônia e Estados Unidos, o maior desejo por veículos voadores é o de diminuir o tempo entre seus deslocamentos. Portanto, não é de se estranhar que os mais interessados em adotar de fato os serviços de AAM estão também entre os países com as maiores taxas de trânsito, como Índia e Brasil. Em 2019, antes da pandemia, duas cidades brasileiras estavam entre as vinte mais congestionadas do mundo, enquanto quatro cidades indianas estavam entre as dez primeiras. É natural, também, que um dos países que mais têm se dedicado ao desenvolvimento do tema seja a Índia, com 31% a 47% dos entrevistados entusiasmados pelo uso de um veículo AAM no futuro. Com uma indústria bastante emergente, o país se destaca com sua tecnologia eVTOL, de veículos elétricos de decolagem e pouso vertical, para uso de táxis voadores. Explicarei isso a seguir, mas eles não são carros realmente voadores.

O transporte de pessoas atraiu mais de 80% dos últimos investimentos na tecnologia e, claro, isso está conectado à vontade de aperfeiçoar o tempo de deslocamento nas cidades. Entre as considerações de movimentação envolvendo as atividades com os veículos AAM, se destacaram idas e voltas do trabalho, viagens para o aeroporto ou ainda viagens de negócios, maior tópico de interesse entre os entrevistados nos Estados Unidos, por exemplo. Obviamente, que outros fins não são descartados, os consumidores poloneses preferem adotar o uso de aeronaves elétricas para viagens de lazer de curta distância. Assim, pessoas que já utilizam serviços veiculares, tais como táxi ou locação de carros, por exemplo, demonstraram boa aceitação, com 29% e 27%, respectivamente. Já aquelas que têm seus próprios carros ou utilizam o transporte público são menos propensos, com 23%, em grande parte, por conta da preocupação com valores e segurança.

Quando falamos em mobilidade aérea para entregas, a preocupação com o preço chega a ser a maior em todos os países entrevistados, menos na China, que considerou a velocidade da entrega como primordial para sua decisão. Ou seja, os preços precisarão ser muito competitivos. Já para veículos de passageiros, ainda que a ideia inicial fosse de que eles fossem elétricos e operados por pilotos, empresas como a Vinata Aeromobility, de Chennai, já prepara um modelo totalmente autônomo e híbrido. O carro voador será o primeiro híbrido da Ásia a usar biocombustíveis. A verdade é que, com a aceleração nas legislações e políticas públicas positivas para essas tecnologias, poderemos transformar o mundo em breve.

Pensem que a transformação estará muito aquém das vidas que serão salvas, como as 1,3 milhão de pessoas que morrem e entre 20 e 50 milhões que ficam feridas por ano em acidentes rodoviários, de acordo com a Organização Mundial de Saúde, mas também na qualidade de vida e economia, já que acidentes como esses custam ao PIB da nação, como já citei aqui. Em 2019, o americano chegou a perder 99 horas devido a congestionamentos, o que lhe custou cerca de US$1.377 dólares.

Estamos falando em um cenário coletivo com objetivos em comum, de mitigação de erros, conquistas de segurança e sustentabilidade aliadas a eficiências tecnológicas. Imaginem começarmos a usar carros voadores para a melhoria de serviços de emergência, por exemplo? Ambulâncias, carros de polícia e bombeiros?

Com os investimentos crescentes e protótipos de desenvolvimento emergentes em diversos países além da Índia, tais como Eslováquia, Estados Unidos (já falamos dos projetos de VTOLs elétricos da NASA), Alemanha e Holanda, o futuro da mobilidade aérea em 2030 poderá ser comparado em dimensões às maiores companhias aéreas do mundo, e com as mesmas complexidades, claro. Com frotas maiores do que uma linha aérea tipicamente comercial, espera-se que as operadoras AAM façam cerca de 1200% a mais de voos diários. No entanto, há ainda algumas questões de infraestrutura significativas a serem consideradas, como o espaço para decolagem e pouso. Embora todos os carros voadores sejam veículos aéreos avançados nem todos os veículos aéreos são necessariamente carros voadores. Como o caso do VTOL, veículos de decolagem e pouso vertical, que podem ser elétricos ou não.

Apesar de estarem sendo projetados para serem táxis, não são carros voadores, pois enquanto os VTOLs ou eVTOLS requerem espaço mínimo para o pouso ou decolagem vertical que também poderão ser usados como pontos de recarga e terminais de passageiros, os carros precisam de uma pista ou área aberta para o mesmo. Em contrapartida, os VTOLs precisam de grandes vagas de estacionamento, o que pode ser um enorme impeditivo para seu uso privativo porta a porta.

Fora as questões geográficas limitantes, há os desafios óbvios de aumentar e sincronizar os sistemas de gerenciamento de tráfego aéreo dentro de grandes centros urbanos, além de legislações quanto ao próprio uso da tecnologia. Por exemplo, em casos de VTOLs, qual seria a certificação correta para o equipamento e para o piloto? Por enquanto, há disponível um modelo da Aeromobil, da Eslováquia, que se destaca da concorrência por ter sido desenvolvido dentro do marco regulatório existente e adaptado ao uso de infraestruturas prontas, tais como aeroportos de médio e pequeno porte, bem como postos de gasolina.

Porém há ainda outras questões. Por exemplo, como ensinaremos veículos autônomos voadores a dirigir? No caso de carros autônomos, como os que conhecemos, pessoas especializadas colaboraram com sistemas de Inteligência Artificial de algoritmos, que servirão de base para um sistema confiável o suficiente de direção segura. O carro é totalmente autônomo, conhecido como nível 5 na indústria, e deve ser capaz de completar uma jornada sem qualquer intervenção do motorista e ainda lidar com eventuais problemas. Para que esses algoritmos sejam os mais fidedignos à realidade possível. Ao dirigir, pessoas especializadas anotam qualquer comportamento incomum nas rodovias.

Mas, se essa situação tem se mostrado difícil para carros terrestres, quiçá voadores, certo? Sabemos que tanto em um modelo quanto no outro, a ideia é termos uma sociedade potencialmente mais segura, já que boa parte dos acidentes de trânsito, como já falamos, são de responsabilidade do ser humano e suas imprudências. Temos a oportunidade única de preparar a arquitetura do sistema de carro aéreo *from bottom up* como um sistema de direção autônoma. Explico: o que dificulta — e muito — a introdução dos carros autônomos são os humanos que dirigem as estradas e a falta de IoT avançadas nos objetos e pessoas.

Em primeiro lugar, os seres humanos são capazes de tomar atitudes que ferem a lógica matemática que sustenta a inteligência artificial. Por exemplo, dirigir bêbado ou cansado, com veículos que precisam urgentemente de manutenção, jovens imprudentes e idosos que têm a visão espacial comprometida. Referente aos serviços de IoT avançados, veja que se todos os carros, pessoas ou postes tivessem sensores da tecnologia e câmeras, o carro autônomo poderia ter visão sobre eventos que estão além de sua capacidade sensorial interna, melhorando significativamente a assertividade dos algoritmos e as opções de seus desenvolvedores.

Assim como nós, os computadores precisam de tempo para se aperfeiçoar em algo. A Rand Corporation, uma *think tank* americana, estima que para uma máquina desenvolver um sistema, cerca de 20% mais seguro que um motorista humano, seria preciso que uma frota de centenas de carros autônomos completasse 14 bilhões de quilômetros, dirigindo 24 horas por dia, 365 dias por ano. O que em velocidades médias permitidas nas estradas, levaria aproximadamente 400 anos.

Está óbvio que essa não é uma realidade, já que temos os simuladores usados por grandes marcas, tais como a Porsche, que aceleram o desenvolvimento, "alimentando" o *software* com as situações incomuns descritas pelos especialistas. Dessa forma, os programas conseguem "aprender" a dirigir em mundos virtuais carregados de características extremamente reais, com atribuições que farão sensores, câmeras e dispositivos do carro agirem do jeito apropriado. Agora, será que o mesmo poderá ser feito com veículos aéreos? Serão seguros, uma vez que não temos tantas informações para alimentar a máquina? Apesar de não possuirmos muitas situações para serem expostas à Inteligência Artificial, acredito que a própria tecnologia será capaz de calcular erros e corrigi-los antes mesmo que se tornem reais. O futuro é promissor, mas como já falei diversas vezes aqui, ele remonta do presente e passado, às vezes, bem distante.

Já a ideia de aviões de pouso e decolagem verticais, ou o que conhecemos hoje como VTOls, não é novidade. Pelo menos, não o conceito. Existem alguns registros de Leonardo da Vinci, ainda no século XV, que provam que ele buscava a mesma ideia. Embora os primeiros helicópteros tenham aparecido apenas em 1907, eles realmente ganharam força anos depois com a Segunda Guerra Mundial. Apesar de o VTOL se enquadrar na performance de helicópteros, por causa do pouso e da decolagem vertical, não são a mesma coisa. Os modelos mais próximos de VTOLs que conhecemos, possivelmente, surgiram em 1941, com o FA269, do alemão Henrich Focke, que eram aviões com capacidade de alta altitude e distância, porém com pouso e decolagem vertical. Com rotores virados para baixo, um em cada asa, a aeronave tanto aproveitaria a sustentação das asas durante o voo, como conseguiria pousar e decolar sem precisar de pistas. Mas apesar de inúmeros testes em túneis de vento e maquetes em tamanhos reais, o projeto literalmente não decolou.

Lógico que, ao longo dos anos, outros projetos surgiram. Britânicos, alemães, americanos e, atualmente, até indianos, de conceitos variados. O americano Lockheed XFV-1, testado por volta de 1955, tinha o objetivo de resguardar comboios de caças, mas, como tinha capacidades limitadas, acabou sendo deixado de lado também. Já a aeronave da Bell, XV-15, trabalhada em conjunto com a NASA, voou pela primeira vez em 1977 e teve seu projeto restaurado em conjunto com a Boeing, quando os Estados Unidos resolveram voltar a investir em VTOLs experimentais, em 1983. O XV-15, portanto, é o precursor do modelo que realmente deu certo e continua operante até os dias de hoje, que é o Bell Boeing V-22 Osprey, primeiro projeto militar *tiltrotor* a ser produzido em série no mundo.

Como se percebe, existe um esforço muito grande em como produzir os veículos aéreos, porém, uma vez que tenhamos modelos seguros, começa outro problema: a comunicação entre esses carros. Não necessariamente quem produziu será o mesmo a operar esses equipamentos. Veja o caso dos celulares, nós temos fabricantes distintos para o *hardware*, outro para o *software* e ainda as operadoras de telefonia. Mesmo hoje, eles não necessariamente conversam muito bem. Os carros voadores também não se limitam a fronteiras locais ou nacionais, encarando diferentes legislações e protocolos aéreos. Existe uma infinidade de problemas que podem resultar dessa falta de padronização na comunicação.

Nesse contexto, vai ser essencial ainda democratizar o acesso a serviços de conectividade de alta performance. Precisaremos muito, por exemplo, agilizar o acesso ao 5G. Com uma capacidade de suportar um enorme número de conexões simultaneamente, ao mesmo tempo que consegue melhorar a velocidade e diminuir o *delay*. O 5G, sem sombra de dúvidas, é uma grande promessa, não só para o mercado B2B como para a sociedade como um todo. Logo, muito embora a tecnologia seja aguardada de forma positiva, muitas de suas funções são tidas como expectativas irreais. Por exemplo, apesar de a tecnologia ser uma realidade para cerca de 30% do mundo, 1.336 cidades em 61 países em 2020, há aqueles que permanecem no escuro sem acesso ao seu antecessor, o 4G. Essencial para que o 5G funcione, até 2018, apenas cinco países tinham a funcionalidade do 4G disponível acima dos 90%, segundo o relatório de 2018 da *Opensignal*.

Os investimentos são altos, uma vez que o mercado é gigantesco. Apenas dentro das oportunidades B2B, a Indústria 4.0 será responsável pela venda de cerca de 22 milhões de unidades 5G IoT até 2030. Mas muito além do entusiasmo pelo mercado, é preciso pensar em infraestrutura. Ao contrário das tradicionais redes de transmissão, o 5G não exige antenas grandes e podem ser instaladas até mesmo em edifícios, semáforos ou placas estruturais construídas para isso. Elas demandam mais pontos de acesso por área, o que certamente precisa de muito planejamento e tempo para sua implantação em áreas rurais com alta largura de banda, por exemplo. Claro que as regiões que receberem a antena serão valorizadas, já que servirão de atrativos para as próprias empresas.

Com 103 mil antenas, o Brasil teria que construir uma quantidade cerca de cinco a dez vezes maior de transmissores em relação ao que se tem atualmente com a internet 4G para conseguir atingir sua cobertura nacional. Segundo um levantamento feito em 2021 pela Conexis, dentre as vinte e sete capitais brasileiras, apenas sete estão prontas para receber a tecnologia com legislações para instalação de infraestruturas e antenas suficientes para implementar a nova conexão. Ainda que a Anatel (Agência Nacional de Telecomunicações), órgão regulador nacional, tenha definido que o 5G esteja presente em todos os cantos, isso está distante de acontecer. Um terço das cidades brasileiras vivem com áreas de sombras do 4G, gargalo ainda maior em zonas rurais e rodovias.

Em dezembro de 2020, havia 5.441 municípios com cobertura 4G, sendo que 3.513 tinham cobertura total em setores urbanos e apenas 146 municípios tinham cobertura total em setores rurais. Ainda havia 124 cidades sem cobertura nenhuma. Quando falamos em rodovias federais, fica pior. Apenas 46,4% das estradas brasileiras têm cobertura com banda larga móvel, 3G ou 4G. Nesse cenário, há uma disparidade enorme, enquanto quatro territórios apresentam cobertura superior a 80% de suas malhas rodoviárias, sendo eles, São Paulo (91,6%), Distrito Federal (87,4%), Rio de Janeiro (85,1%) e Sergipe (83,1%). Outras cinco unidades federativas apresentam cobertura inferior a 20%, sendo Mato Grosso (19,9%), Acre (19,9%), Roraima (17,9%), Amapá (17,5%) e Amazonas (12,5%). Os prazos para instalação dependerão não só da localização, como de regulamentos e incentivos governamentais.

Quando a tecnologia for de fato consolidada, segmentos como educação, saúde e indústria serão revolucionados, mas o mercado de veículos autônomos, por exemplo, ainda se mantém sem a necessidade da tecnologia. A indústria automotiva sabe que não pode esperar pela instalação completa da cobertura de 5G em rodovias para se desenvolver e, por isso, evolui paralelamente com carros que têm sensores e poder computacional para direção autônoma *off-line*. Para a comunicação de veículo-infraestrutura, os protocolos de *wi-fi* ou 4G são suficientes. Na verdade, o 4G suporta todas as atividades com uso de IoT no carro, desde a navegação segura até entretenimento.

Óbvio que, em termos de desempenho, o 5G será muito mais avançado. Estamos falando de um futuro multifuncional com troca de informações em tempo real, o verdadeiro conceito da Internet das Coisas, algo que já comentei aqui, unir a demanda e a oferta diretamente, desde o paciente que, com seu relógio, pode enviar alertas aos celulares de seu médico durante uma emergência ou, até mesmo, geladeiras que compram itens faltantes em sites *online*.

5G NA INDÚSTRIA

No mercado industrial, os benefícios vão muito além, particularmente para o chão de fábrica. Com a chegada da conectividade 5G e os constantes avanços em inteligência artificial, computação em nuvem, entre outras tecnologias, robôs inteligentes que atualmente assumem linhas de produção serão capazes de se diversificar, construindo vários produtos de diferentes linhas de fabricação ao mesmo tempo. A velocidade prevista para o 5G é de ser vinte e cinco vezes mais rápida do que a conectividade 4G.

Definitivamente, o sonho da otimização perfeita está a caminho. Fábricas poderão mitigar seus atrasos quase por completo, ao mesmo tempo que aumentam a produtividade de manufatura e humana. Longe da ideia de robotização completa sem funcionários, o 5G pode permitir que, enquanto tarefas perigosas e braçais sejam efetuadas por máquinas, o foco esteja no valor de competência de coleta e análise de dados. Câmeras terão *streaming* em tempo real com uso de análise de vídeos capazes de identificar ameaças e enviar, se necessário, um *drone* ou funcionário para investigar qualquer problema.

Para setores que utilizam a realidade aumentada como guia para atividades complexas — que quando transmitidas por redes 4G podem ser falhas por conta das restrições da largura da banda —, o 5G trará um *streaming* de orientações de excelência para o chão de fábrica. Ou seja, tarefas antes que precisavam da ajuda de engenheiros poderão ser realizadas por um número maior de trabalhadores, aumentando a flexibilidade do negócio e reduzindo custos. A economia de não deixar a máquina inativa, esperando o especialista, é significativa para o orçamento. Por exemplo, há décadas a automação de fábricas é realizada e confiada a controladores lógicos programáveis (*Programmable Logic Controllers* – PLCs) que estão fisicamente instalados ou muito próximos às máquinas as quais controlam. Se o 5G realmente alcançar as expectativas prometidas, o desempenho do PLC pode ser virtualizado na nuvem, por uma fração do custo atual.

Então, se falarmos em dados, com a IoT, as fábricas estão produzindo cada vez mais armazenamento, mas a altos custos, pois a transmissão por meio de redes cabeadas sai caro, e as redes *wi-fi* podem ficar congestionadas. Já o uso do 5G, que tem maior capacidade de conexão com milhares de terminais, o uso industrial de dados em escala se torna real tanto na ida quanto na volta. Com processos acelerados de verificação e capacidade, será possível até mesmo revender o excesso de energia a preços bastante atrativos.

INFRAESTRUTURA DO FUTURO

O 5G exigirá uma mudança estrutural gigantesca e inevitável para funcionar. Segundo a Mckinsey, apenas para atualizar as redes 4G em um país da Europa, com uma abordagem mais conservadora, em que os investimentos em 5G são atrasados, seria necessário um aumento de 60% de gastos de capital até 2025, correspondente a um crescimento anual de 25% dos dados. A mudança para a conectividade por fibra óptica para atender as capacidades do 5G, por exemplo, será essencial.

No Brasil, a regulação do serviço dificulta a expansão. Para mais antenas, os municípios precisariam autorizar o licenciamento e a instalação. Quanto menos antenas, menos cobertura, isso é óbvio. A princípio, a construção de muitas antenas não será tão necessária, pois a demanda não será correspondente, já que nem todas as áreas menores e rurais contam com a infraestrutura de torres de transmissão de 3G e 4G. O que para setores agrícolas, por exemplo, pode ser um tremendo atraso.

Claramente, o 5G é uma demanda para o futuro. Com muitas oportunidades de desenvolvimento, tanto em áreas tecnológicas de holografia a 3D, como de negócios. No entanto, antes de tudo, é preciso criar aplicações que façam as pessoas quererem aderir a planos e equipamentos mais caros. Porém, quando falamos em aeroportos, os regionais ganharão um destaque enorme, porque, apesar de atenderem pouca demanda atualmente, um relatório da NASA diz que eles podem se tornar bastante relevantes com o avanço da tecnologia. Ao longo da evolução, mais pessoas poderão optar pelo transporte aéreo para viagens mais curtas, e os aeroportos regionais serão a opção lógica e acessível. Nesse aspecto, 90% dos americanos vivem a 30 minutos de carro de um aeroporto regional, em comparação a 60% de um comercial. Já na Europa, 50% da população estão a meia hora de um aeroporto regional, enquanto 41% estão na mesma proximidade de um comercial. Contudo, para que essas infraestruturas realmente se tornem viáveis, algumas mudanças serão necessárias, tais como: mais aeronaves com pousos e decolagens verticais, mais silenciosas e novos sistemas de propulsão, elétrica de bateria, elétrica híbrida e elétrica de célula de combustível de hidrogênio com baixas emissões.

Na verdade, o conceito de *tiltrotor* combina as capacidades de um helicóptero com as de um avião turboélice, pode ser o que revolucionará o mercado aéreo civil. Alguns países, como Japão, buscam integrar a flexibilidade do conceito e a versatilidade das aterrissagens e decolagens verticais à velocidade. Claro que, dentro dos desafios de modelos civis, está o complexo processo de certificação que exige um estudo amplo de validação, tanto de capacidades quanto de segurança.

O protótipo do projeto similar ao militar V22, o italiano AW609 — o primeiro voltado para operações comerciais que, vale ressaltar, remonta da década de 1990 — possui atualmente a velocidade de 275 nós, podendo voar em uma altitude de cruzeiro de 25.000 pés e alcance máximo de 1000 nm (1.852 km), além de ter capacidade para nove passageiros. Isso se torna ideal para a concepção dos consumidores modernos, que apresentaram, na pesquisa de interesse, maior envolvimento com famílias maiores ou pessoas já acostumadas a serviços de *carsharing* e caronas.

SEGURANÇA E O PARADOXO DA TECNOLOGIA

O historiador israelense Yuval Harari, em seu livro *Sapiens: Uma breve história da humanidade* (L&PM, 2011), coloca o ser humano em uma situação reduzida. O autor mostra que a cooperação entre as nações é um requisito que será determinante para sabermos se a exterminação, "em tese", da humanidade será o destino ou não. Diante disso, pensar na tecnologia combinada com todo o processo de globalização constante, coloca qualquer requisito 5.0 na mira das preocupações mundiais.

Assim sendo, aliada aos interesses próprios, a tecnologia é catastrófica, uma vez que, com um comando, é possível gerar guerras sem fim. Por isso, nunca o sentido real da globalização foi tão necessário. Os benefícios devem superar as expectativas nacionalistas e trazer um único objetivo. Esse é o ponto de Harari e também o meu, como especialista em tecnologias disruptivas, porque sei o poder que sistemas, *softwares*, internet 5G, entre outros podem causar nas mãos erradas. Quando o historiador faz uma leitura de eleger políticos globais — que, para mim, é extremamente sensata —, ele não está desvairando. É uma realidade cada vez mais necessária. Uma vez que o planeta Terra é um ecossistema só, e as leis dirigem a humanidade, então, por que não um código mundial?

Nos dois anos de crise sanitária mundial, Harari levantou bem a questão. Se não conseguimos entrar em acordo em situação que, absolutamente, todos os países sairiam ganhando, como vamos nos unir contra ameaças como mudanças climáticas ou o mau uso da tecnologia? Isso considerando que existem pessoas que lucram alto com essas combinações. Depois de ler bastante sobre o historiador, fiquei bestificado — esta é a palavra — com as informações que temos ciência, mas não as colocamos no pensamento certo. Um dos maiores inimigos atuais são as fake news, correto? Sim, mas não é um problema atual, e o fato de que permeiam o passado nos mostra que realmente a humanidade nunca esteve tão preparada para se tornar uma cooperativa global. Antigamente, os livros mais vendidos eram sobre como identificar bruxas, ou seja, eram verdadeiros manuais de como caçar e matar mulheres e sobre quais delas deveriam viver ou morrer.

Então, o que falta? Um objetivo único, alguém que defenda o globo terrestre, e não uma nação ou outra. Caso contrário, *Sapiens* está certo, o livro se tornará um prelúdio da exterminação da sociedade ou, no mínimo, um retrocesso sem precedentes. Uma vez que temos a tendência, como seres humanos, de pensar na evolução como algo linear. Infelizmente, a história mostra algo muito diferente. A área hoje conhecida como Iraque antigamente se chamava Mesopotâmia e era o centro da civilização mundial, onde a ciência e tecnologia eram bem-vindas. Depois, com a introdução de religiões que viam a ciência e a matemática como inimigas, foi de uma das regiões mais avançadas da humanidade até chegar a ponto de se tornar umas das regiões mais atrasadas. Por outro lado, o avanço da ciência pode ser paradoxal.

Na minha época, no final dos anos 1990, no serviço de inteligência de Israel, um comandante falou em uma palestra: "O desenvolvimento de uma bomba atômica não é algo tão complexo. Os americanos conseguiram construí-la há cinco décadas". Se escolhermos seguir esse raciocínio, para daqui a 10, 50 ou 100 anos, não é difícil imaginar que eventualmente essa, entre outras armas, irá chegar às mãos erradas, podendo provocar um efeito em cadeia massivo que pode retroceder a humanidade décadas ou até séculos. Não há dúvida, por exemplo, que a hegemonia americana está sendo ameaçada pela China como nova superpotência. Essa nova dualidade irá aumentar o risco geral do planeta. O desejo militar de poder ter armas que podem vencer guerras, sem sequer lançar um único míssil, vai elevar o potencial de guerra cibernética a níveis que podem ameaçar o nosso avanço tecnológico.

Imagine quando todos os carros forem autônomos? Isso garantirá que, no lugar de lançar uma ofensiva militar tradicional contra os Estados Unidos, a China prefira, por exemplo, um ataque cibernético contra os veículos, de tal forma que dezenas de milhares deles realizem colisões aleatórias simultaneamente. Por pior que isso possa parecer, e mais amedrontador, a capacidade de realizar ações como essa já existe, o que falta são carros autônomos suficientes nas vias para que isso seja uma ameaça real. Mais que isso, essa ofensiva pode ser realizada com o disfarce de um terceiro país para tentar desestabilizar a sua relação com o primeiro. Pior, um garoto de 20 anos teria, em tese, a capacidade de realizar esse ataque "de brincadeira para ver o que acontece", passando-se pela China, o que levaria a retaliações e possíveis guerras.

Seguindo esse raciocínio, o Relatório Global de Ameaças, de 2021, aponta que o eCrime, atividades criminosas cibernéticas para gerar receita, passam de 79% de todas as invasões nas ondas da internet. Pensem, são grupos inseridos dentro de uma nomenclatura de acordo com suas afiliações ou motivações de Estado-nação. Saudades do *malware*, não é? Isso estamos falando de algo do governo, imagina o que não acontece nas instituições privadas? Acredite, a mobilidade construtiva não vai ficar de fora, e não porque não a querem, mas sim porque se transformará em uma arma para quem quer dominar ou mesmo ao despretensioso, que só quer "ver no que dá".

Concluindo, o potencial de ataques cibernéticos é tanto que eleva até mesmo o investimento em segurança, fazendo com que tecnologias se tornem mais caras e mais complexas para sua adesão, o que leva ao aumento da desigualdade social. O aumento do investimento em novas tecnologias de forma geral é sucedido por novas vulnerabilidades, fornecendo capital às novas tecnologias de defesa. Esse ciclo tende a continuar, enquanto o potencial de inovação e de retorno sob investimento em tecnologia continua sendo interessante para investidores.

METAVERSO: CHEGAMOS A MARTE

Pela primeira vez na história, a mobilidade para sair de A a Z não exigirá sair do sofá de casa. É possível imaginar o futuro em que a *Matrix* (1999) entrará em nossas vidas. Em contraste com o filme em que Neo deve salvar os humanos que são tornados em meras baterias por máquinas, nós o fazemos de forma voluntária, especialmente, as gerações mais jovens. Do ponto de vista da mobilidade, a revolução é que você pode, de fato, visitar outras localizações de qualquer lugar. De certa forma, isso já existe com projetos como *Google Earth*, porém, dentro do metaverso, isso poderá lhe dar o sentimento de ser algo real.

A expressão "metaverso" vem dos termos meta (além) e verso (universo), ou seja, estamos falando de um ambiente virtual de interações por tecnologias, como a realidade aumentada, para além do mundo analógico que vivemos hoje. É o próximo passo da internet, que profetiza uma mudança já há muito tempo, se pensarmos que estamos há mais de trinta anos com basicamente a mesma arquitetura de navegação na *web*. Como já profetizava a obra *Jogador Número 1* (Cline, Ernest. Editora Leya, 2019) — que ganhou adaptação aos cinemas com direção de Steven Spielberg —, será nos videogames que o metaverso começará a ganhar robustez (ainda que alguns possam apostar nas redes sociais, vejam o Facebook que mudou de nome para Meta). No referido filme, o personagem principal, que vive basicamente em um lixão, quando entra no metaverso, incorpora uma *persona* com habilidades incríveis, acumulando prêmios milionários ao participar de uma competição que combina corridas, charadas e combates. Bem mais excitante que uma vida na miséria, não é mesmo?

Não é à toa que as gigantes da tecnologia estão em uma verdadeira corrida para dominar esse mercado. A aquisição bilionária da *Activision Blizzard* pela Microsoft, por mais de US$68 bilhões, comprova isso. Com projetos como N1 Link, da empresa Neuralink, que poderão enviar sinais elétricos para nosso cérebro, podemos até ter o sentimento de ser algo totalmente real. Eventualmente com cheiros, sons, brisa e até temperatura. Imaginem a revolução que esse tipo de tecnologia possa trazer a mercados como o turismo! Haverá atrativos em partes do mundo que, provavelmente, não serão mais seguros de visitar, devido à atividade das marés ou tornados, que passariam a ser visitados somente no metaverso.

Até o mundo corporativo poderia mudar drasticamente, pois, em teoria, seria possível ter a mesma experiência de trabalhar de dentro do seu escritório, mas sem sair de casa. É incrível que talvez uma das maiores revoluções da história da mobilidade seja a ausência da mobilidade em si, em seu sentido literal. Hoje, muitos de nós já deixamos de ir à escola ou à universidade para assistir às aulas virtuais. Muitos também não gostam da experiência de como ela é hoje. Mas e se o sentimento fosse equivalente? Ainda assim, você iria preferir se deslocar até o lugar de estudo ou trabalho?

Nós precisamos ter consciência de que a natureza será cada vez mais implacável daqui para frente, mais violenta, com mais desastres naturais e condições de vida mais hostis. Se você estivesse em uma região com camada de ozônio comprometida, ainda assim iria preferir sair de casa? E se os ventos e chuvas fossem tão violentos a ponto de te colocar em risco ou simplesmente fazendo a jornada se tornar um inferno? Ou ainda, com as fortes chuvas que as mudanças climáticas vêm provocando, como no Brasil, em especial Sul e Sudeste, você arriscaria fazer o turismo? Vias alagadas, riscos de desmoronamento e todas as problemáticas diárias relatadas o tempo inteiro nos telejornais. Alguém ainda quer enfrentar isso? Acho que não. Esse cenário gera o espectador de sofá.

E pensando neste sentido, naqueles que têm algum problema de mobilidade, por exemplo, ou mesmo todos os problemas citados acima em algum lugar turístico, uma revolução seria um óculos de realidade virtual. Como? Você contrataria uma espécie de guia turístico com equipamentos compatíveis com o seu que está no conforto de sua casa, e a pessoa faria o passeio por você, transmitindo tudo que vê, ouve e até o que sente — frio, calor, o cheiro. Teríamos que ter uma tecnologia bastante avançada, mas o mundo inteiro caminha para essa possibilidade. Abriria um mercado de trabalho, uma profissão nova, e, com certeza, o custo para o "turista" seria muito mais barato, pois tiraria passagem, hospedagem e outros gastos.

E tem mais: as pessoas não querem mais morar no planeta Terra. Imagine só essa realidade? Projetos de vida em Marte e ônibus espaciais já estão em andamento. As notícias que correm é que a nave de Elon Musk, dono da Tesla, com o SpaceX, levará os humanos ao planeta marciano em até 10 anos, ou seja, talvez vejamos identidades com "nacionalidade: marciana". Parece bizarro, não é mesmo? No entanto ninguém mais quer viver em um lugar onde a água vai acabar e as pessoas terão guerras infinitas por ela. Ou por comida. Ou por poder. Ou por qualquer motivo que a gente preveja nos nossos piores pesadelos. O turismo espacial vai ser uma realidade, assim como uma viagem internacional é hoje muito mais acessível para muitas pessoas.

Surgirão meios de mobilidade distintos para diferentes necessidades. Viagens à Lua ou a Marte não estão mais tão distantes assim da nossa realidade. Aí entra outro componente que a mobilidade até hoje não teve que se preocupar tanto: sistemas que se adaptam a gravidades diferentes, tendo em vista que o sistema gravitacional da Terra é diferente de satélites e planetas vizinhos. O turismo espacial também deve comportar novos centros e estações para acomodar os visitantes e isso abre um mundo de possibilidades sobre os tipos de serviços que serão ofertados nesses espaços.

Portanto, se antigamente nós tínhamos uma diferenciação muito grande das pessoas que viajavam de primeira classe ou a econômica em voos comerciais, em um futuro não tão distante, essa distinção vai ser feita por aqueles que poderão se dar ao luxo de fazer uma viagem espacial. Pode parecer ainda distante, tendo em vista que a maioria das missões — que já ocorrem há anos — possuem intencionalidade científica. No caso da mobilidade em Marte, por exemplo, se deslocar alguns poucos metros dentro de uma cratera já é uma grande conquista, mas tudo tem um começo. A exploração para o turismo é uma aposta quase certa. Agora, se um dia chegaremos a ter pessoas morando fora da Terra, seja pela novidade ou pelas condições climáticas do planeta nos obrigarem, isso ainda é, por enquanto, tema para filme de ficção científica.

Contudo as plataformas já estão sendo projetadas e os protótipos já começaram a ser testados. Tem gente com passagem só de ida! Os custos estão sendo avaliados para que sejam reduzidos. Em 2022 já tivemos manchetes com os seguintes dizeres: "mercado de turismo espacial deve se consolidar em 2022". Sim, é assustador. Temos os líderes: Blue Origin, SpaceX e Virgin Galactic, do setor privado, e o planejamento dos Boeings interestelares é de chegar a Marte e à Lua. Alguns capítulos da série *Black Mirror* (2011), da Netflix, apresentam situações, no mínimo, inusitadas que envolvem seres humanos e tecnologia, nos fazendo questionar se aquilo se trata de uma distopia ou se pode ser, na verdade, o nosso futuro. Eu me arrisco a dizer: será uma mistura dos dois!

REFERÊNCIAS

ABIFER[1] – ASSOCIAÇÃO BRASILEIRA DA INDÚSTRIA FERROVIÁRIA. Ligando o interior ao mar de trem. São Paulo, 2008. Disponível em: https://abifer.org. br/ligando-o-interior-ao-mar-de-trem/ Acesso em: 30 jul. 2008.

ABRACAF NEWS. A indústria automotiva vai se transformar? São Paulo – SP: Associação Brasileira dos Concessionários de Automóveis Fiat (ABRACAF), 2018. Disponível em: https://abracaf.com.br/abracafnews/a-industria-automotiva-vai-se-transformar/. Acesso em: 01 jun. 2021.

AERO POR TRÁS DA AVIAÇÃO. Aviões VTOL decolam e pousam na vertical e não precisam de pista. (18min09s). Youtube, 02 jul. 2021. Disponível em: https://www.youtube.com/watch?v=dSyPn9Y6018&ab_channel=AeroPorTr%C3%A1sdaAvia%C3%A7%C3%A3o. Acesso em: 29 out. 2021.

AGÊNCIA CNT TRANSPORTE ATUAL. País registrou 14 mil ocorrências de roubos de cargas em 2020. CNT – Confederação Nacional do Transporte. 3 de maio de 2021. Disponível em: https://cnt.org.br/agencia-cnt/brasil-registrou-14-mil-ocorrencias-de-roubos-de-cargas-em-2020. Acesso em: 07 jul. 2021.

AGÊNGIA EUROPEIA DO AMBIENTE. A poluição sonora ainda é generalizada em toda a Europa, mas existem maneiras de reduzir o volume. 15 out. 2020. Disponível em: https://www.eea.europa.eu/signals/signals-2020/articles/noise-pollution-is-still-widespread. Acesso em: 07 jun. 2021.

ALMEIDA, Eridiana Pizzinatto; GIACOMINI, Larissa Bressan; BORTOLUZZI, Marluse Guedes. Mobilidade e Acessibilidade Urbana. 2º SNCS – Seminário Nacional de Construções Sustentáveis. 07 e 08 de novembro de 2013, Passo Fundo – RS.

1 A matéria “Ligando o interior ao mar de trem” também pode ser encontrada no seguinte link: https://drive.google.com/file/d/1JG-Ai1H86T5iqH10DtFWQ4R9wawj_Uap/view.

ALVES, Xandu. Medellín: um exemplo de cidadania aliada à mobilidade urbana. Mobilize Brasil. São Paulo, 2013. Disponível em: https://www.mobilize.org.br/noticias/5261/medellin-exemplo-de-cidadania-aliada-a-mobilidade-urbana.html?gclid=CjwKCAjwpMOIBhBAEiwAy5M... Acesso em: 27 set. 2021.

AMNH, American Museum of Natural History. Empire of the Horse. [s.d.]. Disponível em: https://www.amnh.org/exhibitions/horse/how-we-shaped-horses-how-horses-shaped-us/trade-and-transportation/empire-of-the-horse. Acesso em: 30 jun. 2021.

ANAMT – ASSOCIAÇÃO NACIONAL DE MEDICINA DO TRABALHO. Poluição sonora no trânsito é problema grave e pode causar danos irreversíveis. São Paulo, 2018. Disponível em: https://www.anamt.org.br/portal/2018/10/29/poluicao-sonora-no-transito-e-problema-grave-e-pode-causar-danos-irreversiveis/. Acesso em: 07 jun. 2021.

ANGHEBEN, Fabio. Bairros de Nova York: Tudo o que você precisa saber. Dicas Nova York. Disponível em: https://dicasnovayork.com.br/bairros-de-nova-york/. Acesso em: 30 jul. 2021.

ARABIAN BUSINESS. Ferrari very worried that younger generation are less interested in driving cars. 08 dez. 2019. Disponível em: https://www.arabianbusiness.com/industries/transport/435041-ferrari-very-worried-that-younger-generation-are-less-interested-in-driving-cars. Acesso em: 23 maio 2021.

ARBIB, James; SEBA, Tony. RethinkX: Disruption, Implications, and Choices. Rethinking Transportation 2020-2030. The Disruption of Transportation and the Collapse of the Internal-Combustion Vehicle and Oil Industries. A RethinkX Sector Disruption Report. Maio de 2017.

ARGUS. Preços globais de sucata. [s.d]. Disponível em: https://www.argusmedia.com/pt/metals/argus-global-scrap-prices. Acesso em: 13 jul. 2021.

AUTO ESPORTE, Globo. Especial: a história do carro em 50 objetos. 08 abr. 2015. Disponível em: https://autoesporte.globo.com/carros/noticia/2015/04/especial-historia-do-carro-em-50-objetos.ghtml Acesso em: 21 set. 2022.

AUTO-ON. Acidentes de trânsito consomem R$ 220 bilhões do PIB brasileiro. 14 dez. 2020. Disponível em: https://www.acidadeon.com/auto-on/noticias/NOT,0,0,1567960,acidentes-de-transito-consomem-r-220-bilhoes-do-pib-brasileiro.aspx. Acesso em: 23 jul. 2021.

AUTOPAPO. As leis de trânsito mais estranhas do mundo. 07 out. 2020. Disponível em: https://autopapo.uol.com.br/curta/leis-de-transito-bizarras-mundo/. Acesso em: 27 jun. 2021.

BAGGI, Márcia Sampaio. A mobilidade urbana na era digital: análise do teletrabalho como estratégia de gerenciamento da mobilidade. Dissertação (Mestrado em Engenharia Ambiental Urbana). 2012. 153 f. Universidade Federal da Bahia, Escola Politécnica. Salvador – BA, 2012. Disponível em: https://repositorio.ufba.br/handle/ri/18664. Acesso em: 02 jun. 2021.

BANNON, Eoin. The EU should promote the use of e-fuels by ships and planes (letter). Transport and Environment. 12 maio 2021. Disponível em: https://www.transportenvironment.org/discover/the-eu-should-promote-the-use-of-e-fuels-by-ships-and-planes/ Acesso em: 08 jun. 2021.

BARBOSA, J. L. O Significado da mobilidade na construção democrática da cidade. In: BALBIN, R. KRAUSE, C. LINKE, C. C. (orgs.). *Cidade e Movimento: mobilidades e interações no desenvolvimento urbano.* Brasília: Ipea: ITDP, 2016, p. 43-56.

BARBOSA, Rodolfo Souza. Migração do Transporte Coletivo para o Individual: Como Reverter esta Tendência? Trabalho de Conclusão de Curso (Bacharelado em Engenharia Civil). 2013. 64f. Universidade Federal do Rio Grande do Sul. Porto Alegre, dez. de 2013.

BAROCAS, Joshua; GOUNDER, Celine; MADAD, Celine. Just-in-Time Versus Just-in-Case Pandemic Preparedness. Health Affairs. 12 fev. 2021. Disponível em: https://www.healthaffairs.org/do/10.1377/forefront.20210208.534836/full/. Acesso em: 28 jul. 2021.

BASILE, Rafaella. A cultura do carro: o que ela diz sobre nós mesmos? ArchDaily. Disponível em: https://www.archdaily.com.br/br/910422/a-cultura-do-carro-o-que-ela-diz-sobre-nos-mesmos#:~:text=A. Acesso em: 23 maio 2021.

BATISTA, Paula. Dormir ao volante está entre as principais causas de mortes no trânsito. Portal do trânsito e mobilidade. 06 set. 2019. Disponível em: https://www.portaldotransito.com.br/noticias/dormir-ao-volante-esta-entre-as-principais-causas-de-mortes-no-transito-2/. Acesso em: 29 jul. 2021.

BBC NEWS. Barulho do trânsito afeta comportamento de pássaros e dificulta busca por comida, aponta estudo. G1 Notícias. 03 fev. 2021. Disponível em: https://g1.globo.com/natureza/noticia/2021/02/03/barulho-do-transito-afeta-comportamento-de-passaros-e-dificulta-busca-por-comida-aponta-estudo.ghtml. Acesso em: 7 jun. 2021

BBC NEWS. Climate change: Should you fly, drive, or take the train? 24 de ago. 2019. Disponível em: https://www.bbc.com/news/science-environment-49349566. Acesso em: 5 jun. 2021.

BEST-SELLING CARS. 2020 (Full Year) International: Worldwide Car Sales. 19 jan. 2021. Disponível em: https://www.best-selling-cars.com/international/2020-full-year-international-worldwide-car-sales/. Acesso em: 06 jul. 2021.

BEVILAQUA, Juliana. A cidade é de todos: o exemplo de Bogotá para a mobilidade urbana. Gaúcha ZH. 20 out. 2020. Disponível em: https://gauchazh.clicrbs.com.br/pioneiro/politica/noticia/2020/10/a-cidade-e-de-todos-o-exemplo-de-bogota-para-a-mobilidade-urbana-14233361.html#:~:text=%22Uma%20cidade%20desenvolvida%20n%C3%A3o%20%C3%A9,p%C3%BAblico%20BRT%2C%20ainda%20em%201998. Acesso em: 27 set. 2021.

BHAGESHPUR, Kiran. Data is the New Oil – And That's a Good Thing. Forbes Magazine. 15 nov. 2021. Disponível em: https://www.forbes.com/sites/forbestechcouncil/2019/11/15/

data-is-the-new-oil-and-thats-a-good-thing/?sh=19934de57304 Acesso em: 31 maio 2021.

BIDEN, President. The Biden plan to build a modern, sustainable infrastructure and an equitable clean energy future (Campaign proposal). Energy Transition Korea ORG, 23.07.2020. Disponível em: https://energytransitionkorea.org/sites/default/files/2020-08/%5B%EC%9B%90%EB%AC%B8%5D%20Joe%20Biden%20for%20President.pdf. Acesso em: 15 jun. 2021.

BLOOMBERG NEWS. Navio gigante encalhado que fechou Canal de Suez já causa 'engarrafamento' de mais de 200 navios. *O Globo Economia*. 25 mar. 2021. Disponível em: https://oglobo.globo.com/economia/navio-gigante-encalhado-que-fechou-canal-de-suez-ja-causa-engarrafamento-de-mais-de-200-navios-24940654. Acesso em: 30 jun 2021.

BONIN, Robson. Venda de carros usados pela internet embala na pandemia. Radar (Veja). 12 abr. 2021. Disponível em https://veja.abril.com.br/coluna/radar/venda-de-carros-usados-pela-internet-embala-na-pandemia/. Acesso em: 14 jul. 2021.

BORGES, Rafaela. Design do futuro: visual dos carros mudará nos próximos anos, mas maiores revoluções devem ocorrer do lado de dentro. Uol Carros. 22 dez. 2020. Disponível em: https://www.uol.com.br/carros/reportagens-especiais/design-do-futuro/ Acesso em: 31 maio 2021.

BRAGA, Lucas. Hyundai fecha parceria com Vivo e lança novo HB20 conectado. Tecnoblog. 26 abr 2021. Disponível em: https://tecnoblog.net/noticias/2021/04/26/hyundai-fecha-parceria-com-vivo-e-lanca-novo-hb20-conectado/. Acesso em: 31 maio 2021.

BRASIL, Senado Federal. Projeto de Lei nº. 4121, de 2020. Altera a Lei nº 12.305, de 2 de agosto de 2010, que institui a Política Nacional de Resíduos Sólidos, com o objetivo de dispor sobre a logística reversa de veículos automotores, e a Lei nº 13.755, de 10 de dezembro de 2018, que estabelece requisitos obrigatórios para a comercialização de veículos no Brasil e institui o Programa Rota 2030 – Mobilidade e Logística, para criar requisitos referentes à reciclagem de veículos automotores. Brasília, Senado Federal, 2020. Disponível em: https://www25.senado.leg.br/web/atividade/materias/-/materia/143914. Acesso em: 13 jul. 2021.

BRASIL, Presidência da República. Lei nº. 11.705, de 19 de junho de 2008. Altera a Lei nº 9.503, de 23 de setembro de 1997, que 'institui o Código de Trânsito Brasileiro', e a Lei nº 9.294, de 15 de julho de 1996, que dispõe sobre as restrições ao uso e à propaganda de produtos fumígeros, bebidas alcoólicas, medicamentos, terapias e defensivos agrícolas, nos termos do § 4° do art. 220 da Constituição Federal, para inibir o consumo de bebida alcoólica por condutor de veículo automotor, e dá outras providências. Brasília, Presidência da República, 19 jun. 2008. Disponível em: http://www.planalto.gov.br/ccivil_03/_ato2007-2010/2008/lei/l11705.htm. Acesso em: 27 set. 2021.

BRYANT, Miranda. More boats on canals and rivers than in 18th century as thousands opt for life afloat. *The Guardian*, 30 maio 2021. Disponível em: https://www.theguardian.

com/world/2021/may/30/more-boats-on-canals-and-rivers-than-in-18th-century-as-thousands-opt-for-life-afloat. Acesso em 08 jun.2021.

BSI & TT CARGO. BSI & TT CARGO. Theft Report 2020. 19 fev. 2020. Disponível em: bsigroup.com/supplychain Acesso em: 03 de jul. 2021.

BULLMORE, Harry. Move for change app will reward active travel in Brighton. The Argus. 25 fev. 2021. Disponível em: https://www.theargus.co.uk/news/19115760.move-change-app-will-reward-active-travel-brighton/. Acesso em: 05 ago. 2021.

BURKACKY, Ondrej; DEICHMANN, Johannes; ROTT, Larissa; FALKENHAUSEN, Alexander von. Automotive semiconductors for the autonomous age. McKinsey & Company, Advanced Electronics. 03 ago.2021. Disponível em: https://www.mckinsey.com/industries/advanced-electronics/our-insights/automotive-semiconductors-for-the-autonomous-age?cid=soc-app. Acesso em: 03 set. 2021.

BURROWS, Michael. Younger workers in Cities More Likely to Bike to Work. United States Census Bureau. 14 maio 2019. Disponível em: https://www.census.gov/library/stories/2019/05/younger-workers-in-cities-more-likely-to-bike-to-work.html. Acesso em: 21 maio 2021.

BUTTA, Filipe. A logística da FedEx. Sac Logística Blog. 20 jul.2020. Disponível em: https://saclogistica.com.br/a-logistica-da-fedex/. Acesso em: 28 jul.2021.

BYRNE, Donal. Tyre pollution up to 1,000 times worse than engines, study finds. RTÉ. 18 de setembro de 2020. Disponível em: https://www.rte.ie/lifestyle/motors/2020/0918/1166000-tyre-pollution-up-to-1-000-times-worse-than-engines-study-finds/ Acesso em 8 de junho de 2021.

CAF, Banco de Desenvolvimento da América Latina. Com o Apoio do CAF, o TransMiCable é hoje uma infraestrutura mais acessível. Bogotá, Colômbia, 29 maio 2019. Disponível em: https://www.caf.com/pt/presente/noticias/2019/05/com-o-apoio-do-caf-o-transmicable-e-hoje-uma-infraestrutura-mais-acessivel/. Acesso em: 27 set. 2021.

CANAL & RIVER TRUST. Boater Report 2020. Disponível em: https://canalrivertrust.org.uk/enjoy-the-waterways/boating/boating-blogs-and-features/boater-report-2020. Acesso em: 08 jun.2021.

CANAL RURAL. Esalq: 43% dos caminhoneiros trabalham mais do que o permitido por lei. 25 fev.2018. Disponível em: https://www.canalrural.com.br/noticias/esalq-dos-caminhoneiros-trabalham-mais-que-permitido-por-lei-72449/. Acesso em: 19 jun. 2021.

CANAL RURAL. Navio parado no canal de Suez gera prejuízo de US$ 400 mi por hora ao comércio mundial. 27 mar. 2021. Disponível em: https://www.canalrural.com.br/agronegocio/naviio-canal/ Acesso em: 15 jun.2021.

CANAL TECH. Ford: "Go Further". Disponível em: https://canaltech.com.br/empresa/ford/. Acesso em: 20 set. 2022.

CAREY, Cristopher. West Midlands lauches mobility incentive trial to reduce car use. Cities Today. 05 mar. 2021. Disponível em: https://cities-today.com/west-midlands-launches-mobility-incentive-trial-to-reduce-car-use/. Acesso em: 05 ago. 2021.

CARVALHO, Carlos Henrique Ribeiro de. Custos dos Acidentes de Trânsito no Brasil: Estimativa Simplificada com Base na Atualização das Pesquisas do IPEA sobre Custos nos Aglomerados Urbanos e Rodovias. Texto para Discussão. Brasília: Governo Federal, junho de 2020.

CASAGRANDE, Vinicius. Número de acidentes aéreos no Brasil é o menor desde 2010. Uol Notícias. 19 jan.2020. Disponível em: https://economia.uol.com.br/todos-a-bordo/2020/01/19/acidentes-aereos-2019.htm. Acesso em: 23 jul. 2021.

CAVALCANTE, Heloiza da Silva *et al.* Uma breve análise sobre a evolução da logística. In: XVI SEGeT - Simpósio de Excelência em Gestão e Tecnologia. Faculdades Dom Bosco, 2021.

CAVALCANTE, Sylvia *et al.* O significado do Carro e a Mobilidade Cotidiana. Revista Mal-estar e Subjetividade. Fortaleza, vol. XII, nº. 1-2, p. 359-388. Mar./jun. 2012.

CECCON, Mariana. Startup de compra de seminovos vira 1° unicórnio mexicano e pretende chegar ao Brasil em 2021. Gazeta do Povo. 8 de outubro de 2020. Disponível em: https://www.gazetadopovo.com.br/gazz-conecta/kavak-startup-de-compra-de-seminovos-vira-primeiro-unicornio-mexicano/. Acesso em: 14 jul.2021.

CHAN, Eliot. 5 Reasons Why Young People Don't Drive or Own Cars. Unhaggle. 05 ago 2014. Disponível em: https://blog.unhaggle.com/5-reasons-young-people-dont-drive-cars/. Acesso em: 23 maio 2021.

CHAVEZ, Dominic; BANCO MUNDIAL. ONU prevê que cidades abriguem 70% da população mundial até 2050. ONU News, 28 maio 2021. Disponível em: https://news.un.org/pt/story/2019/02/1660701. Acesso em: 28 maio 2021.

CIA – CENTRAL INTELLIGENCE AGENCY. Country Comparisons – Roadways. The World Factbook. [s.d.]. Disponível em: https://www.cia.gov/the-world-factbook/field/roadways/country-comparison. Acesso em: 21 jun 2021.

CIDADE DE SÃO PAULO. Cidade dobra remoção de carros em dois anos. 23 dez. 2020. Disponível em: https://www.prefeitura.sp.gov.br/cidade/secretarias/subprefeituras/noticias/?p=306647. Acesso em: 13 jul. 2021.

CLARIOS. Reclycling my battery. [s.d.]. Disponível em: https://www.recyclingmybattery.com/en-us. Acesso em: 7 jun. 2021.

CLAVAL, Paul. "A Volta do Cultural" na Geografia. Mercator – Revista de Geografia da UFC, ano 01, n. 01, 2002, p. 19-28.

CLEAN WATER ACTION COUNCIL. Environmental Impacts of Transportation. [s.d.]. Disponível em: https://www.cleanwateractioncouncil.org/issues/resource-issues/transportation/. Acesso em: 04 jun. 2021.

CLIFFORD LAW OFFICES. Determining Fault When Unsafe Road Conditions Cause Accidents. The National Law Review. 7 de dezembro de 2020, Volume X, número 342. Disponível em: https://www.natlawreview.com/article/determining-fault-when-unsafe-road-conditions-cause-accidents. Acesso em: 27 jun. 2021.

CNT – CONFEDERAÇÃO NACIONAL DO TRANSPORTE. Painel CNT de Acidentes Rodoviários. 2021. Disponível em: https://www.cnt.org.br/painel-acidente Acesso em 27 de junho de 2021.

CNT, SEST SENAT. Pesquisa CNT de Rodovias 2019. Brasília: CNT: SEST SENAT, 2019. 236 p.

CORPORATE SERVICES. Business Incentives and Assistance Schemes by Singapore Government. [s.d.]. Disponível em: https://www.corporateservices.com/singapore. Acesso em: 03 ago 2021.

CROWDSTRIKE. Relatório Global de Ameaças 2021. Disponível em: https://www.crowdstrike.com.br/recursos/relatorios/global-threat-report-2021/. Acesso em: 10 jun. 2021.

CZERWONKA, Mariana. Juntos, *airbag* e cinto de segurança reduzem 60% o risco de ferimentos. Portal do Trânsito e Mobilidade. 11 de março de 2016. Disponível em: https://www.portaldotransito.com.br/noticias/juntos-airbag-e-cinto-de-seguranca-reduzem-60-o-risco-de-ferimentos-2/. Acesso em: 23 jul 2021.

CZERWONKA, Mariana. Você sabe o que é Visão Zero e o que isso tem a ver com o trânsito? Portal do Trânsito e Mobilidade. 18 de junho de 2020. Disponível em: https://www.portaldotransito.com.br/noticias/voce-sabe-o-que-e-visao-zero-e-o-que-isso-tem-a-ver-com-o-transito/. Acesso em: 26 jul 2021.

DARRIGO & DIAZ, Attorneys at Law. Car accident Statistics you need to know in 2021. [s.d.]. Disponível em: https://www.ddlawtampa.com/resources/car-accident-statistics-you-need-to-know-in-2021/. Acesso em: 27 jun 2021.

DEMPSEY, Harry; GILES, Chris; RIORDAN, Primrose. Shipping bottlenecks set to prolong supply chain turmoil. Financial Times. 16 ago2021. Disponível em: https://www.ft.com/content/e1263950-1173-4832-a011-ada04df1e93c. Acesso em: 03 set 2021.

DHL, Supply Chain. Estudo DHL Supply Chain: Pandemia impõe novos desafios logísticos para a indústria automotiva global. São Paulo, maio de 2021. Disponível em: https://www.dhl.com/br-pt/home/imprensa/arquivo-de-imprensa/2021/estudo-dhl-supply-chain-pandemia-impoe-novos-desafios-logisticos-para-a-industria-automotiva-global.html. Acesso em: 30 jun 2021.

DHL, Supply Chain. Why the auto industry needs to change gear: a report. 2021. Disponível em: https://www.dhl.com/global-en/home/our-divisions/supply-chain/thought-leadership/research-report/automotive/why-the-auto-industry-needs-to-change-gear.html. Acesso em: 30 jun 2021.

DIXON, Mark. The IWG Global Workspace Survey: Welcome to Generation Flex – the employee power shift. IWG. 2019. Disponível em: https://assets.regus.com/pdfs/iwg-workplace-survey/iwg-workplace-survey-2019.pdf. Acesso em: 1 jun. 2021.

DOLCE, John. Analytical fleet maintenance management. Library of Congress Cataloging-in-Publication Date, SAE International, 3ªed., 2009.

DUTRA, Leandro Nogueira *et al.* Estimativa do gasto energético da caminhada. Revista Brasileira da Medicina do Esporte. V. 13, No. 5, set/out, 2007, p. 321-326.

DUTZIK, Tony; INGLIS, Jeff. Millennials in Motion. Frontier Group. 1°. de junho de, 2021. Disponível em: https://frontiergroup.org/resources/millennials-motion/. Acesso em: 1 jun. 2021.

DWOSKIN, Elizabeth. Americans might never come back to the office, and Twitter is leading the charge. The Washington Post. 1°. de outubro de 2020. Disponível em: https://www.news-journal.com/news/business/americans-might-never-go-back-to-the-office-and-twitter-is-leading-the-charge/article_d1c151d0-0454-11eb-b139-eb461e8603df.html. Acesso em: 5 mar. 2021.

ECONÔMICA TELEMETRIA. Saiba quais são os países mais sustentáveis do mundo. 10 fev 2020. Disponível em: https://economicatelemetria.com.br/blog/sustentabilidade/saiba-quais-sao-os-paises-mais-sustentaveis-do-mundo/2020/. Acesso em: 08 jun 2021.

ECOVIAS. Mais de 4,3 milhões de veículos são esperados durante a Operação Verão 2017/2018 no Sistema Anchieta-Imigrantes. 21 dez 2017. Disponível em https://www.ecovias.com.br/noticias/feriados/mais-de-4-3-milhoes-de-veiculos-sao-esperados-durante-a-operacao-verao-2017-2018-no-sistema-anchieta-imigrantes-185913 Acesso em: 31 maio 2021.

ELBAUM, Rachel. No parking: Oslo aims to limit cars in city center. NBC News, 30 dez 2018. Disponível em: https://www.nbcnews.com/news/world/no-parking-oslo-aims-limit-cars-city-center-n932021. Acesso em: 8 jun 2021.

ELBER AUTOMOTIVE. O que o transporte por caminhões representa para o Brasil: Qual o peso do setor rodoviário de cargas na economia brasileira? 22 dez 2020. Disponível em: https://elber.ind.br/o-que-o-transporte-por-caminhoes-representa-para-o-brasil-qual-o-peso-do-setor-rodoviario-de-cargas-na-economia-brasileira/. Acesso em: 14 jun 2021.

EPA– U S ENVIRONMENTAL PROTECTION AGENCY. Fast Facts on Transportation Greenhouse Gas Emissions. 2020. Disponível em: https://www.epa.gov/greenvehicles/fast-facts-transportation-greenhouse-gas-emissions. Acesso em: 08 jun2021.

ESTADÃO CONTEÚDO. Carro por assinatura dá sinais de crescimento e vira aposta de montadoras. Revista Exame. 11 abr 2021. Disponível em: https://exame.com/negocios/carro-por-assinatura-da-sinais-de-crescimento-e-vira-aposta-de-montadoras/. Acesso em: 24 maio 2021.

ESTADÃO CONTEÚDO. Correção: e-commerce sobe 41% em 2020 e atinge R$ 87,4 bilhões. Istoé Dinheiro. 25 de março de 2021. Disponível em: https://www.istoedinheiro.com.br/correcao-e-commerce-sobe-41-em-2020-e-atinge-r-874-bilhoes/. Acesso em: 28 jun 2021.

ESTADÃO CONTEÚDO. Receita do futebol supera R$ 100 bilhões e esporte já é maior que PIB de 90 países. Jornal do Comércio. Porto Alegre, 2018. Disponível em: https://www.jornaldocomercio.com/_conteudo/esportes/2018/06/631581-receita-do-futebol-supera-r-100-bilhoes-e-esporte-ja-e-maior-que-pib-de-90-paises.html. Acesso em: 06 jul 2021.

EUROPEAN COMMISION. End-of-Life Vehicles. [s.d]. Disponível em: https://environment.ec.europa.eu/topics/waste-and-recycling/end-life-vehicles_pt Acesso em: 12 jul 2021.

EUROPEAN COMMISION. European Green Deal: Commission proposes transformation of EU economy and society to meet climate ambitions. 14 de julho de 2021. Disponível em: https://ec.europa.eu/commission/presscorner/detail/en/IP_21_3541. Acesso em: 10 ago 2021.

EUROSTAT, Statistics Explained. End-of-life Vehicle Statistics. Novembro de 2021. Disponível em: https://ec.europa.eu/eurostat/statistics-explained/index.php?title=End-of-life_vehicle_statistics. Acesso em: 12 dez 2021.

FARQUHAR, Brodie. Wolf Reintroduction Changes Ecosystem in Yellowstone. Yellowstone National Park Trips. 30 de junho de 2021. Disponível em: https://www.yellowstonepark.com/things-to-do/wildlife/wolf-reintroduction-changes-ecosystem/. Acesso em: 30 jun 2021.

FEDEX. História da FedEx| Portugal. Disponível em: https://www.fedex.com/pt-pt/about/company-info/history.html. Acesso em: 28 jul 2021.

FELIPE, Murilo Mendes. As 10 maiores redes de metrô do mundo. Diário do Estado. 17 de maio de 2021. Disponível em: https://diariodoestadogo.com.br/as-10-maiores-redes-de-metro-do-mundo-71376/. Acesso em: 17 maio 2021.

FENAUTO – FEDERAÇÃO NACIONAL DAS ASSOCIAÇÕES DOS REVENDEDORES DE VEÍCULOS AUTOMOTORES. Vendas de veículos usados repetem resultado positivo. 06 jul 2021. Disponível em: https://www.fenauto.org.br/index.php?view=single&post_id=893. Acesso em: 13 jul 2021.

FERREIRA, Carlos Eduardo. Como um carro autônomo aprende a dirigir? Tecmundo. 11 jun 2015. Disponível em: https://www.tecmundo.com.br/carro/81365-carro-autonomo-aprende-dirigir.htm. Acessado em: 30 maio 2021.

FERREIRA, Michelle. Como funciona um carro autônomo. AutoEsporte. 21 de março de 2017. Disponível em: https://autoesporte.globo.com/carros/colunistas/post-coluna/2017/03/como-funciona-um-carro-autonomo.ghtml. Acesso em: 30 maio 2021.

FMCSA – FEDERAL MOTOR CARRIER SAFETY ADMINISTRATION. Hours of Service. [s.d.]. Disponível em: https://www.fmcsa.dot.gov/regulations/hours-of-service. Acesso em: 01 jul 2021.

FONTANA, Guilherme. Vendas de veículos novos caem 26% em 2020 e setor tem pior resultado desde 2016. G1 Notícias, Economia. 5 de janeiro de 2021. Disponível em https://g1.globo.com/economia/noticia/2021/01/05/vendas-de-veiculos-novos-caem-26percent-em-2020-pior-resultado-desde-2015.ghtml. Acesso em: 03 set 2021.

FORD, Media Center. Ford and Newlab announces startups to pilot new electric vehicle tech in mobility innovation program. 28 de outubro de 2021. Disponível em: https://media.ford.com/content/fordmedia/fna/us/en/news/2021/10/28/ford-and-newlab-announce-startups-to-pilot-new-electric-vehicle-.html. Acesso em: 28 out 2021.

FRANCO, Erica; BRETERNITZ, Vivaldo José. Artigo: Microsoft e GM fecham parceria em projetos de carros autônomos. Garagem 360. 28 jan 2021. Disponível em: https://garagem360.com.br/artigo-microsoft-e-gm-fecham-parcerias-em-projetos-de-carros-autonomos/. Acesso em: 31 maio 2021.

FRC – FINANCIAL REPORTING COUNCIL. The UK Corporate Governance Code. Londres, 2018. Disponível em: https://www.frc.org.uk/getattachment/ca7e94c4-b9a9-49e2-a824-ad76a322873c/uk-corporate-governance-code-april-2016.pdf. Acesso em: 12 jul. 2021

FREITAS, Tainá. Seis start-ups que estão mudando os seguros automotivos. Startse. 29 jun 2018. Disponível em: https://www.startse.com/noticia/nova-economia/corporate/6-startups-que-estao-mudando-os-seguros-automotivos/. Acesso em: 10 ago 2021.

FREITAS, Tainá. Carros autônomos: como eles “enxergam” e tomam decisões? Startse. 26 mar 2020. Disponível em: https://www.startse.com/noticia/nova-economia/carros-autonomos-enxergam-tomam-decisoes/. Acesso em: 30 maio 2021.

FUSCA CLUBE DO BRASIL. História do Fusca. [s.d.]. Disponível em: www.fuscaclube.com.br/links-uteis/historia-do-fusca/. Acesso em: 21 maio 2021.

G1 MT. Carga de carne é saqueada após caminhão tombar em serra e tumulto causa novo acidente em MT. 15 abril 2021. Disponível em: https://g1.globo.com/mt/mato-grosso/noticia/2021/04/15/carga-de-carne-e-saqueada-apos-caminhao-tombar-em-serra-e-tumulto-causa-novo-acidente-em-mt.ghtml Acesso em: 28 jul 2021.

G1, NATUREZA. EUA notificam a ONU e confirmam saída do Acordo de Paris. 04 de novembro de 2019. Disponível em: https://g1.globo.com/natureza/noticia/2019/11/04/eua-notificam-a-onu-e-confirmam-saida-do-acordo-de-paris.ghtml. Acesso em: 15 jun 2021.

G1 NOTÍCIAS. Brasil tem quase 1,4 milhão de crianças e adolescentes fora da escola, diz estudo do Unicef com dados do IBGE. 28 jan 2021. Disponível em: https://g1.globo.com/educacao/volta-as-aulas/noticia/2021/01/28/brasil-tem-quase-14-milhao-de-criancas-e-adolescentes-fora-da-escola-diz-estudo-do-unicef-com-dados-do-ibge.ghtml. Acesso em: 06 ago 2021.

G1 PIRACICABA E REGIÃO. Operação contra quadrilha de roubo de cargas prende sete, apreende armas e farda policial. G1 Notícias. 18 de setembro de 2019. Disponível em: https://g1.globo.com/sp/piracicaba-regiao/noticia/2019/09/18/operacao-contra-quadrilha-de-roubo-de-cargas-prende-nove-apreende-armas-e-farda-policial.ghtml. Acesso em: 12 jul 2021.

G20; OECD – ORGANIZATION FOR ECONOMIC CO-OPERATION AND DEVELOPMENT. Roadmap to infrastructure as an asset class. [s.d.]. Disponível em: https://www.oecd.org/g20/roadmap_to_infrastructure_as_an_asset_class_argentina_presidency_1_0.pdf. Acesso em: 08 ago 2021.

GANZALA, Gabryelly Godois. A industrialização, impactos ambientais e a necessidade de desenvolvimento de políticas ambientais sustentáveis no Século XXI. Faculdade UNINTER, 2018. Disponível em: https://repositorio.uninter.com/handle/1/295. Acesso em: 4 jun. 2021.

GERICKE, Gerda. 1863: Londres inaugura o primeiro metrô do mundo. Uol Notícias. 10 de janeiro de 2018. Disponível em: https://noticias.uol.com.br/ultimas-noticias/deutschewelle/2018/01/10/1863-londres-inaugura-o-primeiro-metro-do-mundo.htm. Acesso em: 17 maio 2021.

GODINHO, Renato Domith. Como foi inventado o automóvel? Mundo estranho tecnologia. Revista Superinteressante. 18 abr 2011. Disponível em: https://super.abril.com.br/mundo-estranho/como-foi-inventado-o-automovel/. Acesso em: 21 maio 2021.

GOEL, Asvin. Fleet Telematics: Real-Time Management and Planning of Commercial Vehicle Operations. Springer, EUA, 161 p., 2008.

GOLDSTEIN, Market Intelligence. Global Tire Recycling Marketing Analysis 2025: Opportunity, Demand, Growth and Forecast 2017-2025 In: Industry Research Outlook. 24 de abril de 2020. Edição de 2021. Disponível em: https://www.goldsteinresearch.com/report/global-tire-recycling-industry-market-trends-analysis. Acesso em: 07 jun2021.

GOMIDE, Alexandre de Ávila. Mobilidade Urbana, Iniquidade e Políticas Sociais. In: Políticas Sociais: Acompanhamento e Análise. Brasília-DF: IPEA, 12 de fevereiro de 2006.

GOODMAN, Peter S.; CHOKSHI, Niraj. How the World Ran Out of Everything. The New York Times. 01 jun 2021. Disponível em: https://www.nytimes.com/2021/06/01/business/coronavirus-global-shortages.html. Acesso em: 28 jul 2021.

GREEN CAR CONGRESS. EEA final data shows average car CO2 emissions in Europe kept increasing in 2019. 02 jun 2021. Disponível em: https://www.greencarcongress.com/2021/06/20210602-eea.html. Acesso em: 08 jun 2021.

GVR – GRAND VIEW RESEARCH. Car Rental Market Worth $141.17 Billion By 2028. 2021. Disponível em: https://www.grandviewresearch.com/press-release/global-car-rental-market. Acesso em: 06 jul 2021.

GWINNETT, Claire. How your car sheds microplastics into the ocean thousands of miles away. The Conversation. 14 de julho de 2020. Disponível em: https://theconversation.com/how-your-car-sheds-microplastics-into-the-ocean-thousands-of-miles-away-142614. Acesso em: 05 jun2021.

HADWICK, Alex. The end of just-in-time? Reuters Events supply chain. 2020. Disponível em: https://www.reutersevents.com/supplychain/supply-chain/end-just-time. Acesso em: 28 jul 2021.

HART, Maia. Truck driver fined after working 23 hours in one day. Stuff. 2021. Disponível em: https://www.stuff.co.nz/national/300291462/truck-driver-fined-after-working-23-hours-in-one-day. Acesso em: 19 jun 2021.

HEINEKE, Kersten *et al.* Defining and seizing the mobility ecosystem opportunity. McKinsey & Company, Automotive & Assembly. 22 de março de 2021. Disponível em: https://www.mckinsey.com/industries/automotive-and-assembly/our-insights/shared-mobility-where-it-stands-where-its-headed?cid=soc-app. Acesso em: 30 set. 2021.

HEINEKE, Kerste *et al.* Shared Mobility: Where it stands, where it's headed. McKinsey & Company, Automotive & Assembly. 2021. Disponível em: https://www.mckinsey.com/industries/automotive-and-assembly/our-insights/shared-mobility-where-it-stands-where-its-headed?cid=soc-app. Acesso em: 03 set 2021.

HELLIWELL, John F.; LAYARD, Richard; SACHS, Jeffrey D. World Happiness Report. 2019. Disponível em: https://s3.amazonaws.com/happiness-report/2019/WHR19.pdf. Acesso em: 8 jun. 2021.

HENRIQUE, Arthur. Carros totalmente autônomos da Tesla podem não estar prontos até o fim do ano. Olhar Digital. 07 de maio de 2021. Disponível em: https://olhardigital.com.br/2021/05/07/carros-e-tecnologia/carros-totalmente-autonomos-da-tesla-podem-nao-estar-prontos-ate-o-fim-do-ano/ Acesso em 31 de maio de 2021.

HISTORY.COM. This day in history: July 17, 1920 - Three-point seatbelt inventor Nils Bohlin born. 27 jan 2010. Disponível em: https://www.history.com/this-day-in-history/three-point-seatbelt-inventor-nils-bohlin-born. Acesso em: 28 jun 2021.

HUMAN CAR INTERACTION (HCAL). Autonomous Cars. Arizona State University/ ASU Engineering Schools. 2015. Disponível em: humancarinteraction.com/autonomous-car.html. Acesso em: 31 maio 2021.

IBGE – INSTITUTO BRASILEIRO DE GEOGRAFIA E ESTATÍSTICA. Frota de Veículos em 2019. 2019. Disponível em: https://cidades.ibge.gov.br/brasil/pesquisa/22/28120?ano=2019. Acesso em: 19 jun 2021.

IBGE – INSTITUTO BRASILEIRO DE GEOGRAFIA E ESTATÍSTICA. Produto Interno Bruto – PIB. 2021. Disponível em: https://www.ibge.gov.br/explica/pib.php. Acesso em: 27 jun 2021.

IBGE – INSTITUTO BRASILEIRO DE GEOGRAFIA E ESTATÍSTICA. São Paulo: População no último Censo. 2010. Disponível em: https://cidades.ibge.gov.br/brasil/sp/sao-paulo/panorama Acesso em: 08 jun 2021.

IBISWORLD. Global Car & Automobile Sales – Market Size 2005-2026. 2020. Disponível em: https://www.ibisworld.com/global/market-size/global-car-automobile-sales/. Acesso em: 06 jul 2021.

IBM. Disruptive automotive technology solutions. [s.d.]. Disponível em: https://www.ibm.com/industries/automotive. Acesso em: 01 jun 2021.

ICC. Gulf of Guinea remains World's piracy hotspot in 2021, according o IMB's latest figures. 14 de abril de 2021. Disponível em: https://iccwbo.org/media-wall/news-speeches/gulf-of-guinea-remains-worlds-piracy-hotspot-in-2021-according-to-imbs-latest-figures/. Acesso em: 02 jul 2021.

IEMA, Instituto de Energia e Meio Ambiente. Dia do Meio Ambiente: veículos são os principais culpados pela poluição do ar em centros urbanos. Janeiro de 2019.

IIHS – INSURANCE INSTITUTE FOR HIGHWAY SAFETY. 2021 Volvo S260 Midsize Luxury car/ 4-door sedan. 2021. Disponível em: https://www.iihs.org/ratings/vehicle/volvo/s60-4-door-sedan/2021. Acesso em: 27 jun 2021.

IM, Jimmy. The World's 12 Most Dangerous Roads. Thrillist. 2015. Disponível em: https://www.thrillist.com/travel/nation/the-world-s-12-most-dangerous-roads. Acesso em: 21 jun 2021.

IMO – INTERNATIONAL MARITIME ORGANIZATION. Current Awareness Bulletin. Vol. XXXIII. No. 3, março de 2021. Disponível em: https://wwwcdn.imo.org/localresources/en/KnowledgeCentre/Documents/CAB%20292%20March%202021.pdf. Acesso em: 8 jun. 2021

INSTITUCIONAL IFOOD. iFood Regenera: Empresa Anuncia Programa com Metas Ambiciosas para Ir Além do Delivery com Zero Impacto Ambiental. [s.d.]. Disponível em: https://institucional.ifood.com.br/sala-de-imprensa/meioambiente-ifood. Acesso em: 15 de jun 2021.

IPEAIYEDA, Ayodele R.; OGUNGBEMI, Afolarin O. Decontamination of Automobile Workshop Soils containing Heavy Metals and PAHs using Chelating Agents. Avestia Publishing/International Journal of Environmental Pollution and Remediation (IJEPR), vol. 8, 2020, p. 37-45. ISSN 1929-2732. DOI: 10.11159/ijepr.2020.005

IT MÍDIA. Oito tecnologias que irão impactar o supply chain ainda em 2021. CIO from IOG. 11 jun 2021. Disponível em: https://cio.com.br/tendencias/8-tecnologias-que-irao-impactar-o-supply-chain-ainda-em-2021/. Acesso em: 30 jun 2021.

IQAIR. World's most polluted cities 2020. 2020. Disponível em: https://www.iqair.com/world-most-polluted-cities?continent=&country=&state=&page=1&perPage=50&cities=. Acesso em: 08 jun 2021.

JAIN, Aashika. Motor Insurance in India has a New Hope in Digital. Forbes Magazine. 2020. Disponível em: https://www.forbes.com/advisor/in/car-insurance/motor-insurance-has-a-new-hope-in-digital/. Acesso em: 12 jul 2021.

JARUS, Owen. Who built the Egyptian pyramids? It wasn't aliens or even people from the 'lost' city of Atlantis. Live Science. 2021. Disponível em: https://www.livescience.com/who-built-egypt-pyramids.html. Acesso em: 17 maio 2021.

JORDÃO, Fabio. O que é OEM? Tecmundo. 11 jul 2011. Disponível em: https://www.tecmundo.com.br/hardware/11462-o-que-e-oem-.htm. Acesso em: 13 jul 2021.

JOVEM PAN. União Europeia restringe exportação de vacinas e pressiona AstraZeneca. 26 mar 2021. Disponível em: https://jovempan.com.br/noticias/mundo/uniao-europeia-restringe-exportacao-de-vacinas-e-pressiona-astrazeneca.html. Acesso em: 30 jun 2021.

JR NA TV. Bilhões já foram gastos e só metade da obra, que começou há mais de uma década, está concluída. R7 Notícias. 03 set 2021. Disponível em: https://noticias.r7.com/jr-na-tv/videos/pra-onde-foi-o-dinheiro-ferrovia-transnordestina-vira-sinonimo-de-desemprego-e-decepcao-07062022. Acesso em: 27 set 2021.

JURADO, Thales. A transformação digital da cadeia automotiva no Brasil. Automotive Business. 19 jul 2017. Disponível em: https://www.automotivebusiness.com.br/pt/artigo/1478/a-transformacao-digital-da-cadeia-automotiva-no-brasil/. Acesso em: 24 maio 2021.

KALLIATH, Dhia. Flying cars: The future of mobility? Forbes India. 2021. Disponível em: https://www.forbesindia.com/article/take-one-big-story-of-the-day/flying-cars-the-future-of-mobility/71079/1. Acesso em: 22 out 2021.

KEMPF, Sebastian et al. Subscribed to future auto finance yet? McKinsey & Company, Automotive & Assembly. 2020. Disponível em: https://www.mckinsey.com/industries/automotive-and-assembly/our-insights/subscribed-to-future-auto-finance-yet?cid=soc-app. Acesso em: 03 set 2021.

KLEINA, Nilton. A história dos carros elétricos. Tecmundo. 16 de março de 2021. Disponível em: https://www.tecmundo.com.br/mobilidade-urbana-smart-cities/212835-historia-carros-eletricos-saiba-tudo-comecou.htm Acesso em: 21 maio 2021.

KLEINA, Nilton. Microsoft e Volkswagen fecham parceria para criar carro autônomo. Tecmundo. 11 fev 2021. Disponível em: https://www.tecmundo.com.br/mobilidade-urbana-smart-cities/210859-microsoft-volkswagen-fecham-parceria-criar-carro-autonomo.htm. Acesso em: 31 maio 2021.

KLOSS, Benedikt; RIEDEL, Robin. Up in the air: How do consumers view advanced air mobility? Mckinsey & Company. 2021. Disponível em: https://www.mckinsey.com/industries/aerospace-and-defense/our-insights/up-in-the-air-how-do-consumers-view-advanced-air-mobility. Acesso em: 22 out 2021.

KOJIKOVSKI, Gian. Os millennials, lamentamos informar, são coisa do passado. Revista Exame. 30 de novembro de 2017. Disponível em https://exame.com/revista-exame/os-millennials-lamentamos-informar-sao-coisa-do-passado/. Acesso em: 24 maio 2021.

KONIECZNY, Peter. Trânsito na cidade medieval. Caos planejado. 18 abr 2016. Disponível em: https://caosplanejado.com/transito-na-cidade-medieval/. Acesso em: 31 maio 2021.

LAVADO, Thiago. CES 2019: Carro inteligente tem assistente-avatar e muda até cheiro conforme emoção do passageiro. G1 Notícias. 09 de janeiro de 2019. Disponível em: https://g1.globo.com/economia/tecnologia/ces/2019/noticia/2019/01/09/ces-2019-carro-inteligente-tem-assistente-avatar-e-muda-ate-cheiro-conf... Acesso em: 31 maio 2021.

LAVIANO, Eduardo. Pneus velhos são prejudiciais ao meio ambiente: saiba onde descartar. Oliberal.com. 14 de março de 2021. Disponível em: https://www.oliberal.com/belem/pneus-velhos-sao-prejudiciais-ao-meio-ambiente-saiba-onde-descartar-1.364794. Acesso em: 07 jun2021.

LAYA, Andres; VYAS, Neha. Shared Mobility: Why 'they' should all be sharing their cars. Ericson group. 2021. Disponível em: https://www.ericsson.com/en/blog/2021/3/shared-mobility-they-should-share-cars Acesso em: 28 maio 2021.

LEÃO, Igor Zanoni Carneiro; MAIA, Denize M.; TONINI, Adriana Maria. Pobreza, desigualdades e mobilidade social no Brasil e América Latina. Disponível em:<http://www.uel.br/grupopesquisa/gepal/segundosimposio/denisemariamaiaigorzanonicarneiroleaoadrianamaria.pdf>. Acesso em: 27 set 2021.

LIBARDI, Rafaela. Mobilidade Urbana Frente à Complexidade Urbana. UN-Habitat. Eure, vol. 40, n. 121, setembro 2014, p. 273-276, ISSN Digital 0717-6236.

LINCROS. Seis apps para a logística do seu negócio. 19 set2017. Disponível em: https://www.lincros.com/blog/apps-para-a-logistica. Acesso em: 28 jul 2021.

LINDBERG, Hanna; HAKANSSON, Maria. How dreams can become reality: Vision Zero 20 years. 1a. edição, abril de 2017.

LING, Anthony. O mito do TransMilenio, o BRT de Bogotá. Caos Planejado. 7 de fevereiro de 2014. Disponível em: https://caosplanejado.com/o-mito-transmilenio-o-brt-de-bogota/. Acesso em: 27 set 2021.

LIRA, Cauê. Confira cinco coisas que carro autônomo fará por você no futuro. Google News. 15 de janeiro de 2018. Disponível em: https://carros.ig.com.br/2018-01-15/carro-autonomo-futuro.html. Acesso em: 31 maio 2021.

LOKAMING, Rent a Car. Entenda os impactos da frota ociosa para as empresas. [s.d.]. Disponível em: https://bloglk.lokamig.com.br/aluguel-de-carros/dicas/frota-ociosa/. Acesso em: 28 jul 2021.

MACEDO, Joyce. O que é silício e por que os microchips são feitos desse material? Canal Tech. 23 jun 2015. Disponível em: https://canaltech.com.br/hardware/o-que-e-silicio-e-por-que-os-microchips-sao-feitos-desse-material/. Acesso em: 03 set 2021.

MADGAVKAR, Anu. Preparing millennials for the age of automation. Mckinsey Global Institute. 2018. Disponível em: https://www.mckinsey.com/mgi/overview/in-the-news/preparing-millennials-for-the-age-of-automation. Acesso em: 23 maio 2021.

MAIO AMARELO. Atenção pela vida. Respeito e responsabilidade: pratique no trânsito. Campanha 2021. Disponível em: https://maioamarelo.com/respeito_e_responsabilidade_pratique_no_transito/. Acesso em: 19 jun 2021.

MALI, Tiago. "Covid não acaba com humanidade, mas o aquecimento global pode", diz Harari. Poder 360. 11 nov 2021. Disponível em: https://www.poder360.com.br/fronteiras-do-pensamento/covid-nao-acaba-com-humanidade-mas-o-aquecimento-global-pode-diz-harari/. Acesso em: 07 jan 2022.

MANN, Annamarie; ADKINS, Amy. America's Coming Workplace: Home Alone. Gallup. 2017. Disponível em: https://news.gallup.com/businessjournal/206033/america-coming-workplace-home-alone.aspx. Acesso em: 01 jun 2021.

MANZONI JR., Ralphe. Exclusivo: Creditas e Volanty negociam unir forças contra Kavak. Neofeed. 30 jun 2021. Disponível em: https://neofeed.com.br/blog/home/exclusivo-creditas-e-volanty-negociam-unir-forcas-contra-kavak/. Acesso em 14 jul 2021.

MAOSKI, Fabricio. Ter um carro é... A percepção sobre o significado do carro e o comportamento do condutor. Dissertação (Mestrado em Psicologia). 2014. 96 f. Universidade Federal do Paraná. Setor de Ciências Humanas Letras e Artes. Programa de Pós-Graduação. Curitiba, 2014.

MARTON, Fábio. Choque e Terror: o exército do futuro. SuperInteressante. 07 maio 2020. Disponível em: https://super.abril.com.br/historia/choque-e-terror-o-exercito-do-futuro/. Acesso em: 30 jun 2021.

MARTON, Fábio. Dilemas morais: o que você faria? SuperInteressante. 31 maio 2008. Disponível em: https://super.abril.com.br/cultura/dilemas-morais-o-que-voce-faria/. Acesso em: 28 set 2021.

McGEE, Patrick; SANDERSON, Henry. Veículos Elétricos: baterias recicladas e a busca por uma economia circular (Original em inglês). Financial Times. 02 ago 2021. Disponível em: encurtador.com.br/pUVY9. Acesso em: 27 set 2021.

McGRATH, Matt. Climate change: Speed limits for ships can have 'massive' benefits. BBC News. 11 de novembro de 2019. Disponível em: https://www.bbc.com/news/science-environment-50348321. Acesso em: 5 jun 2021.

MELITO, Steve. How to manage Just-in-Time Delivery During Covid-19 and beyond. Elasto Proxy. 2021. Disponível em: https://www.elastoproxy.com/tag/just-in-time-delivery/ Acesso em: 26 jul 2021.

MONGOLIAN WAYS. 20 years of adventures. Mongolian horse culture & horsemanship. [s.d.]. Disponível em: https://www.marketplace.org/2020/02/27/justintime-manufacturing-model-challenged-coronavirus/ Acesso em: 30 jun 2021.

MONTGOMERY COUNTY. Highway Department. [s.d.]. Disponível em: https://www.montgomerycounty.in.gov/department/index.php?structureid=21. Acesso em: 21 jun 2021.

MOORE, Peter. The 6 most dangerous roads in the world. Wanderlust. 2014. Disponível em: https://www.wanderlust.co.uk/content/the-worlds-most-dangerous-roads/. Acesso em: 21 jun 2021.

MORAL MACHINE. Bem-vindo à Máquina Moral! [s.d.] Disponível em: https://www.moralmachine.net/hl/pt. Acesso em: 28 set 2021.

MORDOR INTELLIGENCE. Car Rental Market: Growth, Trends, COVID-19 Impact, and Forecasts (2021 - 2026). 2020. Disponível em: https://www.mordorintelligence.com/industry-reports/car-rental-market. Acesso em: 06 jul 2021.

MORGAN, Pfeifer; STESIAK. Filing a Lawsuit when Mechanical Failure Contributed to the Accident. 2020. Disponível em: https://www.pilawyers.com/blog/mechanical-failures-in-car-crashes/. Acesso em: 19 jun 2021.

MPPR – MINISTÉRIO PÚBLICO DO ESTADO DO PARANÁ. Transporte e Mobilidade Urbana. [s.d.]. Disponível em: https://urbanismo.mppr.mp.br/pagina-4.html#. Acesso em: 27 set 2021.

MUNDO DAS MARCAS. FedEx. Maio de 2006. Disponível em: https://mundodasmarcas.blogspot.com/2006/05/fedex-world-on-time.html?m=0. Acesso em: 28 jul 2021.

NAÇÕES UNIDAS BRASIL. A ONU e o Meio Ambiente. 16 set 2020. Disponível em: https://brasil.un.org/pt-br/91223-onu-e-o-meio-ambiente. Acesso em: 04 jun 2021.

NASA – NATIONAL AERONAUTICS AND SPACE ADMINISTRATION. Taking Air Travel to the Streets, or Just Above Them. Disponível em: https://www.nasa.gov/aero/taking-air-travel-to-the-streets-or-just-above-them/. Acesso em: 27 maio 2021.

NAVARRO, Roberto. Quando foi inventada a roda? História Mundo Estranho. Revista Super Interessante, 18 de abril de 2011. Disponível em: https://super.abril.com.br/mundo-estranho/quando-foi-inventada-a-roda. Acesso em: 21 de maio 2021.

NHTSA – NATIONAL HIGHWAY TRAFFIC SAFETY ADMINISTRATION. A Target Population for Automatic Emergency Breaking in Heavy Vehicles. US Department of Transportation, julho de 2017. Disponível em: https://crashstats.nhtsa.dot.gov/Api/Public/Publication/813286. Acesso em: 27 jun. 2021.

NHTSA – NATIONAL HIGHWAY TRAFFIC SAFETY ADMINISTRATION. Large Trucks. In: Traffic Safety Facts: 2018 Data. US Department of Transportation, Washington, março de 2020. Disponível em: https://crashstats.nhtsa.dot.gov/Api/Public/ViewPublication/813072. Acesso em: 27 jun. 2021.

NHTSA – NATIONAL HIGHWAY TRAFFIC SAFETY ADMINISTRATION. Seat Belt Use in 2020 – Overall Results. In: Traffic Safety Facts: Research Notes. US Department of

Transportation, Washington, fevereiro de 2021. Disponível em: https://crashstats.nhtsa.dot.gov/Api/Public/ViewPublication/813307. Acesso em: 28 jun. 2021.

NHTSA – NATIONAL HIGHWAY TRAFFIC SAFETY ADMINISTRATION. Seat Belt Use in 2020 – Use Rates in Sates and Territories. In: Traffic Safety Facts: Crash/Stats/A Brief Statistical Summary. US Department of Transportation, Washington, abril de 2021. Disponível em: https://crashstats.nhtsa.dot.gov/Api/Public/ViewPublication/813307. Acesso em: 28 jun. 2021.

NSC, Injury Facts. Occupant Protection: Seat Belts. [s.d.]. Disponível em: https://injuryfacts.nsc.org/motor-vehicle/occupant-protection/seat-belts/. Acesso em: 27 jun 2021.

ONSV – OBSERVATÓRIO NACIONAL DE SEGURANÇA VIÁRIA. 90% dos acidentes são causados por falhas humanas, alerta observatório. 15 jul 2015. Disponível em: https://www.onsv.org.br/90-dos-acidentes-sao-causados-por-falhas-humanas-alerta-observatorio/. Acesso em: 27 jun 2021.

OSLO BY. Dieselforbud. [s.d.]. Disponível em: https://www.oslo.kommune.no/gate-transport-og-parkering/dieselforbud/. Acesso em: 08 jun 2021.

OSLO BY. Folkemengde og endringer. [s.d.]. Disponível em: https://www.oslo.kommune.no/statistikk/befolkning/folkemengde-og-endringer/. Acesso em: 08 jun 2021.

OLHAR DIGITAL. Carro conectado chega ao mercado nacional. 17 set 2019. Disponível em: https://olhardigital.com.br/2019/09/17/carros-e-tecnologia/carro-conectado-chega-ao-mercado-nacional/ Acesso em: 31 maio 2021.

OLIVEIRA, Viviane Gomes Barbosa. A aplicação da Logística no Setor Sucroalcooleiro na Região de Assis. Trabalho de Conclusão de Curso (Bacharelado em Administração). 2011. 43f. Fundação Educacional do Município de Assis, 2011. Disponível em: https://cepein.femanet.com.br/BDigital/arqTccs/0811261219.pdf. Acesso em: 30 jun. 2021.

ONMOBIH. Educação no trânsito e nas escolas: por que abraçar e apoiar essa causa? 18 jun 2019. Disponível em: https://www.onmobih.com.br/educacao-no-transito-nas-escolas-por-que-abracar-e-apoiar-essa-causa/. Acesso em: 26 jul 2021.

PASSOS, Eduardo Romanini dos. Reciclagem de Automóveis. Monografia (especialização em engenharia automotiva). 2013. 57f. Centro

Universitário do Instituto Mauá de Tecnologia, São Caetano do Sul - SP, 2013. Disponível em: https://docplayer.com.br/7384858-Eduardo-romanini-dos-passos-reciclagem-de-automoveis.html. Acesso em: 13 jul. 2021.

PAÚL, Fernanda. Além do Canal de Suez, conheça as três passagens essenciais ao comércio marítimo. BBC News Brasil. 03 abr 2021. Disponível em: https://www.bbc.com/portuguese/internacional-56601306. Acesso em: 08 jun 2021.

PECK, Patrícia. Qual é a ética da inteligência artificial? Neofeed. 28 out 2020. Disponível em: https://neofeed.com.br/blog/home/qual-e-a-etica-da-inteligencia-artificial/. Acesso em: 20 set 2021.

PENTLAND, Alex. Social Physics: How Social Networks Can Make Us Smarter. Penguin Books, USA, 320 p., 2015.

PEREIRA, Elson Manoel. Cidade, Urbanismo e Mobilidade Urbana. Geosul, Florianópolis, v. 29, especial, p. 73-92, jul./dez. 2014.

PORTAL DOS RESÍDUOS SÓLIDOS. Reciclagem de Automóveis. [s.d.]. Disponível em: https://portalresiduossolidos.com/reciclagem-de-automoveis/. Acesso em: 03 set 2021.

POSITIVO TECNOLOGIA. Ética na tecnologia: como atuar eticamente gerando inovação nas empresas? Panorama Positivo. 12 jun 2020. Disponível em: https://www.meupositivo.com.br/panoramapositivo/etica-na-tecnologia/#:~:text=Usar. Acesso em: 10 set 2021.

PRADO, Marco Aurélio Máximo. Da mobilidade social à constituição da identidade política: reflexões em torno dos aspectos psicossociais das ações coletivas. Psicologia em Revista, Belo Horizonte, v. 8, n. 11, p. 59-71, jun. 2002.

PRÓXIMO NÍVEL. Você conhece os 6 níveis de um carro autônomo? Embratel. 03 ago 2020. Disponível em: https://proximonivel.embratel.com.br/voce-conhece-os-6-niveis-de-um-carro-autonomo/. Acesso em: 31 maio 2021.

PWC. Impact of COVID-19 on the supply chain industry. [s.d]. Disponível em: https://www.pwc.com/ng/en/assets/pdf/impact-of-covid19-the-supply-chain-industry.pdf. Acesso em: 30 jun 2021.

RAUTMANN, Michael. Desenvolvimento de infraestrutura global: retrospectiva de 2020. Refinitiv Blog. 02 fev 2021. Disponível em: https://www.refinitiv.com/pt/blog/market-insights/desenvolvimento-de-infraestrutura-global-retrospectiva-de-2020/. Acesso em: 27 set 2021.

REDAÇÃO AB. Toyota compra divisão de carros autônomos da Lyft por US$ 500 milhões. Automotive Business. 27 abr 2021. Disponível em: https://www.automotivebusiness.com.br/inovacao/716/toyota-compra-divisao-de-carros-autonomos-da-lyft-por-us-500-milhoes. Acesso em: 31 maio 2021.

REFINITIV. Our Global Infrastructure Solutions. [s.d.]. Disponível em: https://www.refinitiv.com/en/infrastructure-investing#why-refinitiv. Acesso em: 27 set 2021.

RENAULT GROUP. Policy incentives for electric mobility. 15 de abril de 2021. Disponível em: https://www.renaultgroup.com/en/news-on-air/news/policy-incentives-for-electric-mobility/. Acesso em: 05 ago 2021.

RENOVA, Ecopeças. Quem Somos. [s.d.]. Disponível em: https://www.renovaecopecas.com.br/quem-somos/. Acesso em: 13 jul 2021.

RIATO, Giovanna. Movida aposta na demanda do carro como serviço, não como produto. Automotive Business. 30 ago 2017. Disponível em https://www.automotivebusiness.com.br/pt/posts/noticias/movida-aposta-na-demanda-do-carro-como-servico-nao-como-produto/. Acesso em: 24 maio 2021.

RIBEIRO, Felipe. China terá táxis 100% autônomos funcionando a partir deste mês. Canal Tech. 01 maio 2021. Disponível em: https://canaltech.com.br/carros/china-tera-taxis-100-autonomos-funcionando-a-partir-deste-mes-183897/. Acesso em: 31 maio 2021.

RICHARD SCHECHTER, Law Office. What Are the Legal Truck Driving Hours? Texas Hours of Service. 2018. Disponível em: https://www.rs-law.com/legal-truck-driving-hours-texas-hours-of-service/. Acesso em: 01 jul 2021.

RINKESH. How abandoning a boat kills the environment. Conserve Energy Future. [s.d.]. Disponível em: https://www.conserve-energy-future.com/how-abandoning-boat-kills-environment.php. Acesso em: 05 jun 2021.

ROBUSTÉ, Francesc. The future of transport in urban areas. Workshop "The Future of Transport". European Parliament, Junho de 2010. Disponível em: http://redpgv.coppe.ufrj.br/index.php/es/produccion/otras-publicaciones/474-the-future-of-transport-in-urban-areas/file. Acesso em: 23 maio 2021.

RODRIGUE, Jean-Paul. Transportation and the Environment. The Geography of Transport Systems| The spatial organization of transportation and mobility. 5th edition. New York: Routledge, 2020. 456 pages. ISBN 978-0-367-36463-2 https://doi.org/10.4324/9780429346323

ROSA, Bruno. Carro do futuro traz sensores conectados, aplicativo e pagamento móvel. O Globo. 12 de janeiro de 2020. Disponível em: https://oglobo.globo.com/economia/carro-do-futuro-traz-sensores-conectados-aplicativo-pagamento-movel-24177641. Acesso em: 31 maio 2021.

ROSLING, Hans. "A capacidade humana de buscar uma vida melhor avança mais rápido do que a economia". Entrevista concedida a Vanessa Esteves, de Genebra, da Revista Desafios do Desenvolvimento (IPEA). 2014. Ano 11. Edição 80. Disponível em: https://www.ipea.gov.br/desafios/index.php?option=com_content&view=article&id=3041&catid=30&Itemid=41. Acesso em: 26 jul 2021.

ROYCHOWDHURY, Anumita. India's vehicle's scrappage policy: a step forward but a missed opportunity. Down to Earth. 23 de março de 2021. Disponível em: https://www.downtoearth.org.in/blog/environment/india-s-vehicles-scrappage-policy-a-step-forward-but-a-missed-opportunity-76101. Acesso em: 12 jul 2021.

SALDIVA, Paulo. As relações entre mobilidade urbana e saúde. Entrevista concedida à coluna de Mobilidade do jornal Estadão. Estadão, 18 de agosto de 2020. Disponível em: https://mobilidade.estadao.com.br/mobilidade-para-que/as-relacoes-entre-mobilidade-urbana-e-saude/. Acesso em: 06 ago 2021.

SÃO PAULO. Lei nº. 15.276, de 2 de janeiro de 2014. Dispõe sobre a destinação de veículos em fim de vida útil e dá outras providências. Assembleia Legislativa do Estado de São Paulo. São Paulo – SP, 02 de janeiro de 2014. Disponível em: https://www.al.sp.gov.br/repositorio/legislacao/lei/2014/lei-15276-02.01.2014.html. Acesso em: 13 jul. 2021.

SARAGIOTTO, Daniela. Mortes no Trânsito: Tráfego brasileiro mata 1 pessoa a cada 15 minutos. Estadão. 15 set 2020. Disponível em: https://mobilidade.estadao.com.br/mobilidade-com-seguranca/mortes-no-transito-brasileiro-mata-1-pessoa-a-cada-15-minutos/. Acesso em: 28 jul 2021.

SASSATELLI, Caroline; CONSIGLIO, Tereza. Serviço de assinatura de BMW permite usuário trocar de carro quantas vezes quiser. Autoesporte Carros. 05 de abril de 2018. Disponível em: https://autoesporte.globo.com/carros/noticia/2018/04/servico-de-assinatura-da-bmw-permite-usuario-trocar-de-carro-quantas-vezes-quiser.ghtml. Acesso em: 22 maio 2021.

SCATULINO, Patrícia Leite da Silva; TROCCOLI, Irene Raguenet; ZAFANELI, Eduardo dos Santos Rocha. Geração Y e seus valores pessoais: Uma revisão bibliográfica. Revista das Faculdades Integradas Vianna Júnior/ Vianna Sapiens. V. 6, n. 2, Juiz de Fora, jul./dez. 2015. ISSN 2177-3726.

SCHAUN, André. Entenda como se recicla um carro no Brasil para revender peças usadas. Auto Esporte. 16 abr 2021. Disponível em: https://autoesporte.globo.com/um-so-planeta/noticia/2021/04/entenda-como-se-recicla-um-carro-no-brasil-para-revender-pecas-usadas.ghtml. Acesso em: 13 jul 2021.

SCHAUN, André. Ford T de 1911: O carro que mudou a História! Revista Carro. 21 de janeiro de 2019. Disponível em: https://revistacarro.com.br/ford-t-de-1911-o-carro-que-mudou-a-historia/ Acesso em: 21 de maio de 2021.

SCHIELER, Max. Norway is now the most sustainable country in the world. Robeco, the investment engineers. 2020. Disponível em: https://www.robeco.com/en/insights/2020/01/norway-rises-to-top-of-country-sustainability-ranking.html. Acesso em: 08 jun 2021.

SEBA, Tony. Clean disruption of energy and transportation. Self-publishing, USA, 290 p., 2014.

SEEKINGS, Chris. Global assets under management top $100trn for first time. The Actuary Magazine. 2020. Disponível em: https://www.theactuary.com/2020/10/26/global-assets-under-management-top-100trn-first-time. Acesso em: 27 set 2021.

SELLMAX. Reciclagem de veículos: uma alternativa ecológica. [s.d.]. Disponível em: https://sellmax.com/car-recycling/. Acesso em: 07 jun 2021.

SENADO FEDERAL. Uma história da falta de planejamento. Revista Em Discussão, No. 18, novembro de 2013.

SHAIKH, Nizam. Honda Beats Tesla in introducing Level 3 Autonomous car. Shifting-Gears.com. 2020. Disponível em: https://shifting-gears.com/honda-beats-tesla-in-introducing-level-3-autonomous-car/amp/. Acesso em: 31 maio 2021.

SHORT, Aaron. Americans are Poised to drive less in 2020. Streets Blog USA. January 2nd, 2020. Disponível em: https://usa.streetsblog.org/2020/01/02/are-americans-poised-to-drive-less-in-2020/. Acesso em: 01 jun 2021.

SHRIMSLEY, Robert. Off-road: Why aren't young people driving? Financial Times Magazine. 2021. Disponível em: https://www.ft.com/content/987627cd-4689-44cc-ace6-b8acb30a62ea?accessToken=zwAAAXj_Oq34kdOYdifNRolEzNOs5risswpi6g.MEUCIQC52M7S... Acesso em: 24 maio 2021

SIEBEL, Tom et al. The digital future of work: Policy implications of automation. McKinsey & Company. 21 de julho de 2017. Disponível em: https://www.mckinsey.com/featured-insights/future-of-work/the-digital-future-of-work-policy-implications-of-automation?cid=soc-app Acesso em 27 de setembro de 2021.

SILVA, Camila Cássia da. NASA iniciará testes de plano de mobilidade aérea urbana em 2020. Tecmundo. 04 de março de 2020. Disponível em: https://www.tecmundo.com.br/mobilidade-urbana-smart-cities/150809-nasa-iniciara-testes-plano-mobilidade-aerea-urbana-2020.htm. Acesso em: 27 maio 2021.

SILVER, Sara. How Kellogg's, Nike, and HP handled 2020 supply chain disruptions. Finantial Management Magazine. 2021. Disponível em: https://www.fm-magazine.com/news/2021/jan/coronavirus-supply-chain-disruptions-kelloggs-nike-hp.html. Acesso em: 30 jun 2021.

SINDIPEÇAS E ABIPEÇAS. Relatório da Frota Circulante. Edição 2020. Abril de 2020. Disponível em: https://static.poder360.com.br/2023/05/RelatorioFrotaCirculante_2023.pdf. Acesso em: 15 jun. 2021.

SOARES, Marcelo Quintana; OLIVEIRA, Felipe Schroeder. Mobilidade Urbana e Comportamento. Disciplinarum Scientia. Série: Ciências Humanas, Santa Maria, v. 18, n. 1, p. 181-190, 2017.

SOLLITTO, André. Uma geração sem carro. Istoé. 21 set 2018. Disponível em: https://istoe.com.br/uma-geracao-sem-carro/. Acesso em: 21 maio 2021.

SOU + ÔNIBUS, Revista. Disrupção no Transporte de Passageiros. Cenário Marcado por inúmeras mudanças exige a adoção de novas medidas. Revista da Federação das Empresas de Transportes de Passageiros do Estado de São Paulo. Edição 19, março/abril de 2019.

SOUZA, Felipe. Como é a rotina dos trabalhadores que passam quase um terço do dia dentro de um ônibus, metrô ou trem. BBC News Brasil. 14 jan 2019. Disponível em: https://www.tecmundo.com.br/mobilidade-urbana-smart-cities/212835-historia-carros-eletricos-saiba-tudo-comecou.htm. Acesso em: 24 maio 2022.

SOUZA, Karina. Quais são as cidades com o pior trânsito do mundo? Revista Exame, 19 de janeiro de 2021. Disponível em: https://exame.com/tecnologia/quais-sao-as-cidades-com-o-pior-transito-do-mundo/. Acesso em: 17 maio 2021.

STACHEWSKI, Ana Laura. Entenda o que são semicondutores e por que eles estão em falta no mundo todo. Época Negócios. 30 mar 2021. Disponível em: https://epocanegocios.globo.com/Tecnologia/noticia/2021/03/entenda-o-que-sao-semicondutores-e-por-que-eles-estao-em-falta-no-mundo-todo.html. Acesso em: 30 mar 2021.

SUMMIT, Mobilidade Urbana 2021. Qual foi o primeiro metrô do Brasil? Estadão. 20 de fevereiro de 2021. Disponível em: https://summitmobilidade.estadao.com.br/compartilhando-o-caminho/qual-foi-o-primeiro-metro-do-brasil/. Acesso em: 17 de maio 2021.

SUMMIT, Mobilidade Urbana 2022. Automóveis são principais emissores de gases poluentes. Estadão. 15 jan 2020. Disponível em: https://summitmobilidade.estadao.com.br/ir-e-vir-no-mundo/automoveis-sao-a-principal-fonte-de-emissao-de-gases-poluentes/. Acesso em: 04 jun 2021.

SUMMIT, Mobilidade Urbana 2022. Os dilemas éticos dos carros autônomos. Estadão. 11 mar 2020. Disponível em: https://summitmobilidade.estadao.com.br/carros-autonomos/os-dilemas-eticos-dos-carros-autonomos/. Acesso em: 06 set 2021.

TAVARES, Bruno; GODOY, Marcelo. Maior parte das tragédias tem pelo menos 4 causas. Estadão. 7 de julho de 2020. Disponível em: https://brasil.estadao.com.br/noticias/geral,maior-parte-das-tragedias-tem-pelo-menos-4-causas,26544. Acesso em: 23 jul 2021.

TAVARES, Carmem Valéria Pereira. As origens da Logística e sua Evolução. Monografia (Especialização em Logística). 2009. 44f. Instituto A Vez do Mestre, Universidade Cândido Mendes. Rio de Janeiro, 2009.

TAYLOR, Lin. Want to create 5 million green jobs? Invest in public transport in cities. World Economic Forum. 2021. Disponível em: https://www.weforum.org/agenda/2021/04/here-s-why-cities-should-invest-in-public-transport/. Acesso em: 05 ago 2021.

TELES, Jhonata. Tudo o que você precisa saber sobre manutenção preventiva. Engeteles. [s.d.]. Disponível em: https://engeteles.com.br/o-que-e-manutencao-preventiva/. Acesso em: 19 jun 2021.

TELLES, Daniel. É verdade que todo carro perde 20% de valor quando sai da concessionária? Quatro Rodas. 12 mar 2020. Disponível em: https://quatrorodas.abril.com.br/noticias/e-verdade-que-todo-carro-perde-20-de-valor-quando-sai-da-concessionaria/. Acesso em: 15 jun 2021.

TERÁN, José Ángel. Mobilidade Urbana. São Paulo: Companhia de Engenharia de Tráfego – CET, 2013.

TERLEP, Frank. Auto Industry Disruption. BookBaby, UK, 158 p., 2019.

THALER, Richard H. Watching Behavior Before Writing the Rules. The New York Times. 2012. Disponível em: https://www.nytimes.com/2012/07/08/business/behavioral-science-can-help-guide-policy-economic-view.html. Acesso em: 26 jul 2021.

THE ECONOMIST. Global supply chains are still a source of strength, not weakness. 2021. Disponível em: https://www.economist.com/leaders/2021/03/31/global-supply-chains-are-still-a-source-of-strength-not-weakness. Acesso em: 30 jun 2021.

THE ECONOMIST. Just-in-Time. 2009. Disponível em: https://www.economist.com/news/2009/07/06/just-in-time. Acesso em: 30 jun 2021.

THE ECONOMIST. The hard job of teaching autonomous cars to drive. 2021. Disponível em: https://www.economist.com/science-and-technology/the-hard-job-of-teaching-autonomous-cars-to-drive/21805753. Acesso em: 28 out 2021.

THE ECONOMIST. The trouble with outsourcing. 2011. Disponível em: https://www.economist.com/business/2011/07/30/the-trouble-with-outsourcing Acesso em: 01 jun 2021.

THE ECONOMIST. New means of getting from A to B are disrupting carmaking. 2021. Disponível em: https://www.economist.com/business/2021/04/15/new-means-of-getting-from-a-to-b-are-disrupting-carmaking. Acesso em: 23 maio 2021.

THE ECONOMIST. Taiichi Ohno. 2009. Disponível em: https://www.economist.com/news/2009/07/03/taiichi-ohno. Acesso em: 30 jun 2021.

THE ECONOMIST. The rise of working from home. 2021. Disponível em: https://www.economist.com/special-report/2021/04/08/the-rise-of-working-from-home. Acesso em: 28 maio 2021.

THE ECONOMIST. The World's most valuable resource is no longer oil, but data. Regulating the internet giants. 2017. Disponível em: https://www.economist.com/leaders/2017/05/06/the-worlds-most-valuable-resource-is-no-longer-oil-but-data. Acesso em: 31 maio 2021.

THE ECONOMIST. Why the used-car market is American inflation soaring. 15 de junho de 2021. Disponível em: https://www.economist.com/graphic-detail/2021/06/15/why-the-used-car-market-is-sending-american-inflation-soaring Acesso em 13 de julho de 2021.

THINKSEG. Cinco países que pensam em mobilidade urbana. 2020. Disponível em: https://blog.thinkseg.com/mobilidade-urbana-no-mundo/. Acesso em: 05 ago 2021.

THORPE, David. Revealed: The Best and the Worst Cities for Commuting the World. SmartCitiesDive. 2017. Disponível em: https://www.smartcitiesdive.com/ex/sustainablecitiescollective/best-and-worst-cities-commuting-world/239891/. Acesso em: 08 jun 2021.

THOUGHT LEADERSHIP. Cargo Theft: The Billion Dollar Supply Chain Disruptor. Novigo. 2020. Disponível em: https://novigo.com/blog/cargo-theft-the-billion-dollar-supply-chain-disruptor. Acesso em: 06 jul 2021.

TICKET. Sete exemplos de mobilidade urbana sustentável ao redor do mundo que você deve conhecer. [s.d.]. Disponível em: https://www.ticket.com.br/blog/empresas/7-exemplos-de-mobilidade-urbana-sustentavel-ao-redor-do-mundo/. Acesso em: 08 jun 2021.

TONG, Scott. "Just-in-time" manufacturing model challenged by COVID-19. Marketplace. 2020. Disponível em: https://www.marketplace.org/2020/02/27/justintime-manufacturing-model-challenged-coronavirus/. Acesso em: 28 jul 2021.

TURQUETTO, André. A revolução da mobilidade já chegou. TI Inside. 01 out 2021. Disponível em: https://tiinside.com.br/01/10/2021/a-revolucao-da-mobilidade-ja-chegou/. Acesso em: 15 out 2021.

TRADING ECONOMICS. Singapore – Children out of School (% of Primary School Age). [s.d.]. Disponível em: https://tradingeconomics.com/singapore/children-out-of-school-percent-of-primary-school-age-wb-data.html#:~:text=Children. Acesso em: 06 ago 2021.

TRANSMETAL, Scrap metal Recycling. Scrap Metal Prices. [s.d.]. Disponível em: https://transmetal.co.uk/scrap-prices/#. Acesso em: 13 jul 2021.

UBIRATAN, Edmundo. Conceito tiltrotor pode revolucionar transporte aéreo civil. Aeromagazine. 03 set 2020. Disponível em: https://aeromagazine.uol.com.br/artigo/metade-aviao-metade-helicoptero-o-tiltrotor-pode-revolucionar-transporte-aereo-civil_5735.html. Acesso em: 29 out 2021.

UK ESSAYS. Outsourcing in the Automotive Industry. 2018. Disponível em: https://www.ukessays.com/essays/business/the-global-automotive-industry-and-manufacturing-outsourcing-business-essay.php?vref=1 Acesso em: 01 jun 2021.

UMOV.ME. O que é insurtech e como ela revoluciona o setor de seguros. 19 nov 2018. Disponível em: https://www.umov.me/o-que-e-insurtech/. Acesso em: 02 ago 2021.

UNAS, Heliópolis e Região. Heliópolis - maior favela de São Paulo. [s.d.]. Disponível em: https://www.unas.org.br/heliopolis. Acesso em: 30 jul 2021.

UNECE – UNITED NATIONS ECONOMIC COMMISSION FOR EUROPE. WP. 29 Introduction. Regulatory Framework. [s.d.]. Disponível em: https://unece.org/wp29-introduction. Acesso em: 27 jun 2021.

UNIDAS, Frotas. Entenda como os carros autônomos funcionam. 2019. Disponível em: https://frotas.unidas.com.br/blog/carros-autonomos/. Acesso em: 30 maio 2021.

UNITED NATIONS. 68% of the world population projected to live in urban areas by 2050, says UN. Sustainable Development Goals. 16 maio 2018. Disponível em: https://www.un.org/sustainabledevelopment/blog/2018/05/68-of-the-world-population-projected-to-live-in-urban-areas-by-2050-says-un/. Acesso em: 28 maio 2021.

UOL CARROS. Carro autônomo da Apple deve ser lançado em prazo de 5 a 7 anos. São Paulo, 08 jan 2021. Disponível em: https://www.uol.com.br/carros/noticias/redacao/2021/01/08/carro-autonomo-da-apple-devera-ser-lancado-em-prazo-de-5-a-7-anos.htm. Acesso em: 31 maio 2021.

UOL CARROS. Microsoft se junta a GM e investe R$ 11 bi em startup de veículos autônomos. São Paulo, 20 jan 2021. Disponível em: https://www.uol.com.br/carros/

noticias/redacao/2021/01/20/start-up-de-autonomos-da-gm-recebe-investimento-da-microsoft.htm. Acesso em: 31 maio 2021.

UOL CARROS. Startups de seguros atacam 'fraquezas' de seguradoras e crescem no país. 03 dez 2020. Disponível em: https://www.uol.com.br/carros/noticias/redacao/2020/12/03/startups-de-seguros-atacam-fraquezas-de-seguradoras-e-crescem-no-pais.htm. Acesso em: 10 ago 2021.

VASCONCELLOS, Eduardo Alcântara de. Mobilidade Cotidiana, Segregação Urbana e Exclusão. In: BALBIN, R. KRAUSE, C. LINKE, C. C. (orgs.). Cidade e Movimento: mobilidades e interações no desenvolvimento urbano. Brasília: Ipea: ITDP, 2016, p. 57-79.

VEJA. Diesel produz sete vezes mais poluente nocivo à saúde do que gasolina. 06 maio 2016. Disponível em: https://veja.abril.com.br/ciencia/diesel-produz-sete-vezes-mais-poluente-nocivo-a-saude-do-que-gasolina/. Acesso em: 07 jun 2021.

VIEIRA, Thaisa; VIEIRA, Thalita. A engenharia de tráfego na logística de transporte: Um estudo de caso em uma concessionária de rodovias na região noroeste do estado de São Paulo. Trabalho de Conclusão de Curso (Tecnólogo em Logística). 2014. 18f. Centro Estadual de Educação Tecnológica Paula Souza. Faculdade de Tecnologia de Lins Prof. Antonio Seabra. Curso Superior de Tecnologia em Logística. Lins – SP, 2014.

VISION ZERO ACADEMY. Vision zero – no fatalities or serious injuries through road accidents. Road Safety Sweden/ Government Offices of Sweden / World Health Organization. 2019. Disponível em: https://drive.google.com/drive/folders/1gMtt8o7CLKGEPMpudB34mFU1NIdn_dGH. Acesso em: 08 jun 2021.

VISION ZERO. Swedish approach to road safety thinking. 2018. Disponível em: http://www.welivevisionzero.com/vision-zero/. Acesso em: 08 jun2021.

WARD, Barbara. Cities for 3,000 million people. A special survey by Barbara Ward. The Economist. 8 de julho de 1967.

WAZE ADS. Yes, Burger King really did deliver Whoppers to consumer stuck in traffic. A case study. [s.d.]. Disponível em: https://www.waze.com/ads/article/burger-king-traffic-jam-whopper/. Acesso em: 31 maio 2021.

WEBMOTORS Tv. Direção de Cena: Guilber Claynton Hidaka. Produção de imagem: Bufalos Produções Eireli. Youtube. 02 jul 2021. (11min27s). Disponível em: https://www.youtube.com/watch?v=BMGCu57l4-4&ab_channel=WebmotorsTv-Pernambuco. Acesso em: 03 set 2021.

WORLD ECONOMIC FORUM. Global Competitiveness Report 2019. 2019. Disponível em: https://www.weforum.org/reports/how-to-end-a-decade-of-lost-productivity-growth. Acesso em: 02 ago 2021.

WHO – WORLD HEALTH ORGANIZATION. Global Status Report on Road Safety 2018: Summary. Geneva: World Health Organization, 2018. Disponível em: https://apps.who.int/iris/rest/bitstreams/1164010/retrieve. Acesso em: 27 set. 2021.

WHO – WORLD HEALTH ORGANIZATION. Road Traffic Injuries. 2022. Disponível em: https://www.who.int/news-room/fact-sheets/detail/road-traffic-injuries. Acesso em: 27 jun 2021.

ÍNDICE

D

E

F

G

H

I

Q

R

S

T

Impressão e Acabamento | Gráfica Viena
www.graficaviena.com.br